Stephanie Covington · Liana Beckett
Immer wieder glaubst du, es ist Liebe

Stephanie Covington · Liana Beckett

# Immer wieder glaubst du, es ist Liebe

*Wege aus der Beziehungssucht*

Kösel

Übersetzung aus dem Amerikanischen: Karin Petersen, Berlin.
Die Originalausgabe erschien unter dem Titel »Leaving The Enchanted Forest. The Path From Relationship Addiction To Intimacy« bei Harper & Row, New York.

ISBN 3-466-30006-1

Published by arrangement with Harper & Row, Publishers, Inc.

Druck und Bindung: Kösel, Kempten
Umschlag: Elisabeth Petersen, Glonn
Umschlagmotiv: Paul Delvaux. Ausschnitt aus »Pygmalion«


2 3 4 5 6 · 94 93 92 91 90

Wir widmen dieses Buch
unseren Leserinnen und Lesern.
Mag es zur wegbegleitenden Lektüre
auf Ihrer persönlichen Entdeckungsreise
zu einem Ihnen vertrauten,
eigenständigen Selbst werden,
das in Beziehungen lebt,
die ihm förderlich sind.

# Inhalt

# Einleitung

Im letzten Jahrzehnt ist auf dem Gebiet der Suchterkrankungen sehr viel neues Terrain erobert worden. Die zentralen Bemühungen im Bereich Alkoholismus und Drogensucht haben ein Echo auf andere, verbreitetere Süchte geworfen. In den letzten vier Jahren hat die Öffentlichkeit erkannt, daß, ob das »Suchtmittel« nun Alkohol, Lebensmittel, Arbeit, Geld oder ein anderer Mensch ist, der zugrundeliegende Suchtverlauf im wesentlichen der gleiche ist.

Vor allem Frauen haben sich mit der Beziehungssucht identifiziert. Viele wurden von der Erkenntnis wachgerüttelt, daß die Schwierigkeiten, die aus ihrer ungesunden Abhängigkeit vom Partner resultieren, keinesfalls einzigartig sind, und daß es für ihre unglücklichen Beziehungen nachweisbare Gründe, vorhersehbare Entwicklungen und Konsequenzen gibt. Waren sie davon erst einmal überzeugt, fragten dieselben Frauen sich aber ratlos nach gesünderen Alternativen, besseren Bezugsrahmen, neuen Vorbildern, feineren Unterscheidungen, um sich und den generationsübergreifenden Kreislauf familiärer Süchte und gestörter Beziehungen heilen zu können.

Wie sieht die optimale Familie aus? Welches sind die Merkmale für eine gesunde Beziehung? Aus welchen Elementen setzt diese sich zusammen? Werde ich die positiven Momente erkennen können? Wonach halte ich bei der Partnerwahl Ausschau? Werde ich erkennen können, welcher Partner für mich wünschenswert ist? Was brauche ich und wie muß ich mich ändern, um eine Beziehung führen zu können, die gesund ist und mich erfüllt? Das sind legitime und allgemein verbreitete Fragen.

Beziehungen sind durch die Komplexität unseres Lebens und unserer Zeit enormen Belastungen ausgesetzt. Heutzutage wechseln Menschen ihre Arbeitsstelle, ihre Wohnung und ihren Wohnort häufiger als in der Vergangenheit. Berufstätige Frauen sind viel eher bereit, aufgrund von Beförderungen und Karriereplänen umzusiedeln, und dadurch sind ihre Beziehungen zusätzlichen Schwierigkeiten ausgesetzt. Und das Leben in den späten achtziger Jahren, wie wir es führen, bedeutet ein Leben im Zeitalter der Zwanghaftigkeit, in einem Klima von Hyperaktivität, das das Exzessive, Massenhafte und Maßlose begünstigt und anbetet. »Konsumverschwendung« mag ein überholter Begriff sein, aber die dahinterstehende Realität geht uns nach wie vor ganz nachdrücklich an. Unaufhörlich neue Extreme anstrebend, trinken, essen, rauchen wir mehr, schlukken mehr Pillen, geben pro Kopf mehr Geld aus und reisen weiter als irgendwer sonst auf diesem Planeten. Allein der Umsatz der legalen Hersteller von bewußtseinserweiternden Drogen betrug 1985 13.5 Billionen US-Dollar. Und Untersuchungen zeigen, daß trotz der Befreiungsbewegung der siebziger Jahre immer mehr Menschen größere sexuelle Schwierigkeiten haben – vor allem aufgrund von mangelndem sexuellen Begehren. Kein Wunder. Wir versuchen unsere gähnende innere Leere mit einem schnellen Schuß von Sex, Drogen und Aufregung zu betäuben, wo wir uns in Wirklichkeit nach dem intimen Kontakt mit anderen Menschen und unserem Höheren Selbst sehnen. Heutzutage müssen Sie nicht beziehungssüchtig sein, um es schwer zu finden, eine gute Beziehung aufrechtzuerhalten. Und Sie müssen nicht in einer gestörten Familie aufgewachsen sein, um sich zu fragen, was denn eine gesunde Beziehung ausmacht, oder ob die Arbeit, eine befriedigende Beziehung aufzubauen, wirklich all die Mühe wert ist. Die Beschäftigung mit Beziehungssucht hat eine intensive Überprüfung von Beziehungen überhaupt in Gang gesetzt sowie ein öffentliches Bedürfnis nach einem sicheren Rahmen, in dem man Themen wie Abhängigkeit und ungesunde Beziehungen mithilfe der Unterstützung von anderen mit ähnlichen Bedürfnissen und Zielen besprechen und durcharbeiten kann. Immer mehr Menschen fangen eine Psychotherapie mit dem ausdrücklichen Ziel an, ihre Beziehungen zu verbessern. Und selbst wer aus anderen Gründen eine Therapie macht, verwendet viel Zeit auf das Durcharbeiten von Beziehungsthemen. Ungesunde Beziehungen haben ihre Wurzeln im allgemeinen in der Ursprungsfamilie der Beteiligten. Gestörte Familiensysteme gibt es in vielen verschiedenen Gewändern, Alkohol ist nur eine mögliche Ursache. Ein Elternteil kann aufgrund längerer körperlicher oder geistiger Krankheit emotional nicht verfügbar gewesen sein; ein anderer mag eine labile, unzuverlässige Umgebung geschaffen haben, weil er emotional unreif war; wieder andere können das Opfer ökonomischer und soziokultureller Ausbeutung und Diskriminierung gewesen sein, wobei die Familie die stark belastenden Auswirkungen der psychologischen und physischen Ausbeutung einer Massengesellschaft erlebt hat. Beruhend auf diesen und vielen anderen Faktoren, variiert das Ausmaß an Gestörtheit natürlich auch innerhalb der einzelnen Familien. Auch muß daran erinnert werden, daß der Begriff »Störung« relativ ist – er spiegelt die jeweilige Zeit und den jeweiligen sozialen Rahmen wider. So können zum Beispiel Beziehungen, die in den fünfziger Jahren als akzeptabel und vielleicht sogar wünschenswert galten, heute als gestört oder sogar ungesund betrachtet werden.

Alles in allem gibt es offensichtlich eine große Lücke an Informationen, Richtlinien und Vorbildern, nicht nur für Menschen, die die Neigung haben, nach anderen süchtig zu werden oder deren Partner selbst an der einen oder anderen Sucht erkrankt sind, sondern für alle, die in einer Welt voller Aufruhr und Unberechenbarkeit um bessere Beziehungen kämpfen.

»Immer wieder glaubst du, es ist Liebe« ist unser Versuch, zur Schließung dieser Lücke beizutragen. Es gibt tatsächlich Vorbilder für neue, gesündere Beziehungen – wenn auch noch nicht so viele, wie wir uns wünschen würden, denn die Perspektive ist neu, und Veränderungen sind oft schwierig und gehen langsam vor sich. Auch sind uns die Herausforderungen und brenzligen Situationen, mit denen uns bekannte Paare zu tun haben, oft nicht bewußt, weil wir in einer emotional verschlossenen Gesellschaft leben, in der Menschen ihre Privatsphäre geschützt wissen wollen. Wir haben mehrere der Paare, die wir auf diesen Seiten vorstellen, persönlich und beruflich kennengelernt; sie haben sorgfältig und liebevoll dauerhafte Beziehungen aufgebaut, die für sie funktionieren und beide Partner in ihrem Wachstum unterstützen. Ihre Beziehungen sind Vorbilder – nicht in dem Sinne, daß sie wie Kochrezepte übernommen werden können, sondern als Wegweiser für einen Prozeß, der zu individuellen Lösungen führt, die für das jeweilige Paar stimmen.

Das primäre Ziel dieses Buches besteht darin, sich an die Bedürfnisse der Leser und vor allem der Leserinnen zu wenden, einen Schritt über das Bewußtsein hinauszugehen, daß sie in ungesunden Beziehungen leben, in denen sie ihre persönliche Macht und ihr Selbstgefühl weggeben. Viele von Ihnen sind jetzt eifrig darauf bedacht, sich neue Fähigkeiten für Beziehungen anzueignen und den neu entdeckten Wunsch nach der eigenen Kraft und Selbsterneuerung in kreative Bahnen zu lenken. Dieses Buch greift diese Bedürfnisse auf, indem es Ihnen die Möglichkeit gibt, frühere und heutige Beziehungen erneut zu überprüfen, Ihre persönlichen Überzeugungen und Annahmen sorgfältig neu einzuschätzen sowie zu klären, wer Sie sind, was Sie brauchen und wollen. Für diejenigen, die gerne strukturierte Vorgehensweisen als Hilfe benutzen, um ihre Gedanken zu ordnen, enthalten die meisten Kapitel Übungen – zur schreibenden Klärung und zur Überprüfung der Erfahrungen. Diese Übungen am Ende des Kapitels können Sie allein oder in Gruppen für genesende Beziehungssüchtige machen.
Das Buch enthält außerdem Informationen, von denen wir hoffen, daß sie Ihr bereits vorhandenes Wissen über Sucht und Familiensysteme abrunden – einschließlich einer Liste von Unterscheidungsmerkmalen für optimale Familien. Wir möchten aber diejenigen unter Ihnen, die keine Beziehung zu einem Alkoholiker oder eine sonstwie gestörte Ursprungsfamilie haben, dringend bitten, dieses Buch nicht aus der Hand zu legen, weil Sie meinen, die Begriffe träfen auf Sie nicht zu. Wir beziehen uns so oft auf das Modell der Suchtmittelabhängigkeit, um die Dinge zu verdeutlichen. Es ist eine ausgezeichnete Analogie für Beziehungssucht, die bei vielen Leserinnen und Lesern Resonanz finden wird – vor allem bei suchtmittelabhängigen Frauen auf dem Weg zur Genesung, für die Beziehungssucht zum Ersatz für Alkoholabhängigkeit wird. Mit diesem Modell sind wir auch durch unsere Arbeit und unseren Glauben an die Macht von Zwölf-Schritte Gruppen vertraut, sowohl unsere Abhängigkeit als auch unsere Seele zu heilen. Wir glauben aber, daß die Informationen, die Übungen und die innere Arbeit, zu der unser Buch anregt, auch für sich stehen können. Im Gegensatz zu anderen, ähnlichen Büchern, illustrieren viele der Beispiele, die wir gesam-

melt haben, subtilere und oft vernachlässigte Manifestationen von Gestörtheit. Wir glauben, daß unsere Herangehensweise für jeden Menschen von Wert sein wird, der eine neue Perspektive in Hinsicht darauf gewinnen möchte, was es heißt, zugleich sich selbst und einen anderen Menschen zu lieben – und der bereit ist, an den Fähigkeiten zu arbeiten, die dafür erforderlich sind. Nicht weniger steht auf dem Spiel, als ein einsichtigeres, gesünderes, mächtigeres und freier entscheidendes Selbst in Ihre augenblicklichen und zukünftigen Beziehungen einzubringen.

Darüber hinaus haben wir auch die soziokulturelle Dimension mit einbezogen und schauen uns außer der Familie die Faktoren an, die in der Sozialisation von Frauen zu deren Prädisposition für Abhängigkeitsbeziehungen beitragen. Wir haben uns auch dafür entschieden, über das traditionelle Beziehungsmodell von Verlobung und Heirat hinauszugehen. In den letzten fünfzehn oder zwanzig Jahren haben sich Beziehungsstrukturen für weite Teile unserer Bevölkerung gründlich verändert. Um die heutige Vielfalt menschlicher Lebensstile wiederzugeben, beschreiben deswegen die Skizzen und Beispiele in diesem Buch verschiedene Beziehungsformen – einschließlich einiger gleichgeschlechtlicher Partnerschaften. Weil Frauen sich sehr viel bereitwilliger mit Beziehungssucht identifizieren als Männer, geht es auch in den Beispielen im Buch um Frauen, und wir haben durchgängig die Weiblichkeitsform benutzt. Das soll jedoch nicht in Abrede stellen, daß viele Männer in Vergangenheit und Gegenwart von Frauen abhängig waren und sind. Literatur und Musikwelt sind voll von männlichen Beziehungssüchtigen – Porgy in *Porgy und Bess* und Don José in *Carmen* zum Beispiel. (Sind Männer die Abhängigen, besteht allerdings ein wichtiger Unterschied darin, daß die Frauen, von denen sie abhängig sind, meistens als üble Verführerinnen dargestellt werden.)

Zum Abschluß ein paar Worte darüber, daß die Lektüre dieses Buches starke Gefühle hervorrufen kann. Immer wenn wir uns in unsere Vergangenheit vertiefen, um die Gegenwart besser zu verstehen, gehen wir ein gewisses Risiko ein, frühere Verletzungen, Ärger oder Traurigkeit wiederzuerleben. Wir nehmen diese Herausforderung an, weil wir erlebt haben, daß wir uns kurzfristig vielleicht

Verletzungen ersparen, wenn wir unsere Gefühle und inneren Wahrheiten ignorieren und unterdrücken, uns auf lange Sicht dadurch aber nicht vor Schaden schützen. Wir erfahren, daß wir, um die Vergangenheit hinter uns lassen zu können, zuerst den Mut haben müssen, uns ihr zu stellen.

Trotzdem sind bei dieser Konfrontation einige Kindheiten sehr viel schmerzlicher als andere. Wenn Sie feststellen, daß durch die Lektüre dieses Buches beunruhigende Emotionen und störende Erinnerungen auftauchen, versuchen Sie bitte nicht, allein damit klarzukommen. Sprechen Sie mit einem fachlich ausgebildeten Menschen, am besten mit einer Psychotherapeutin oder einem Geistlichen. Vielleicht weckt die Lektüre von Teil I dieses Buches auch das Bedürfnis in Ihnen, die neu entdeckten Wahrheiten mit Ihren Eltern zu besprechen. Auch hier empfehlen wir Ihnen, Ihre Gefühle und Pläne zunächst bei einer professionellen Beratung durchzusprechen.

Vor allem aber hoffen wir, Sie nehmen, wenn Sie dieses Buch aus der Hand legen, das Bewußtsein mit sich, daß Sie die Quelle für das Lernen und die Heilung sind, die Sie suchen – für die harte Arbeit, sich Ihre eigene Wahrheit unerschrocken anzuschauen und sie anderen mitzuteilen.

# Prolog: Es war einmal…

Seit den Tagen der höfischen Minnesänger hält die Romanze uns im Namen der Liebe in ihrem Zauberbann gefangen. Sie hat unsere Phantasien und Tagträume angefacht, unsere Lebensängste betäubt und unsere innere Leere – wenn auch nur vorübergehend – ausgefüllt. Für unsere Suche nach Sinn und beständiger Liebe ein einträgliches Geschäft, war die Romanze zugleich ein Katalysator für unsere süchtige Abhängigkeit von anderen Menschen. Romantische Liebe und süchtige, abhängige Liebe sind zwei Seiten ein und desselben Traumes.

In *Traumvorstellung Liebe* läßt der bekannte Jungianer und Autor Robert Johnson die zerstörerische Macht der romantischen Tradition lebendig werden, indem er die verhängnisvolle Romanze zwischen Königin Isolde der Blonden und dem Ritter Tristan nacherzählt.[1]

Der junge Tristan, der König Marke seine Treue gelobt hat, reist nach Irland, um Isolde die Blonde mit sich zu bringen, die die Braut des Königs werden soll. Auf ihrer Rückreise über das Meer trinken Tristan und Isolde aus Versehen einen verzauberten Liebestrank. Stunden später findet man die beiden, wie »sie sich immer noch gegenübersitzen und schweigend betrachten, verwirrt und entrückt«.

»Zwei Tage lang floß der Liebestrank durch Tristans Adern, und er litt alle Qualen der Liebe, zum einen als triebe ein wilder Brombeerstrauch mit spitzen Dornen sich in sein Herz, zum anderen fühlte er sich umgeben von süßen duftenden Blüten, und ständig stand das Bild Isoldes vor seinen Augen.« So fingen Tristan und Isolde eine leidenschaftliche Liebesaffäre an, ihre Schwüre brechend und alle Vorsicht in den Wind werfend. Obgleich Isolde Königin wurde, gaben die beiden Liebenden sich nicht auf und fuhren fort, sich heimlich zu treffen und ein Leben in Lüge zu leben. Schließlich wurden sie entdeckt, flohen zusammen und suchten drei Jahre lang Zuflucht im verzauberten Wald von Morois. Dort lebten sie »von Wurzeln und Kräutern und vom Fleisch der Tiere, die sie erlegten. Ihre Haut spannte sich über ihren mageren Körpern, sie waren blaß, und ihre Kleider fielen in Lumpen. Sie aber sahen einander an, der Trank rann durch ihre Adern, sie liebten sich und wußten nicht, daß sie litten.« Ein heiliger Einsiedler fordert sie auf, zu einem rechtmäßigen Leben zurückzukehren, aber Tristan und Isolde verzichteten auf ihre Macht zu wählen

und sich zu verändern und gaben dem Zaubertrank die Schuld an ihrem Verhalten.
Die Macht von Liebestränken hält immer nur vorübergehend an. Die Wirkung von Tristans und Isoldes Trank dauerte nur bis zum Ende des dritten Jahres – wobei die Drei ein Symbol für Unvollständigkeit und Unausgewogenheit, die Vier ein Symbol für Ganzheit und Vollkommenheit ist. Im vierten Jahr also war es, daß die unglückseligen Liebenden wieder zu Sinnen kamen, die Hoffnungslosigkeit ihrer Situation erkannten und den Ruf der Wirklichkeit hörten. Auf König Markes Friedensangebot, ihnen zu verzeihen und sich mit ihnen auszusöhnen, eingehend, verließen die Liebenden schließlich den verzauberten Wald. Königin Isolde die Blonde kehrte an ihren rechtmäßigen Platz an der Seite ihres Ehemanns zurück. Und Tristan verließ Cornwall – doch nicht, bevor er mit Isolde den geheimen Pakt geschlossen hatte, daß er ihr immer treu sein würde und »ihren grünen Jaspisring als Zeichen für ihr Versprechen annahm, wann immer er sie riefe, zu ihm zu eilen«.
»Die Liebenden konnten nicht leben und nicht sterben einer ohne den anderen. Getrennt zu sein, das war weder Leben noch Tod, das war Leben und Tod in einem. Über die Meere, über die Inseln, durch die Lande floh Tristan vor seinem Elend.« Sein Kummer war durch nichts zu beheben. Er sehnte sich nach dem Tode. Weder Frieden noch Freude in einem Leben ohne die Geliebte findend, klagte Tristan: »Werde ich nie jemanden finden, der mein Elend heilt?« Nach Jahren des Herumwanderns erhörte das Schicksal Tristans Bitten und brachte eine liebliche, zärtliche und freundliche junge Prinzessin, Isolde die Weißhändige, in sein Leben. Trotz ihrer inneren Schönheit und Ergebenheit konnte Tristan sie nicht lieben, weil er weiterhin unter dem Bann seiner romantischen Verbindung zu Isolde der Blonden stand. Von einem giftigen Speer tödlich verwundet, starb Tristan schließlich, gebrochen an Körper und Seele, den Namen von Königin Isolde auf seinen Lippen.
Die tragische Ironie von Tristans Geschichte liegt in seiner willentlichen Entscheidung, für eine idealisierte, illusionäre Vorstellung von Liebe zu leiden und zu sterben, blind für die Liebe, die auf sein Bitten für ihn vorhanden war. Da seine Empfänglichkeit durch sein eigenes Leiden und sein unrealistisches Bild von Isolde der Blonden blockiert war, war Tristans Herz für das mühelose, reiche Versprechen einer fürsorglichen, zärtlichen und verbindlichen irdischen Liebesbeziehung mit Isolde der Weißhändigen verschlossen.
Tristan und Isolde die Blonde besiegelten ihr eigenes Schicksal am Ende ihrer dreijährigen Flucht in den verzauberten Wald von Morois. Als die

Nebel des Liebestrankes sich aufzulösen begannen, befanden die Liebenden sich an einem Kreuzweg. Die Richtung, für die sie sich entschieden, würde ihre weiteren Lebenswege tiefgehend beeinflussen. Hier lag die Chance, den Zauberbann ihrer Projektionen und Phantasien zu brechen. Jetzt konnten sie getrennte, neue Richtungen für sich einschlagen, die ein für allemal aus dem Wald hinausführten und ihnen helfen würden, neue Ebenen der richtigen Beziehung zu sich selbst, zueinander und zu ihrer Umwelt zu erreichen. Aber ihre Entschlußkraft war zu schwach, um die vollkommene Hingabe an eine unbekannte Zukunft ohne einander zu akzeptieren. Die reichen Möglichkeiten dieses Augenblicks verpassend, erneuerten sie ihren geheimen Pakt und ihre Verbindung mit Hilfe des Jaspisringes. »Sie verweigerten es, aus Morois ihre Lehren zu ziehen und schlugen statt dessen einen verschlungenen Weg ein, der sie in die Waldniederungen ihrer eigenen Projektionen zurückführen wird.«
Laut Johnson ist es »das Schicksal (jedes Individuums), einen Punkt in seinem Leben zu erreichen, wo der Bann gebrochen ist und es gerufen wird, den Wald von Morois zu verlassen.« Wie Tristan, haben viele von uns den zwingenden Reiz des Zauberwaldes unserer Phantasien und Süchte erfahren – manchmal gelockt vom wilden, exotischen Mysterium seines Schattenspiels, manchmal an seinem Rande entlang streifend, bereit und entschlossen, auszubrechen und ihn für immer hinter sich zu lassen, nur um dorthin zurückzulaufen, voller Angst vor der Stille des Unbekannten, die jenseits seines vertrauten Geländes beginnt. Dieses Buch ist denjenigen gewidmet, die den Ruf vernommen haben, und bereit sind, die Grenzen des Zauberbannes, den dieser Wald ausübt, in sich selbst zu testen.

# Teil 1

# Der Weg, der in den Wald hineinführt

Die Fallbeispiele in diesem Buch
beruhen auf wahren Begebenheiten,
aber die Namen und wiedererkennbare Einzelheiten
wurden geändert,
um die Identität der betroffenen Individuen
zu schützen.

# 1 Der Liebestrank: Chemie und Abhängigkeit

In einer Fernsehsendung fragte die Moderatorin kürzlich nach Beziehungssucht. Sie habe diesen Begriff in letzter Zeit häufig gehört, sagte sie, habe aber immer noch keine Klarheit darüber. Sie fragte: »Was ist denn nun Beziehungssucht? Wie sieht sie real aus? Wie jede andere Sucht auch?« Ihr Gast erwiderte: »Nun, sie kann sich in jeglicher Form äußern: als eine Besessenheit zum Beispiel – ein ständiges Nachdenken und Grübeln über den Menschen, mit dem Sie eine Beziehung haben. Oder das Verhalten kann zwanghaft sein – man macht zum Beispiel häufig Umwege, nur um an der Arbeitsstätte des Partners oder der Partnerin vorbeizufahren oder vorbeizulaufen. Es kann auch Anzeichen für eine Toleranzentwicklung (Ansteigen der benötigten Drogendosis, Anm.d.Ü.) geben. Im Fall des Beziehungssüchtigen sieht das so aus, daß sie oder er die Anwesenheit des anderen Menschen mehr und mehr braucht, um sich gut zu fühlen.

Es besteht ein dringendes Bedürfnis, den Nachschub zu sichern, das sich in übermäßig besitzergreifendem oder eifersüchtigem Verhalten zeigt. Und es kann auch Entzugserscheinungen geben. Wenn Beziehungssüchtige von ihrer ›Quelle‹ abgeschnitten sind, können sie ängstlich und depressiv werden.« »Hm…«, sinnierte die Moderatorin stirnrunzelnd. »Das klingt mir so, als ob Sie die Liebe beschreiben.«

Obwohl unsere Umwelt uns in dem Glauben aufwachsen ließ, diese Besessenheit sei Liebe, hat der unwiderstehliche Reiz ihres Zauberbanns in Wirklichkeit mit der Tiefe und beständigen Qualität wahrer Anteilnahme nichts gemein. Die Sucht nach einem anderen Menschen entspricht dem Gefühl, einander »in Liebe verfallen« zu sein – sie ist das unbändige Wuchern des Zauberwaldes. Der entscheidende Unterschied zwischen Beziehungssüchtigen und anderen Menschen, die sich verlieben, ist der, daß erstere erwarten, diese flüchtige Phase einer Beziehung entwickele sich zu einem utopischen, niemals endenden Sommer, in dem auf ewig die Poesie, Ekstase und Verschmelzungsgefühle am Leben erhalten bleiben, die sie in ihrer Vernarrtheit erfahren. Frauen wurden nicht nur dazu erzogen, Männer in Beziehungen zu versorgen und zu umhegen, sondern sie sind auch diejenigen, die an den Mythos der Liebesromanze besonders stark geglaubt haben.

Als Frauen haben wir die Vorstellung akzeptiert, daß wir nur den richtigen Menschen finden müssen, um uns zu verlieben und von jetzt an bis in alle Ewigkeit ein glückliches Leben zu führen – so wie Märchen es versprechen. Auf diesem Hintergrund ist es nicht verwunderlich, daß selbst Frauen, die nicht beziehungssüchtig sind, viele Anzeichen von Abhängigkeit zeigen. Aber Besessenheit, Zwanghaftigkeit und das flüchtige Hochgefühl des »Verliebtseins« sind weder Liebe noch Beweise für Liebe; im Gegenteil, sie sind Signale dafür, daß wir der Liebe verfallen – diesem verlockend ekstatischen Gefühl, das so leicht zu Abhängigkeit und Sucht führen kann.

## Maria

Mit dreiunddreißig Jahren ist Maria die meiste Zeit ihres Erwachsenenlebens beziehungssüchtig gewesen. Als sie Victor begegnete, glaubte Maria, ihren Seelengefährten getroffen zu haben, eine tatsächlich existierende Version ihres Märchenprinzen: groß, dunkelhaarig, gutaussehend, in gesellschaftlich hervorragender Stellung, charmant und etwas geheimnisvoll. Maria verliebte sich sofort in ihn. Innerhalb weniger Monate waren sie verheiratet; aber wie Tristan und Isolde lebten auch diese beiden nicht von nun an bis in alle Ewigkeit glücklich zusammen.

Als sie sich in Victor verliebte, deutete Maria einige aufschlußreiche Verhaltensweisen von ihm falsch. Sie sah einen überlegenen Mann, der aufregend, gesellig, freundlich und unterhaltsam war, aber sie sah ihn lediglich im gewünschten Kontrast zu ihrem alkoholabhängigen Vater – nicht in Beziehung zu sich selbst. Unfähig, hinter die glänzende Oberfläche zu schauen, ignorierte sie warnende Anzeichen, die ihr das Innere des Mannes zeigten, und versäumte es, ihre eigenen inneren Bedürfnisse zu bedenken oder sich zu fragen, wie ihr gemeinsames Leben konkret aussehen würde. Im Verlauf der Zeit wurde offensichtlich, daß Victor nur auf Menschen einging, wenn er im Mittelpunkt der Aufmerksamkeit stehen konnte. Weil er so selbstbezogen war, war sein Entzücken über Marias Bewunderung nur kurzlebig; er brauchte eine Herausforderung, ein größeres Publikum. Sie wurden zu polaren Gegensätzen: während sie versuchte, seine Aufmerksamkeit zurückzugewinnen, konzentrierte sie sich immer stärker auf ihn. Aber je mehr sie sich anstrengte, ihm nahe zu kommen, desto distanzierter wurde er und widmete sich immer intensiver seinen sozialen und geschäftlichen Verbindungen.

Maria wurde zu Victors Verlängerung und gab ihm zuliebe ihre eigenen Sehnsüchte und Interessen auf. Schon bald wurde ihr Leben sehr begrenzt und isoliert, und sie litt ständig unter seelischen Schmerzen. Einsamkeit und Verlassenheit, die Gefühle, die sie am meisten fürchtete und denen sie durch Beziehungen verzweifelt zu entkommen versucht hatte, breiteten sich immer weiter in ihrem Leben aus. Um die Situation noch zu verschlimmern, hatten sich viele ihrer Freundinnen und Freunde von ihr distanziert. Sie waren ungeduldig mit Maria geworden, weil diese trotz ihrer häufigen Tränen, Leidensgeschichten und Appelle an das Mitgefühl anderer oft Beziehungen fortsetzte, die für ihre Gesundheit und ihre Selbstachtung eindeutig schädlich waren. Maria konnte das einfach nicht sehen. Sie bezog ihr Selbstwertgefühl aus dem stürmischen Gefühl des Verliebtseins und der anfänglichen Bewunderung der Männer, mit denen sie sich traf. Mit intensiver Verzweiflung hielt sie noch lange, nachdem die Männer ihr den Rücken zugekehrt hatten, hartnäckig an ihren romantischen Träumen fest. So war es auch in ihrer Ehe mit Victor. Selbst als sie sich schließlich eingestand, daß die Ehe nicht gutging, konnte sie weder den Mut noch das Selbstvertrauen aufbringen, den Bruch zu vollziehen, bevor es nicht eine neue Liebe in ihrem Leben gab. Der Gedanke, sich dem emotionalen Schmerz einer Trennung allein aussetzen zu müssen, entsetzte sie.

Es überrascht nicht allzusehr, daß auch diese neue Beziehung scheiterte, obgleich (oder besser weil) Maria ihre ganze Energie und Aufmerksamkeit auf den neuen Mann richtete. Ihre Vorstellung, daß der richtige Partner ihre sämtlichen Bedürfnisse erfüllen würde – romantische Liebe, Erregung, die Unterstützung ihres Selbstwertgefühls und die Abwehr von Einsamkeit – führte zu mehreren weiteren Beziehungen.

## Die Subtilität von Beziehungssucht

Im Ganzen gesehen, nimmt Beziehungssucht den gleichen Verlauf wie alle andere Süchte auch. Doch obgleich sie sich von anderen Suchterkrankungen nicht wesentlich unterscheidet, drückt sich Beziehungssucht in subtileren Formen aus als einige andere Spielarten von Suchtverhalten. Zum einen wurden in der Vergangenheit viele der Anzeichen für Beziehungssucht bei Frauen für akzeptabel gehalten und sogar begrüßt. Als Maria Victor heiratete, hielten es zum Beispiel nur wenige ihrer Freundinnen und Freunde für unvernünftig, daß sie die Arbeit aufgab, die sie liebte, oder ihren feststehenden Terminplan umwarf, damit sie flexibler war und ihre Termine auf seine abstimmen konnte.

Ein weiterer Grund für die Subtilität von Beziehungssucht ist die Tatsache, daß zwischen den verschiedenen Abstufungen wünschenswerten und unerwünschten Verhaltens nur eine feine Grenzlinie verläuft. Anteilnahme und andere Formen von Fürsorglichkeit sind zum Beispiel Aspekte jeder gesunden Beziehung. Trotzdem können sie auch Anzeichen für eine Suchtbeziehung sein. Die grundlegende Unterscheidung besteht darin, daß bei Sucht das Augenmerk – zum eigenen Schaden – ganz auf den wichtigen anderen Menschen gerichtet ist, nicht weil Sie sich frei dafür *entscheiden*, sondern weil Sie sich nicht in der Lage sehen, diesem Menschen nein zu sagen, sowie maßlos abhängig sind und Angst vor Ablehnung und vor dem Verlassenwerden haben. Eine allgemeine Definition von Sucht ist »die fortlaufende Vernachlässigung der eigenen

Person zugunsten eines anderen Menschen oder einer anderen Sache«. Die Unfähigkeit, das eigene Verhalten zu kontrollieren und zu verändern, ist bei allen Süchten gegeben, aber bei Beziehungssucht heißen die maßgebenden Begriffe *Verleugnung, Besorgtheit* und *Angst.*

Und schließlich unterscheidet sich Beziehungssucht in einem wesentlichen Punkt von Alkohol- und Drogenabhängigkeit. Ein trinkender Alkoholiker, der nüchtern werden möchte, muß enthaltsam werden und ganz damit aufhören, sein Suchtmittel zu sich zu nehmen. Beziehungssucht verläuft jedoch eher wie Eßsucht; so wie ein Mensch, der sich zwanghaft überißt, nicht vollkommen aufhören kann, Nahrung zu sich zu nehmen, kann der beziehungssüchtige Mensch nicht in Isolation leben und sämtliche Beziehungen zu anderen beenden. Bei den Anonymen Eßsüchtigen rät man den Mitgliedern dringend, »suchtauslösende Nahrungsmittel« zu meiden. Ähnlich können Sie, wenn auf Sie das Verhaltensmuster von Beziehungssucht zutrifft und Sie augenblicklich nicht in einer Zweierbeziehung leben, lernen, den Menschentyp zu erkennen und sich von ihm fernzuhalten, der Ihr Suchtverhalten auslösen könnte. Maria hat gelernt, den Typ Mann zu erkennen, der sie in heikle Situationen bringen könnte – Situationen, in denen sie sich einem hohen Risiko aussetzt, einen Rückfall in ihr abhängiges Verhalten zu erleiden. Für sie war es der »geheimnisvolle Fremde«, der schneidige, aufregende Mann, der ihre Neugier fesselte, indem er sich zurückhielt, sich entzog und ihre Anwesenheit kaum registrierte.

Andererseits können Sie zur Urheberin Ihrer eigenen Genesung werden, auch wenn Sie in einer Suchtbeziehung leben. Die Erfahrung hat gezeigt, daß es oft hilfreich ist, wenn Sie eine gewisse Zeit ohne Ihren Partner verbringen, um den Suchtkreis zu durchbrechen und zu begreifen, daß Sie auf sich selbst gestellt überleben *können.* Es kann unerläßlich sein, sich zumindest für einige Zeit vom unmittelbaren Einfluß des suchtauslösenden Partners fernzuhalten, wenn Sie Ihre Gefühle klären, Ihre erschöpften Energien wieder aufladen und Ihre Angst vor dem Verlassenwerden überwinden lernen wollen. Wenn Sie aus Erfahrung wissen, daß Sie den Zauberwald verlassen *können* – und auch die andere Seite Ihrer Angst vor dem

Verlassenwerden und vor dem Unbekannten erreichen *können* –, wird Ihnen das helfen, anzufangen, Ihre Kraft für sich zurückzugewinnen.

## Wie wir nach bestimmten Beziehungen süchtig werden

Marias einseitige Konzentration auf suchtauslösende Männer war nur ein Indiz für Beziehungssucht – das vordergründigste. Während ihre äußere Welt ständig weiter auseinanderbrach, fand gleichzeitig ein tiefgreifender emotionaler Prozeß statt. Eine Möglichkeit zu verstehen, was in Marias Innenleben vor sich ging, besteht darin, die emotionale Entfaltung ihrer Sucht anhand von vier für den Suchtverlauf typischen Stadien zu verfolgen.[1]

### *Erstes Stadium: den Stimmungsumschwung erleben*

Zu Beginn jeder neuen Beziehung erfuhr Maria das angenehme, berauschende Hochgefühl, das für dieses frühe Stadium der Begegnung typisch ist, die Erregung, sich mit jemand Neuem verbunden zu fühlen. *Der Stimmungsumschwung* (erstes Stadium) wird durch den Adrenalinstoß der romantischen Liebe verursacht sowie durch das lustvolle Auf und Ab und die spannende Ungewißheit, die für eine neue Beziehung typisch sind. Die Konzentration auf ihren neuen Partner ermöglichte ihr außerdem, die Auseinandersetzung mit ihrem tatsächlichen emotionalen Zustand zu vermeiden. In diesem ersten Stadium waren Marias sämtliche emotionale Stimmungen positiv, euphorisch – alle lagen über der normalen Mittelachse, wie in Abbildung 1 gezeigt wird.

Die vier Stadien der Beziehungssucht

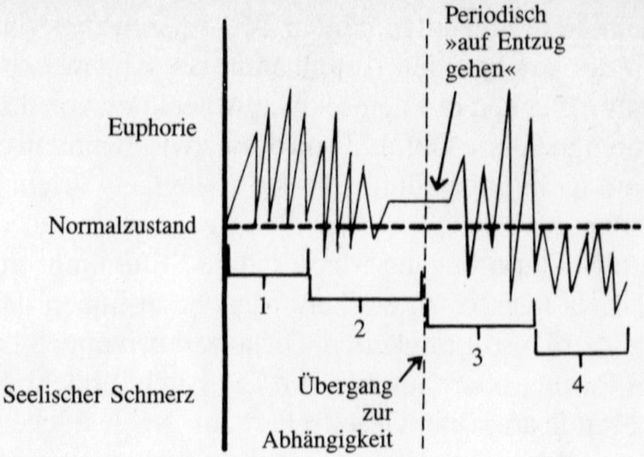


*Abbildung 1*

1. Den Stimmungsumschwung erleben und damit experimentieren.
2. Den Stimmungsumschwung suchen, von der Euphorie zum Normalzustand zurückkehren. Negative physische Erfahrungen werden häufiger, aber der seelische Preis ist noch nicht bedeutsam.
3. Beim Kontakt mit dem Partner geht es nicht mehr vorrangig um Lustgefühle. Der Kontakt wird hauptsächlich aufrechterhalten, um sich von Streß zu befreien. Die Grenze zur schädlichen Abhängigkeit wurde überschritten.
4. Sich beziehen, nur um sich normal zu fühlen. Ausgangspunkt ist ein Zustand seelischen Schmerzes, der sich durch den Kontakt wahrscheinlich verschlimmert.

Quelle: Nach einem Modell von Vernon Johnson in: *I'll Quit Tomorrow*. San Francisco: Harper & Row, 1980.

## *Zweites Stadium: den Stimmungsumschwung suchen*

Nach etwa einer Woche oder längerer Zeit intensiven sexuellen und emotionalen Kontaktes mit dem neuen Mann begann Maria, den Stimmungsumschwung zu suchen (zweites Stadium), sich auf ihn zu freuen, ihn in Gedanken vorwegzunehmen. In diesem Stadium der emotionalen Entwicklung ihrer Sucht war Marias Energie darauf ausgerichtet, das Hochgefühl wiederzuerleben. Sie war durcheinander, begann auf die Uhr zu starren, lebte bis zum nächsten

Telefonat oder Treffen mit ihrem Liebhaber in einer Art Schwebezustand. Sie gab viele eigene Aktivitäten und freundschaftliche Kontakte bereitwillig auf, um mehr Zeit mit ihm zu verbringen, und suchte in der wachsenden Anteilnahme an seinem Leben die Lösung für ihre eigenen Probleme sowie Ablenkung von ihren eigenen Lebensthemen. Diese Gefühle und diese zwischenmenschliche Dynamik sind nicht ungewöhnlich – sie stellen das Erlebnis der Verliebtheit dar.

In diesem Stadium begann Maria einige Stimmungsumschwünge emotional als negativ zu erleben. Manchmal hoben der seelische Schmerz über Unstimmigkeiten, Distanz, den mangelnden Kontakt zu ihrem Partner oder Gefühle von Eifersucht und Abgelehntwerden die Freude an seiner Gesellschaft auf. Nach solchen Vorfällen schämte sich Maria, entweder, weil sie aufgebraust war, fühlte sich niedergeschlagen, weil sie soviel Abhängigkeit verraten hatte, oder geriet in Panik bei dem Gedanken, ihr Partner könne sie verlassen. Insgesamt jedoch fuhr Maria fort, gegen allen Anschein zu glauben, daß der Mann ihres Lebens die Quelle für ihre Freude und Lust sei – ebenso wie Trinker immer weiter glauben, daß der Spaß, den sie in ihrem Rausch erleben, das Leiden wohl aufwiegt. Viele ihrer Stimmungsumschwünge lagen immer noch auf der Lustseite – aber jetzt fielen einige auch *unter* die normale Mittelachse in den Bereich seelischer Schmerzen. Ihre Gefühle von Niedergeschlagenheit, Eifersucht oder Panik waren intensiver als die Erregungs- oder Lustgefühle. Weil die seelischen Schmerzen an diesem Punkt aber immer noch erträglich waren, konnte Maria den Umschwung zum Normalzustand zustandebringen. Noch zahlte sie keinen nachdrücklichen seelischen Preis. Von Zeit zu Zeit ging Maria »auf Entzug«, was für sie hieß, daß sie sich vorübergehend aus einer Beziehung zurückzog.

*Drittes Stadium: Abhängigkeit*

An einem bestimmten Punkt überquerte Maria die unsichtbare Linie zwischen Vernarrtheit und *Abhängigkeit* (drittes Stadium). Ihre ausschließliche Konzentration auf ihren Liebhaber verwandelte sich von einer freien Entscheidung in einen schädlichen Drang. Ihr Leben wurde begrenzt, unausgeglichen, ungesund. Als die Beziehung anfing, sich zu verschlechtern, hielt Maria sie aufrecht aufgrund ihrer wachsenden Abhängigkeit, und nicht um das verlorengegangene Gefühl von Erregung und Spaß wiederzugewinnen. Sie hatte sich selbst soweit aufgegeben, daß sie sich als Heilmittel für ihr schwaches Selbstgefühl und die geringe Selbstachtung nur einen anderen Mann vorstellen konnte.

Während die emotionalen Investitionen und Opfer zunahmen, versuchte Maria, aus der Tiefe ihres Schmerzes und ihrer Besorgnis zurückzupendeln. Aber jetzt war sie oft nicht in der Lage, zur normalen Mittelachse zurückzukehren, und ihr heftiger innerer Aufruhr blieb bestehen. Maria hatte die Kontrolle verloren – und trotzdem war ihr selbst an diesem Punkt nicht klar, daß sie in Schwierigkeiten steckte.

Typische Indizien für Marias schädliche Abhängigkeit waren das ständige besessene Denken an ihren Liebhaber sowie ihr Zwangsverhalten. Marias Unfähigkeit, ihren Impuls unter Kontrolle zu halten, ihren Liebhaber zu sämtlichen Tages- und Nachtzeiten anzurufen, und ihr Drang, zu ungewöhnlichen Zeiten an seinem Büro vorbeizufahren, um nachzuprüfen, ob sein Wagen auf dem Parkplatz stand, sind typische Beispiele für Suchtverhalten. Wie bei Suchtmittelabhängigkeit generell, kam es auch bei Maria zur »Toleranzentwicklung« – das heißt, sie brauchte mehr Kontakt zu ihm, um zu dem gleichen, vorübergehend beruhigenden Effekt zu gelangen, der früher noch durch weniger häufiges Beisammensein sichergestellt wurde. Bei ihr zeigte sich diese Toleranzentwicklung oft in krampfhaften, unersättlichen sexuellen Bedürfnissen. *Daraufhin folgte eine Toleranzminderung* – das heißt, Marias Persönlichkeitsgrenzen wurden so durchlässig, daß der Verlust ihres Selbstgefühls bei jedem Austausch mit ihrem Liebhaber fast sofort eintrat. Bei Toleranzentwicklung brauchte Maria ihren Partner immer dringender; bei Toleranzminderung konnte sie seine Gegenwart kaum ertragen. Wie alle Süchtigen, war auch Maria ängstlich darauf bedacht, »ihren Nachschub zu sichern«, meistens durch emotional erschöpfende, destruktive Szenen voller Eifersucht und Besitzdenken. Schließlich litt Maria von Zeit zu Zeit unter Entzugserscheinungen, die denen von Menschen, die Suchtmittelmißbrauch betreiben, nicht unähnlich waren: wenn ein Liebhaber eine Verabredung absagte oder zu spät kam, erlebte sie häufig Symptome wie Besorgtheit und Panik, Schwitzen, Schwindel und Zittern.

### *Viertes Stadium: den Kontakt aufrechterhalten, um sich normal zu fühlen*

Ab hier rutschte Maria in einen emotionalen Zustand ab, in dem sie *den Kontakt zu ihrem Partner aufrechterhalten mußte, nur um sich normal fühlen zu können* (viertes Stadium); ohne ihn befand sie sich in einem Zustand chronischer seelischer Schmerzen und Depression. Die Gegenwart der suchtauslösenden Person, die Maria ursprünglich gesucht hatte, um sich euphorisch zu fühlen, verlieh ihr nicht länger ein wirkliches Hochgefühl. Aber selbst der geringe Auftrieb, den sie ihr gab, reichte aus, um den selbstzerstörerischen Kreis in Gang zu halten. In diesem Stadium erfuhr Maria die Entsprechung zum Blackout des Alkoholikers: den Rückzug in eine Phantasiewelt. Trotzdem traten ihre ganz realen Gefühle von undefinierbarer Besorgtheit, Scham und Schuld an die Oberfläche, nur um die Dinge noch schlimmer zu machen. Ihr innerer Zustand glich einem Schlachtfeld, und während sie in sämtlichen Bereichen ihres Lebens abbaute, versuchte sie vergeblich, das Chaos, das dicht unter der Oberfläche lauerte, vor ihrer Familie, Freundinnen und Freunden sowie Arbeitskollegen zu verbergen.

Die Spirale von Sucht und Genesung

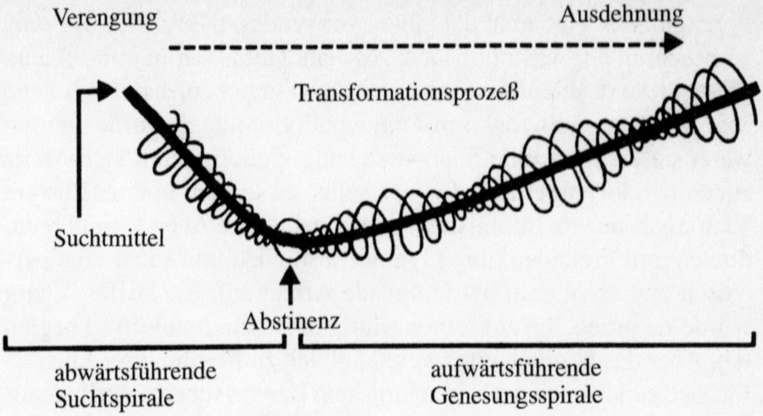


*Abbildung 2*

Quelle: Stephanie Brown, Ph.D., *Treating the Alcoholic: A Developmental Model of Recovery*. John Wiley & Sons, New York 1985, S. 49.

## Die inneren und äußeren Welten von Süchtigen

### *Verengung*

Eine weitere Möglichkeit, Marias Sucht zu verstehen, ist, sich sowohl ihr inneres – oder intrapsychisches – Erleben als auch ihre Außenwelt anzuschauen. Das ist hilfreich, um begreifen zu können, was mit Beziehungssüchtigen bei der heftigen Verfolgung ihrer Ziele vor sich geht. Aus diesem Blickwinkel betrachtet, kann Marias Suchtverlauf als fortschreitende Verengung sämtlicher Aspekte ihres Lebens betrachtet werden – nicht nur der physischen und geistigen (ihrer äußeren Welt), sondern auch der emotionalen und spirituellen (ihrer inneren Welt).[2]

Man kann sich Marias Beziehungssucht auch als eine abwärtsführende Spirale vorstellen, wobei die suchtauslösende Person im Brennpunkt der Aufmerksamkeit steht, was als durchgehende Linie in der Mitte der Spirale in Abbildung 2 gezeigt wird. Für Maria repräsentiert die durchgehende Linie Victor und all die anderen, die ihm vorausgingen und folgten.

*Verengung* ist vielleicht der einzig verwendbare Begriff, um genau zu beschreiben, was mit Maria geschah. Gefangen in einer Sucht, führte diese strahlende und sensible Frau ein Leben, das zunehmend begrenzter, einseitiger, armseliger und eintöniger wurde. Immer wenn sie sich auf eine Suchtbeziehung einließ, nahm sich Maria zunehmend weniger Zeit, für sich selbst zu sorgen. In ihrer Ehe mit Victor gab sie, um für ihn dasein zu können, ihre Abende mit Freundinnen und Freunden, ihre Gymnastikstunden und sogar eine psychisch und emotional befriedigende Arbeit auf. Sie hoffte, Victor würde sie bitten, ihn auf seinen häufigen Geschäftsreisen zu begleiten. Aber das geschah nur zweimal gleich zu Beginn ihrer Ehe.

Für sich genommen, ist Verengung kein Beweis für eine vorliegende Sucht. Aber sie ist gültiges Indiz für ein Ungleichgewicht, das oft in Sucht übergeht. Denken Sie zum Beispiel an die Freizeitläufer, die Sie kennen. Die geringste Wahrscheinlichkeit, nach ihrem Sport süchtig zu werden, besteht bei denjenigen, deren Leben abwechslungsreich ist: sie haben Zeit für Beruf, Vergnügen, Freunde, für die Familie, vielleicht für Gemeindearbeit und für Hobbys. Sorgen muß man sich bei Menschen machen, die bei allem gereizt werden, was sich ihrem einseitigen Streben in den Weg stellt, und die sich jeden größeren Einsatz an Zeit und Energie für ihre Beziehungen versagen.

### *Die Folgen von Sucht*

Eine der Folgen des Suchtverlaufs ist Ersatzverhalten. Wenn Menschen versuchen, eine Sucht aufzugeben, neigen sie dazu, sie durch eine andere zu ersetzen. Außer um ein Hochgefühl hervorzurufen, wird die Suchtsubstanz auch oft als Beruhigungsmittel benutzt. Deswegen ist es üblich, daß Menschen, die versuchen die Droge ihrer Wahl aufzugeben, sich einer anderen zuwenden. Wer Kokain nimmt, mag sich sagen: »Ich werde kein Koks mehr nehmen. Ich trinke jetzt nur noch ab und zu etwas.« Alkoholiker, die mit dem Trinken aufhören, können anfangen, Haschisch zu rauchen, oder sie werden zu Arbeitssüchtigen, ein Ersatzverhalten, das besonders heimtückisch ist, weil viel arbeiten in unserer Gesellschaft schon immer gutgeheißen wurde.

Marias Ersatzverhalten trat in Form fortlaufender monogamer Beziehungen auf. Als sie erst einmal erkannte, daß ihre Beziehung mit Victor nicht überleben würde, machte sie sich sofort auf die Suche nach einem Ersatz für ihn. Erst dann war sie in der Lage zu gehen. Beziehungssüchtige scheinen besonders anfällig für Ersatzverhalten zu sein, was sich nicht nur darin zeigt, daß ihre Beziehungen sich überschneiden, sondern auch in übermäßigem Essen oder den Rechnungen für ausgedehnte Einkaufsbummel, die sich bei ihnen stapeln. Beide Verhaltensweisen kommen örtlichen Betäubungen gleich – es sind Versuche, ihre Besorgtheit zu verringern und die innere Leere zu füllen. Die Einkaufsbummel können auch ein unbewußter Versuch sein, das Selbstwertgefühl anzuheben, indem Kleider gekauft werden, die das Image aufpolieren sollen – und trotzdem sind sie nur ein weiterer äußerlicher Schritt, sich nach einem schnellen »Schuß« umzusehen.

Mit der Zeit wird jeder direkte Ersatz für eine Sucht unweigerlich versagen – ob es nun natürlich gewachsenes Marihuana, ein teurerer, reinerer Gin oder ein weiterer vielversprechender neuer Partner ist. Die Illusionen werden meistens zerstört, aber nur wenn die Süchtige eine Erfahrung macht, die persönlich nicht mehr tragbar ist. Maria war schließlich am Ende, als sie aufgrund unentschuldigter Abwesenheit, kostspieliger Fehler und nicht akzeptabler Stimmungsschwankungen gefeuert wurde und ihre Arbeit verlor, die sie schätzte. Da sie gerade eine neue Beziehung angefangen hatte, die sich mit der vorigen, sehr belastenden, überschnitt, befand sie sich in einem Zustand von Kraftlosigkeit und innerem Aufruhr, der ihr privates und berufliches Leben beeinträchtigte. Der selbstzerstörerische Beziehungskreis wurde schließlich durchbrochen, als Maria aufhörte, sich zu belügen, als sie aufgab und bereit war, die innere Reise zu Selbstfindung und Selbstheilung anzutreten. Statt wie bislang damit fortzufahren, sich auf äußere Situationen und Menschen zu konzentrieren, um ihr Unbehagen und ihren Schmerz wegzurationalisieren, begann Maria ihre Gefühle, Gedanken und Verhaltensmuster in ihrem Leben und in ihren Beziehungen zu untersuchen. Sie fand für ihre neue Innenschau Unterstützung bei einer Gruppe, die nach den Zwölf Schritten vorging (ein Selbsthilfeprogramm, das auf den Zwölf Schritten oder Prinzipien für Genesung der Anonymen Alkoholiker beruht), und die sie regelmäßig zu besuchen begann. Aber auch die Einsichten, die sie in einer Psychotherapie gewann und das Tagebuch, in dem sie auch Skizzen entwarf, halfen ihr. Schließlich schenkten ihr ihre spirituellen Aktivitäten zunehmende Klarheit und innere Ruhe.

### *Genesung und Ausdehnung*

So wie sie die spiralförmige Verengung der Sucht erlebt hatte, erfuhr Maria jetzt den aufwärtsführenden Prozeß der Genesung. Die Genesungsspirale verläuft keinesfalls gleichmäßig. Der Weg von der Sucht zur Genesung ist voller Fehlstarte, Rückschritte und Pausen. Bei alledem ist das generelle Muster der Genesungsspirale durch *Ausdehnung* charakterisiert.

Wie in Abbildung 2 gezeigt wird, bleibt selbst bei der Genesung das Objekt ihrer Sucht – Ihre suchtauslösende Person – zentraler Mittelpunkt Ihrer Aufmerksamkeit: die durchgehende schwarze Linie, die in der Mitte der sich verengenden Suchtspirale verlief, ist weiterhin vorhanden. Das ist ein wichtiger Hinweis für jeden, der auf dem Weg ist, von einer Sucht zu genesen. Nur wenn Sie sich eine klare, nicht verzerrte Erinnerung an Ihre Sucht bewahren, kann die Genesung sich entfalten; wenn Sie glauben, vollkommen genesen zu sein, ist das ein sicheres Anzeichen für Schwierigkeiten. Sie müssen sich immer daran erinnern, was oder wer Ihre Sucht auslöst, damit Sie nicht vergessen, daß Sie anfällig sind. Wenn Sie glauben, daß Ihre frühere Sucht – oder Suchtanfälligkeit – keine Lehren für Ihre Zukunft enthält, gehen Sie das Risiko ein, die Vergangenheit zu wiederholen. Es gibt keine Süchtigen, die genesen sind, sondern lediglich Süchtige, die sich mit ihrem Genesungsprozeß auf verschiedenen Stufen der sich ausdehnenden Spirale befinden.

Die aufwärts führende Genesungsspirale verläuft nicht spiegelbildlich zum abwärts führenden Suchtprozeß. Die Person, die sich auf dem Weg zur Genesung befindet, hat sich verändert – sie wird an einem völlig anderen Ort als ihrem Ausgangspunkt angelangen. Der Schweizer Analytiker Carl Gustav Jung glaubte, daß eine spirituelle Umwandlung die einzige Hoffnung für Alkoholiker sei; in dieser Umwandlungserfahrung liegt der entscheidende Unterschied zwischen der Verengung bei Sucht und der Ausdehnung bei Genesung.

Obgleich die Genesung ein aufregendes Abenteuer sein kann, bei dem Sie sich selbst finden und sich und die Welt mit den frischen Augen eines Neugeborenen sehen, kann sie – wie alle radikalen Veränderungen – auch beängstigend sein. Die meisten von uns haben bis zu einem gewissen Grade Angst vor dem Unbekannten, vor dem, was uns nicht vertraut ist. Wichtig ist zu akzeptieren, daß diese Angst und dieses Unbehagen dazugehören und natürliche Elemente von Veränderung sind. Wird das Unbekannte uns allmählich bekannt, und wachsen Vertrauen und Zuversicht, lernen wir mit der Angst umzugehen, oder sie verschwindet ganz. Wie Mark Twain sagte: »Mut ist, der Angst zu widerstehen, sie zu meistern, nicht die Abwesenheit von Angst.«

Maria begann ihre Genesung mit einem Gefühl von Verzagtheit. Das erste Mal seit ihrer Teenagerzeit war sie bereit, sich ihre Ängste vor dem Verlassenwerden anzuschauen –, wobei sie wußte, daß diese ihre Macht nur dann verlieren würden, wenn sie sich ihnen stellte. Sie setzte sich auch dem Risiko des Alleinseins aus, was ihr ganzes Leben lang eine beängstigende Aussicht für sie gewesen war. Und anfangs war sie wirklich allein. Sie war nicht nur arbeitslos, sondern hatte auch für ihre augenblickliche Suchtbeziehung eine Pause eingelegt, und auch ihre Freundschaften und ihr soziales Leben lagen in Trümmern – sie waren einen frühzeitigen Tod durch Vernachlässigung gestorben. Aber während sie sich auf ihr Innenleben konzentrierte, um wieder ein Gefühl für sich selbst zu bekommen, entwickelten sich allmählich neue Freundschaften, und sie konnte auch einige alte Freundschaften wieder beleben.

Das Paradoxe an der Genesung lag – wie Maria erkannte – darin, daß sie sich auf ihre innere Welt konzentrieren mußte, damit die äußere Welt funktionierte. Als Beziehungssüchtige hatte sie immer versucht, die vermeintlichen Erwartungen ihrer Partner an sie zu erfüllen, und dabei den Blick für ihre eigene Identität verloren. Jetzt mußte sie aus der Quelle ihres tiefsten inneren Wissens schöpfen, um herauszufinden, wer die wirkliche Maria war. Im Geist und im Herzen bewegte sie sich in der Zeit zurück, erforschte erneut ihre Ursprungsfamilie, nahm wieder Kontakt zu ihrem verletzten inneren Kind auf und umhegte mit elterlicher Fürsorge diesen Teil von sich, der immer noch unter der Vernachlässigung in früheren Jahren litt, dieses Kind, das sie bislang verstoßen hatte. Sie entwickelte ein neues Verständnis von Liebe, Nähe, Verbindlichkeit und dem Stellenwert, den Genesung und Spiritualität in ihrem Leben und in ihren Beziehungen hatten. Und dann war sie das erste Mal imstande, ihre Bedürfnisse in Beziehungen ebenso festzulegen wie ihre Grenzen – die Dinge, zu denen sie in zukünftigen Partnerschaften keinesfalls mehr bereit war, und auf die sie nicht mehr verzichten wollte.

### *Stadien der Genesung*

Der Beginn der Genesung ist oft eine Zeit, in der gewisse Formen von Ersatz nützliche Dienste beim Übergang von Sucht zu fortlaufender Genesung leisten können. Manchmal werden diese sogar von Psychotherapeuten oder Drogenberatern empfohlen. Es ist jedoch für Menschen im frühen Stadium der Genesung wichtig, einen Ersatz zu wählen, der positive Wirkungen hat. Kaugummi kauen ist besser als Haschisch rauchen. Gymnastikstunden sind besser als übermäßiges Essen. Wenn man sein Selbstvertrauen stärkt, indem man lernt, schöne Dinge zu töpfern oder zu fotografieren, ist das positiver und der langfristige Nutzen größer, als wenn man sich ein neues Seidenkleid kauft. Die vorübergehende Abhängigkeit von der Mitgliedschaft in einer Selbsthilfegruppe oder einer beziehungsorientierten Zwölf-Schritte-Gruppe wie Al-Anon ist positiver als die Sucht nach einem anderen Menschen.

Als Maria mit ihrer Genesung begann, fing sie an zu malen. Nach und nach wurde dieser Zeitvertreib für sie immer fesselnder, bis er zum wichtigsten Brennpunkt für ihre Energie und ihre wöchentlichen Aktivitäten wurde – manchmal auf Kosten eines ausgewogenen Lebens. Das wirft die Frage auf, ob ein gesunder Ersatz zur Sucht werden kann. Man kann von einer positiven Sucht sprechen, wenn zwei Bedingungen gegeben sind. Erstens müssen Sie bei einer positiven Sucht sich selbst einbringen. Aufgaben lösen, etwas lernen, meditieren oder malen, wie Maria es tat, sind Beispiele für potentiell positive Süchte. Die Sucht nach Alkohol oder anderen Drogen ist nach dieser Definition schädlich und negativ, weil Sie nichts von sich hineingeben, um den Auftrieb und die beruhigende Wirkung zu erreichen, die Sie suchen.

Zweitens führt eine positive Sucht in Ihrem Leben zu Ausdehnung, im Gegensatz zur negativen Sucht, die eine Verengung hervorruft. Bob zum Beispiel ist ein Mann Mitte dreißig, der wegen Eheschwierigkeiten eine Therapie aufsuchte. Sein Therapeut hatte eine gute Ausbildung auf dem Gebiet der Suchterkrankungen. Ausgehend von seiner Einschätzung von Bobs Schwierigkeiten und dessen Lebensstil, hegte der Therapeut von Anfang an den Verdacht auf Suchtmittelabhängigkeit, obwohl er keinerlei Anzeichen dafür finden konnte. Trotzdem ertappte er sich immer wieder dabei, daß er Bob für einen Alkoholiker hielt, wenn er versuchte, sich dessen Erfahrungen zurechtzulegen. Bob zeigte alle Anzeichen für eine negative Sucht: Dauerarbeitslosigkeit, Isolation, mangelnde Freundschaften, Desinteresse an körperlichen Aktivitäten, keine Bereitschaft, sich an den abendlichen Unternehmungen seiner Frau und seiner Kinder zu beteiligen. Nach mehreren Monaten Therapie fügte sich das Puzzle für den Psychologen und Bob eines Tages zusammen: Bob war fernsehsüchtig. Das fehlende Teil fiel an seinen Platz, als Bob einen Unfall beschrieb, den er kurz zuvor hatte, während er sich ein Programm in seinem Mini-Fernseher anschaute, den er sich für sein Auto gekauft hatte!

Auch wenn Bob weder Alkoholiker noch beziehungssüchtig war, litt er eindeutig unter einer schädlichen, negativen Sucht: Fernsehen war eine passive Aktivität, in die Bob nichts von sich hineingab, und sein Leben zeigte sämtliche Anzeichen von Verengung und fortschreitender Abhängigkeit vom Suchtmittel. Weil er sich keinen Videorecorder leisten konnte, blieb er unter den fadenscheinigsten

Gründen von der Arbeit fort, um sich zu Hause seine Lieblingssendungen anschauen zu können. Man hatte ihn bei der Arbeit auf Probe eingestellt, und er lief Gefahr, seinen Job zu verlieren, weil er nicht imstande war, sich an die Probebedingungen zu halten. Abends und an den Wochenenden war er emotional distanziert und für seine Frau und seine Kinder nicht ansprechbar, was ein großes Ungleichgewicht und Durcheinander in seiner Familie hervorrief. Sein Autounfall brachte das Faß zum Überlaufen, und Bob wachte auf. Im Verlauf des Aufgebens seiner Fernsehsucht erlebte Bob ein ungeheures Gefühl von Leere. Weil der Therapeut wußte, daß Bob sich während des Genesungspozesses wahrscheinlich einen Ersatz suchen würde, wies er ihn an, sich nach Möglichkeiten zu erkundigen, die sein persönliches Wachstum fördern würden. Augenblicklich verfolgt Bob aktiv zwei neu entdeckte Interessen: er hat angefangen zu laufen und sich einer Gruppe von Drehbuchautoren angeschlossen. Durch sein neues körperliches Training kommt er wieder mit sich selbst in Berührung. Die Schreibgruppe hilft ihm, sein Interesse am Fernsehen auf aktivere Weise in einer sozialen Umgebung fortzusetzen.

### *Die Wahl liegt bei Ihnen*

Viele von uns sind zum einen oder anderen Zeitpunkt den Weg in den Zauberwald der Liebesromanze, der Abhängigkeit und Selbstaufgabe gewandert. Im Nebel der Verleugnung haben einige sich im Wald verirrt. Andere, wie Tristan und Isolde, wagten ein paar Schritte aus dem Wald hinaus, nur um zu erreichen, daß Ängste und Phantasien ihnen den weiteren Weg versperrten. Wieder andere, die einen Blick auf die friedliche Lichtung hinter den wilden Dornenbüschen erhascht haben, treten aus dem Wald hinaus, um niemals zurückzukehren, wobei sie bereitwillig die Unsicherheiten eines unbekannten Weges akzeptieren und darauf vertrauen, daß er sie aus der Gefangenschaft in die persönliche Freiheit führt. Sie können sich den Pfad für Ihre Genesung selbst erschaffen – die Wahl liegt bei Ihnen.

## 2 Die Silberschnur: Familiengeschichte

### Die Familie als System

So gern wir auch glauben möchten, daß wir selbstbestimmte und selbstgesteuerte Menschen sind – jeder von uns ist geprägt durch seine Vergangenheit; die Person, die Sie heute sind, ist eine Mischung aus dem, was Sie bei Ihrem Eintritt in die Welt mitgebracht haben und Ihren sämtlichen nachfolgenden Erfahrungen. Bei dieser Mischung hat Ihre Ursprungsfamilie wahrscheinlich mit die einflußreichste Rolle gespielt, nicht nur hinsichtlich dessen, wer Sie sind, sondern auch in bezug darauf, wie Sie heute leben. Familien geben nicht nur von Generation zu Generation ihre Erbmasse weiter, sondern auch ihren Entwurf für das Leben in der Welt.
Diese Auffassung entmutigt anfangs viele Menschen. Es ist nicht leicht, erkennen zu müssen, daß Sie Ihre Gedanken, Emotionen und Verhaltensweisen nicht so unabhängig hervorbringen, wie Sie bislang vielleicht gedacht haben. Und wenn Ihre Ursprungsfamilie gestört war, fühlen Sie sich vielleicht sogar hoffnungslos bei dem Gedanken, daß es nicht in Ihrer Macht steht, die Vergangenheit zu ändern.
In Wirklichkeit kann ein neues Verständnis der Vergangenheit den Weg für einen neuen, hoffnungsvollen Auftrieb bereiten. Wenn Sie bereit sind, deutlicher wahrzunehmen, welche Rolle Ihre Ursprungsfamilie in Ihrem heutigen Leben spielt, können Sie mit dem Prozeß der Selbstbestimmung und Selbstveränderung beginnen, indem Sie die Vergangenheit hinter sich lassen und zur Schöpferin Ihres zukünftigen Weges werden. Familien sind Systeme – Einheiten, die aus einer Anzahl von Elementen bestehen, die für gemeinsame Zwecke oder Ziele miteinander in Interaktion treten; das Ganze ist größer als die Summe seiner individuellen Teile. Ein Familiensystem gleicht einem Mobile: jedes Teil bewegt sich einzeln und trotzdem sind alle miteinander verbunden. Wenn ein Teil sich be-

wegt, bewegen sich auch sämtliche anderen Teile, um sich neu zu ordnen, bis das Mobile einen neuen Ausgleichspunkt gefunden hat. Wenn im Leben eines Familienmitglieds wichtige Veränderungen stattfinden, stellen sich auch alle anderen Mitglieder um. Das gilt für sämtliche Veränderungen – nicht nur für negative Situationen oder Krisen. Ein Sohn heiratet vielleicht, eine Tochter geht auf die Universität, eine Mutter läßt ihren Alkoholismus behandeln, bei einem Vater verändert sich aufgrund einer neuen Arbeitsstelle drastisch das Maß an Zeit, das er zu Hause verbringt. In bezug auf das Verhältnis der verschiedenen Familienmitglieder untereinander ist es von zweitrangiger Bedeutung, ob der Vater jetzt sehr viel mehr oder sehr viel weniger Zeit zu Hause verbringt: *das Thema, um das es wirklich geht, ist die plötzliche, einschneidende Veränderung.* Die Veränderung an sich ist es, die jedes Familienmitglied veranlaßt, sich der Neuangleichung zu unterziehen und dem Familiensystem allmählich erlaubt, die neue Situation zu assimilieren und ein neues Gleichgewicht zu schaffen.

## Sarahs Familie

Neulich spazierte Sarah, eine attraktive, sonnengebräunte Frau über dreißig lächelnd in das Büro ihrer Therapeutin und ließ ihren langen, leicht gebeugten Körper anmutig in einen Stuhl fallen. Sie fühle sich heute etwas selbstgefällig, sagte sie. Vor ein paar Tagen hatte sie ihre Eltern und ihren Bruder eingeladen. Anders als früher hatte sie aber bei diesem Besuch den versteckten Tanz subtiler Spannungen, verschleierter Botschaften und voraussagbarer Interaktionsmuster wahrgenommen, an dem jeder sich beteiligte.

Sarah erzählte ihrer Therapeutin, daß alles mit einer Einladung an ihre Familie angefangen hatte, mit ihrem Mann Scott, ihren Kindern und ihr Silvester zusammen zu Abend zu essen. Sie hatte mehrere Stunden mit Kochen und Aufräumen verbracht. Sie erinnerte sich, daß sie sich Sorgen gemacht hatte, als sie letzte Hand an den festlich gedeckten Tisch legte. Würde Ihre prunkliebende Mutter das Blumengesteck zu klein, zu dezent finden? Würde ihr Bruder Rainer denken, daß der Tisch zu förmlich gedeckt war? Oder für seinen Geschmack zu überladen? Sarah und ihr älterer Bruder mochten sich sehr gerne, trotzdem hatte Sarah sich durch Rainers Leistungen, seine Unabhängigkeit und seine Eleganz immer ein wenig eingeschüchtert gefühlt. »Dem Himmel sei Dank für Vati«, hatte sie geseufzt. Zumindest bei ihm konnte man sich darauf verlassen, daß er nicht viel sagte – so oder so.

Sarah sagte, daß sie sich an diesem Punkt dabei ertappt hatte, wie negativ und selbstkritisch sie war. Sie hatte ihre Selbstzweifel bewußt beiseite geschoben und alle ihre Sinne wieder aufleben lassen, während sie die Szenerie überprüfte. Sie hatte in Richtung Küche geschaut: ein verführerischer Duft schwebte aus der Form, die im Backofen bruzzelte, herüber.

Das Brummen von Scotts Säge in der Garage hatte etwas Tröstliches. Dank Scotts gutmütigem Wesen würde der Hamster bis morgen ein eigenes Zuhause haben, und sie konnte ihren Anspruch auf die Wäschetrommel wieder anmelden. Die Dinge fingen wirklich an, ihren Platz zu finden.

Auf ihrem Weg zurück in die Küche hatte Sarah vor dem Flurspiegel für einen letzten kritischen Blick angehalten und prüfend in ihre kurzsichtigen grauen Augen gestarrt. Sie hatte mit den Fingerspitzen leicht über ihre Wangen und die Mundwinkel gestrichen, glücklich, keine neuen Falten zu finden. Eine hochstehende Ecke ihres Blusenkragens glättend und ihre kurzen blonden Locken zurechtzupfend, hatte sie ihrem Bildnis zugegrinst: »Nicht übel!« In diesem Augenblick war sie mit sich zufrieden gewesen – und dankbar für ihr Leben und ihre Familie.

Dann hatte es an der Haustür geklingelt, und alle waren zur vorderen Tür geeilt, Scott, während er sich noch das Sägemehl aus seinen buschigen Augenbrauen und dem Bart strich. Sarah hatte ihm schnell einen flüchtigen Kuß auf die Wange gegeben. Innerhalb weniger Sekunden war der Flur voller Menschen, die alle durcheinander sprachen und sich in einem Wirrwarr von Gelächter, Geschwätz und Wärme umarmten.

Sarah erzählte der Therapeutin, daß sie auf einmal bemerkt hatte, daß ihre Mutter, ihr Vater und Bruder mit Platten, Schüsseln und Tellern beladen waren. Sie wandte sich ihrer Mutter zu und sagte: »Ich dachte, wir waren uns einig, daß ich mich heute um das ganze Essen kümmere.« Laura, ihre imposante, weißhaarige Mutter, hatte fest erwidert: »Ja, ich weiß, Liebes. Aber dann habe ich beschlossen, trotzdem einen Rostbraten zu machen, nur für den Fall, daß dein Vater deine ausgefallene französische Küche nicht mag.« Ohne eine Antwort abzuwarten, war sie an Sarah vorbei in die Küche und auf den Kühlschrank zugefegt, Mann und Sohn im Schlepptau. Rainer hatte Sarah zugezwinkert, wobei er kaum verhehlen konnte, daß er sich amüsierte. Sarah hatte entsprechend reagiert und die Augen in ironischer Märtyrerschaft nach oben verdreht. Ihr und ihrem Bruder war es immer gelungen, die Sonderbarkeiten und Verletzungen in der Familie zu überstehen, indem sie sie mit diesem unbändigen, respektlosen Humor aufnahmen, den nur sie beide teilten.
Eigentlich war es ihre Mutter gewesen, die – wie Sarah sich erinnerte – sich am meisten ärgerte. Während sie den Inhalt des Kühlschranks mit finsterem Blick inspizierte, sagte sie fordernd: »Wieso ist hier kein Platz mehr? Dieses Essen muß im Kühlschrank stehen!« Sarah, die ein familiäres Verhaltensmuster wiedererkannte, hatte sich geweigert, auf die Laune ihrer Mutter einzusteigen. Sie hatte gelacht und ihre Mutter schelmisch darauf hingewiesen, daß sie, da sie vorher nicht ihre Kristallkugel befragte hatte, kaum hatte weissagen können, daß sie an diesem Tag Platz für ein komplettes zweites Menü hätte schaffen müssen. Auch Laura hatte gelacht. Damit war der Bann gebrochen.
Inzwischen hatte Don, Sarahs Vater, die Platte, die er getragen hatte, auf der Anrichte abgestellt. Sarah hatte ihn besorgt beobachtet, wie er seine Krawatte lockerte und die Speisekammer öffnete, um sich einen Drink zu machen. Ohne ein Wort zu sagen, war er ins Wohnzimmer spaziert, um sich einen Vorfilm im Fernsehen anzuschauen. Sarah sagte, er wäre ganz offensichtlich verärgert darüber gewesen, daß Laura ihn zum Anlaß des Streits gemacht hatte. Ihrem Vater schien es sowieso nicht wichtig zu sein, was er aß. Obwohl er nie

offen rebellierte, war es eindeutig, daß es ihn ärgerte, von Laura bevormundet und als Manipulationsobjekt benutzt zu werden.
Mit einer gewissen Unberührtheit erzählte Sarah ihrer Therapeutin, daß die ganze Situation sie eher amüsiert habe. »Typisch für meine Familie«, war ihr Kommentar. »Dieses ganze Getue um das Essen, und Mutter immer vorneweg, immer im Mittelpunkt sämtlicher Aktivitäten und Aufmerksamkeit.« Sie erzählte weiter, daß sie in Erinnerung früherer Familienferien fast hätte voraussagen können, wie sich die Unterhaltung am Essenstisch fortgesetzt hätte, wenn sie nicht eingeschritten wäre. Sie und Scott würden sich darüber zanken, ob die Zwillinge Nachtisch haben durften, ohne mit dem Essen fertig zu sein. Laura, ungeachtet der überflüssigen zwanzig Pfund, die sie auf den Rippen trug, würde Scott wegen der vielen Butter sticheln, die er sich auf seine Kekse strich, sowie wegen des Bauches, den er sich seit der Heirat mit Sarah zugelegt hatte. Er würde einfach mit einem gutgelaunten Lachen darüber hinweggehen und fortfahren genau das zu tun, was er gerade tat. Aber Sarah würde die Schuld auf sich nehmen und am nächsten Tag auf Radikaldiät gehen, um ihr Übergewicht zu verlieren, und den ständigen Kreislauf von Diät und zu viel essen fortführen. Rainer, ein Vorbild an guter Gesundheit, würde pflichtgemäß versuchen, die Familie mit Berichten über die neuesten kalifornischen Essensmoden aufzuheitern: sein letztes Essensthema war eine merkwürdige kulinarische Köstlichkeit mit Namen grünes Magma gewesen. Einem Glas Wein zugewandt, würde ihr Vater still alles essen, was Laura ihm vorsetzte. Er würde nur zum Leben erwachen, wenn sich das Gespräch – was immer geschah – dem familieneigenen Konzessionsgeschäft für Lebensmittel und Haushaltswaren zuwandte, an dem Sarah und ihr Bruder beteiligt waren, aber inwieweit, war trotz wiederholter diskreter Fragen an ihren Vater niemals klar geworden. Don und Laura würden dann den neuesten Stand des Familienvermögens bekanntgeben und ihr Gespräch mit Geschichten und Anekdoten über die harte Arbeit und den Scharfsinn untermauern, die ihnen abverlangt wurden. Vor allem Don brüstete sich, für sie alle für den ständigen Überfluß zu sorgen, den sie auf diesem konkurrenzgeladenen Markt genossen.

Es war bei diesem Neujahrsbesuch zu einem weiteren interessanten Austausch gekommen, sagte Sarah. Während sie und Scott nach dem Essen aufräumten, war ihre Mutter auf sie zugekommen. »Sarah«, hatte sie in mißbilligendem Tonfall gesagt, »ich wollte gerade ein paar saubere Geschirrtücher holen und konnte einfach nicht glauben, wie dein Wäscheschrank aussieht! Ich habe zu Rainer gesagt, ›Man sollte glauben, daß deine Schwester in all diesen Jahren gelernt hat, ihre Wäsche sauberer und annähernd ordentlich zu stapeln.‹ Man findet ja dort gar nichts!« Rainer, der hinter seine Mutter getreten war, hatte dümmlich gegrinst und seine Arme ausgebreitet, wie um zu sagen, »Ich geb's auf!« Sarah hatte ein Déjà-vu-Gefühl. Nicht nur, daß ihre Mutter schon früher ihre Haushaltsführung kritisiert hatte – Sarah erinnerte sich auch an eine fast identische Szene ein Jahrzehnt früher zwischen Laura, Lauras Schwester und *deren* Mutter. Zu der Zeit war es Lauras Wäscheschrank gewesen, der den mütterlichen Maßstäben nicht entsprochen hatte!

Das Stück Familienleben, daß Sarah ihrer Therapeutin erzählte, ist ziemlich repräsentativ für das, was in vielen Familien abläuft; es kann uns daher eher gemäßigt und undramatisch vorkommen. Aber so, wie es auffällig gestörte Familien gibt, gibt es auch Familien wie die von Sarah, in der gestörte Tendenzen und süchtige Verhaltensmuster subtil und untergründig verlaufen und dabei die scheinbar ruhige und heitere Oberfläche gewohnter Interaktionen kaum aufrühren. Bei diesen Gegebenheiten steigen wiederkehrende Themen im Verlauf von Generationen meistens nur in einer Krise an die Oberfläche, oder wenn ein neues Element in die vertraute und scheinbar zu bewältigende Szenerie eingeführt wird.

Durch Beobachtung der Familiendynamik bei ihrem Festessen und durch die Neuerforschung dieser Erfahrung mit ihrer Therapeutin zusammen war Sarah zum Beispiel in der Lage herauszufinden, daß ihre Familie vom Essen besessen ist (Lauras Extra-Mahlzeit, um sicherzustellen, daß reichlich zu essen da war; Sarahs eigenes wiederkehrendes Pendeln zwischen zuviel essen und Radikaldiät). Sie entdeckte auch die Tradition der kontrollierenden Familienmutter, wie sie sich in Lauras Einmischung in Sarahs Essensvorbereitungen und später in ihrer Kritik an Sarahs Haushaltsführung zeigte, deren Echo über Generationen hinweg zu verfolgen war.

Dieser Besuch bestätigte auch einmal mehr Sarahs Überzeugung, daß Don Probleme mit dem Trinken hatte. Sie nahm wahr, daß er als Reaktion auf seine Gefühle, die er nicht ausdrücken konnte, gewohnheitsmäßig zur Unterstützung nach dem Glas griff. Es gab in Dons Familie Alkoholismus, auch wenn er eine Generation übersprungen hatte. Dons Vater war Abstinenzler, vielleicht eine Reaktion auf den Alkoholismus seines eigenen Vaters. Mit dieser Familiengeschichte besteht bei Don, seinen Kindern und deren Kindern auf jeden Fall genetisch und von den Umgebungseinflüssen her ein verstärktes Risiko für Alkoholabhängigkeit.

Und schließlich enthüllt Sarahs Geschichte auch die elterliche Tendenz, andere Familienmitglieder indirekt zu kontrollieren – durch *das Treffen einseitiger Entscheidungen, durch mangelnde Offenheit und das Zurückhalten wichtiger Informationen.* Laura lehnt es ab, Sarah zu erzählen, daß sie eine zweite Mahlzeit mitbringen wird; Don unterläßt es, seinen Kindern mitzuteilen, wie groß ihr Anteil am Familienunternehmen ist, nimmt ihnen damit die Autonomie des Erwachsenendaseins und behält die vollständige Kontrolle, indem er alleine geschäftliche Entscheidungen »zu ihrem Guten« trifft. In gewisser Weise zeigt Rainer ein subtiles Symptom des elterlichen Kontrollmusters durch sein geheimes Einverständnis mit dem mütterlichen Kritizismus an Sarah, da er es unterläßt, gegen Lauras Ungerechtigkeit Einwände zu erheben. Über die Jahre hinweg haben sowohl Sarah als auch Rainer gelernt, keine direkte Konfrontation mit ihrer mächtigen Mutter zu riskieren.

Wie Sie später in diesem Kapitel sehen werden, ist Sarahs Fähigkeit, so genau zu beobachten, nicht über Nacht gewachsen, sondern Resultat der gründlichen Fragen, die sie sich im Verlauf der Therapie gestellt hat.

Don – Sarahs und Rainers Vater – begann, kurz nachdem Sarah geboren wurde, in zwei Berufen zu arbeiten. Drei Jahre lang verbrachte er seine Tage damit, sein Lizenzgeschäft aufzubauen, und an den meisten Abenden arbeitete er als Lagerhalter für Verkaufsautomaten, um Geld zu verdienen. Anschließend erweiterte er sein erfolgreiches, neu gegründetes Unternehmen, das in den ersten Jahren einen enormen Einsatz an Zeit und Energie von ihm forderte. Obwohl Dons Ehrgeiz grundsätzlich eine positive Entwicklung für den längerfristigen materiellen Wohlstand der Familie bewirkte, hatten seine veränderten Pläne einen dramatischen Einfluß auf das Leben seiner Frau und seiner Kinder. Laura, einsam und ganz erdrückt von der plötzlichen Verantwortung, einen Säugling und einen Fünfjährigen praktisch alleine großzuziehen, suchte bei ihrem Sohn Gesellschaft. Dem kleinen Kind wurde erlaubt, abends immer länger aufzubleiben, um der Mutter Gesellschaft zu leisten und vor dem neuen Fernseher zu sitzen, dessen Besitz ein Symbol für den wachsenden Wohlstand der Familie war. Dieses besondere Bündnis zwischen Mutter und Kind, das Rainer zu jener Zeit ironischerweise als sehr wohltuend empfand, war für die Familie als ganze nicht gesund. Vor allem, weil es sich zu einer Art Geheimbund entwickelte. Wenn Dons Wagen schließlich spät abends in die Garage rollte, scheuchte Laura Rainer schnell in sein Schlafzimmer, deckte ihn zu und flüsterte: »Schnell, schnell! Wir dürfen Vati nicht zeigen, daß du so lange auf warst!« Noch wichtiger war, daß dieses besondere Bündnis zu einer Art Ausschließlichkeitsbeziehung zwischen der Mutter und einem Kind führte, die das andere Kind und den Vater nicht einbezog. In späteren Jahren hatte dieses Bündnis selbst für Rainer negative Seiten. Aufgrund der speziellen Gesellschaft, die ihr Sohn ihr in diesen einsamen Jahren geleistet hatte, fuhr Laura fort, Rainer als eine Verlängerung ihrer selbst zu betrachten. Als sehr selbständiger Junge aufgewachsen, verspürte Rainer in seinen Teenagerjahren das dringende Bedürfnis, gegen die Nähe zu rebellieren, die seine Mutter forderte, und die er jetzt als übertriebene Fürsorge empfand.

Jedenfalls kehrte Don niemals wieder wirklich zu seiner Familie zurück – er war weder körperlich noch emotional präsent. Während sein Geschäft blühte, wurde er wie besessen von seiner Arbeit, süchtig danach. Selbst wenn er Zeit zu Hause verbrachte, wurde seine Gegenwart von seiner Familie kaum wahrgenommen. Er war emotional distanziert und zurückhaltend geworden. Laura war weiterhin diejenige, die die Kontrolle hatte, wenn es um Familienangelegenheiten

ging. Und trotzdem verdeckte ihr scheinbares Selbstvertrauen in Wirklichkeit nur ihre eigenen Abhängigkeitsbedürfnisse.
In gewisser Weise war diese Wende der Ereignisse nicht überraschend. Dons eigener Vater war bei einem Autounfall gestorben, als Don erst vier Jahre alt war. Seine Mutter hatte nie wieder geheiratet, also hatte Don keinerlei Vorbild für die Vaterrolle gehabt. An einem gewissen Punkt drückte Don deswegen sein Unbehagen an der Elternrolle dadurch aus, daß er sozial akzeptierte Wege fand, um sich davon zu distanzieren: indem er sich »verbesserte« und sich einseitig dem Wettbewerb auf beruflichem Gebiet widmete.
Auch der Kreislauf der Generationen wurde durch Don nicht unterbrochen. Er setzte sich auch in der nächsten Generation fort. Als sie erwachsen geworden waren, hatte keines seiner Kinder ein angemessenes Vorbild, an dem es sich bei der Wahl eines möglichen Gefährten oder einer Gefährtin oder Elternteils für seine eigenen ungeborenen Kinder hätte orientieren können – was mehrere Scheidungen und gescheiterte feste Beziehungen beweisen. Sarah zum Beispiel wählte zwei Ehemänner, die, oberflächlich gesehen, von ihrem Vater und untereinander sehr verschieden zu sein schienen. Tatsächlich jedoch setzten beide das Grundthema Arbeitssucht, mit der sie ihre emotionale Verschlossenheit maskierten, fort.

## Gesunde Familiensysteme

Die meisten von uns haben eine negative Einstellung zu dem Wort *Krise*, ein Begriff, der Angst und Abwehr bei uns hervorrufen mag. Wir täten besser daran, uns an die Chinesen zu halten, deren Wortsymbol für Krise eine verblüffende Zusammensetzung aus zwei völlig verschiedenen Worten zeigt, nämlich *Gefahr* und *Gelegenheit*. Funktionierende Familien erkennen und erfahren in Krisen ebenso wie in den typischen Entwicklungsstadien des Familienlebens oft Gelegenheiten für Wachstum und für ein neues Verstehen. Ob ein Kind in einer Umgebung aufwächst, die unterstützend, fürsorglich und offen oder beängstigend, unbeständig, chaotisch und verwirrend ist, hängt weniger davon ab, *was* in einer Familie geschieht, als vielmehr davon, *wie* die Familie auf Veränderungen reagiert. Mit anderen Worten, die Gesundheit eines Familiensystems beruht weniger auf den Herausforderungen, denen es sich gegenübersieht, als vielmehr auf der Art und Weise, auf die Herausforderungen zu reagieren, mit denen jede Familie zu tun hat.

Wenn Sie wie die meisten Menschen in einem gestörten Zuhause aufgewachsen sind, haben Sie sich vielleicht schon einmal gefragt, wie die optimale Familie eigentlich aussehen könnte. Eine Möglichkeit, Familien zu betrachten, besteht darin zu fragen, inwieweit sie sechs wichtige Stärken ausgebildet haben, die Familienmitgliedern beim Überleben, Lernen und bei der Weiterentwicklung nachweisbar helfen:

1. Eine Verpflichtung gegenüber der Familie; der Familie den Vorrang geben.
2. Emotionales/seelisches Wohlbefinden, Vertrauen zulassen können, sowie daß Liebe gegeben und empfangen wird.
3. Offene Kommunikation, Verlaß auf verbale und nonverbale Reaktionen.
4. Wertschätzung und Wahrnehmung der positiven Aspekte der Verschiedenartigkeit.
5. Sinnvolle Zeit wird zusammen mit der ganzen Familie verbracht.
6. Die Fähigkeit, mit Konflikten und Krisen umzugehen.[1]

Ein funktionierendes Familiensystem kann auch anhand seiner Regeln erkannt werden. In gestörten Familien sind die Regeln charakterisiert durch Rigidität und Unflexibilität. Im Gegensatz dazu beziehen die Erwartungen, Werte, Ziele, Einstellungen und die Autorität der gesunden Familie menschliche Grenzen und Fehlbarkeit mit ein. Dieser Familientyp handhabt Veränderungen flexibel, und seine Kommunikationsmuster fördern die Offenheit zwischen seinen Mitgliedern.[2]

Über diese Charakteristiken hinaus dient die gesunde Ursprungsfamilie als Vorbild dafür, wie man sich in der Welt verhält. Die zwei Hauptthemen, mit denen Menschen aus gestörten Familien zu kämpfen haben, sind Beziehungen und Elternrolle, denn keiner dieser beiden Bereiche wird – wie durch Sarahs Familie illustriert wurde – in der Ursprungsfamilie positiv vorgelebt. Es ist aber eine der Funktionen der Elternrolle, Vorbild zu sein, ein Beispiel für die Kinder abzugeben. Die Vorbildfunktion hat so tiefgreifende Auswirkungen, daß – solange nicht etwas dazwischentritt – Störungen von einer Generation an die nächste weitergegeben werden.

Die gestörte Familie zeichnet sich durch Unzuverlässigkeit sowie verwirrende Botschaften aus, nach dem Motto: »Mach es so, wie ich's dir sage, nicht wie ich es mache.« Jeder von uns, und besonders Kinder, vertrauen dem, was sie sehen, mehr als dem, was sie hören. Denken Sie an Ihre eigene Kindheit zurück. Bestimmt werden Sie sich daran erinnern, daß, wann immer es zwischen den Worten Ihrer Mutter oder Ihres Vaters und deren Verhalten Widersprüche gab, es das Verhalten war, das nachdrücklicher zu Ihnen sprach. Und wenn ihr oder sein Verhalten ein ums andere Mal oder tagtäglich widersprüchlich war, hat das dazu geführt, daß Sie überhaupt nicht mehr wußten, was Sie über Ihre Eltern oder über sich noch glauben sollten. Durch dieses Hin und Her wird Vertrauen gebrochen. Die Kinder wachsen in Verwirrung auf und sind sich ihrer selbst nicht sicher. Sie wiederholen den endlosen Kreislauf der Störung und oft auch von Suchtmittelmißbrauch und Gewalttätigkeit. Als Erwachsene mögen solche Menschen glauben, »Mir kann das nicht passieren«, aber tatsächlich haben Vorbilder einen dermaßen tiefgreifenden Einfluß, daß Menschen in ihrem eigenen Leben oft wiederholen, was sie selbst erlebt und beobachtet haben.[3]

Sarahs Ehen

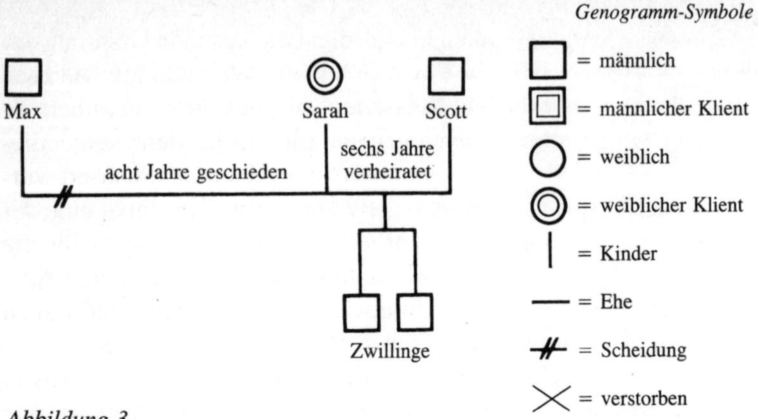


*Abbildung 3*

Manchmal sind gestörte, generationsübergreifende familiäre Verhaltensmuster leichter herauszufinden, wenn man ein Genogramm zeichnet – ein Diagramm der Beziehungen zwischen den einzelnen Familienmitgliedern. Abbildung 3 zeigt Sarahs Genogramm.(Achten Sie darauf, daß es Max, ihren ersten Ehemann, mit einbezieht.)
Vor einiger Zeit begann Sarah sich Sorgen über die Erziehungsprobleme zu machen, die sie und Scott hatten. Als sie vorschlug, eine Beratung aufzusuchen, weigerte sich Scott, hinzugehen. Also beschloß Sarah, alleine eine Psychotherapeutin aufzusuchen. Die Therapeutin begann mit dem Hinweis, daß die Vorbilder für unsere Elternschaft im Verhalten unserer Eltern uns gegenüber wurzeln, und mit der Bitte an Sarah, von ihrer Ursprungsfamilie zu erzählen. Sie erklärte Sarah, daß die Therapie ihr helfen würde, mit möglicherweise noch ungelösten Themen aus der Vergangenheit in Kontakt zu kommen, weil diese es an sich haben, Jahre später in Beziehungen und bei Ausübung der Elternrolle zum Vorschein zu kommen.
Als sie die Fragen der Therapeutin nach ihrer Kindheit und den Erinnerungen an den Kontakt zu ihrem Vater beantwortete, erkannte Sarah, daß sie sich lange Zeit um die Trinkerei ihres Vaters Sorgen gemacht hatte. Zunächst waren ihre Kindheitserinnerungen an ihn nur schemenhaft. Niemand hatte jemals über Dons Trinken ge-

sprochen. Als sie aber erst einmal angefangen hatte, in ihrem Gedächtnis nach Anhaltspunkten zu suchen, fiel Sarah ein, daß sie sich als kleines Mädchen bei Familienfeiern ziemlich unwohl gefühlt hatte, weil sie sich über ihren Vati schämte, der gewöhnlich so ruhig und zurückhaltend war und sich jetzt ständig wiederholte, sich ausgelassen und dumm verhielt, wie jemand, den sie überhaupt nicht kannte. Sie begann sich auch nach der Ursache für seine schlechte Gesundheit in den letzten Jahren zu fragen – vor allem seine Probleme mit dem Herzen und zu hohem Blutdruck, die in letzter Zeit schlimmer geworden waren.

Und schließlich gewann Sarah, innerlich etwas zitternd, durch die Unterstützung ihrer Therapeutin den Mut, mit ihrer Mutter zu sprechen, weil sie Bestätigung und Klärung für ihre Beobachtungen brauchte. Laura hatte Sarah angeschaut, als ob diese nicht ganz dicht sei. »Wovon sprichst du überhaupt? Natürlich hat dein Vater keine Probleme mit dem Trinken. Ich kann kaum glauben, daß du überhaupt eine so dumme Frage stellst. Wo hast du dein Wissen aufgeschnappt? Im Kosmetiksalon? Ein paar Drinks haben noch niemandem geschadet – tatsächlich tut das jedem gut. Hast du nicht gelesen, daß Ärzte heutzutage Menschen mit Herzleiden sogar empfehlen, ab und zu einen zu trinken?«

Aber Sarah hatte sich durch die aggressive Verleugnung ihrer Mutter nicht beirren lassen. Sie hatte erfahren, daß die Ehefrauen und Familien von Alkoholikern die Verleugnung eines existierenden Problems nicht so leicht aufgeben, und sie würde nicht in diese Familienfalle tappen. Nachdem ihr Verdacht auf die Suchtmittelabhängigkeit ihres Vaters erst einmal geweckt worden war, tat sie ihr bestes, mehr über die Familiengeschichte ihrer Eltern herauszufinden, um zu sehen, ob es darin Anhaltspunkte für Alkoholismus gab. Sie fügte ihrem Genogramm (siehe Abbildung 4) alles hinzu, was sie in Erfahrung bringen konnte, und war enttäuscht, weil nur noch wenige ihrer älteren Verwandten am Leben waren, die sich an frühere Generationen erinnern konnten. Plötzlich traten auffallende Verhaltensmuster hervor. Es war klar, daß sowohl auf Seiten der Familie ihres Vaters als auch auf der ihrer Mutter Alkoholismus ein ständig wiederkehrendes Thema gewesen war.

Nachdem sie etwas über die genetische und milieubedingte Veranlagung zum Alkoholismus erfahren hatte, erkannte Sarah jetzt ihre eigene potentielle Anfälligkeit und das hohe Risiko für dieses Leiden, das bei ihr bestand. Unter Anleitung ihrer Therapeutin war sie jedoch imstande, ihr eigenes Trinkverhalten einzuschätzen und zu erfahren, daß sie nicht auf dem Weg war, eine Alkoholabhängigkeit zu entwickeln. Ein Anhaltspunkt dafür war die Tatsache, daß sie sich über ihr Trinken in keiner Weise viel Gedanken machte. Sie trank nur gelegentlich etwas und dann sehr wenig – meistens wenn sie und Scott mit Freunden essen gingen. Es kam durchaus vor, daß sie Restaurants aussuchte, die keinen Alkohol ausschenkten. Sie realisierte auch, daß sie keinerlei Interesse an der eigenen Hausbar hatte. Es war Scotts Aufgabe, bei Einladungen die Tafelweine auszuwählen und die Vorräte zu erneuern. (Schlagen Sie bitte den Fragebogen in Anhang 2 nach, um Ihr eigenes Trinkverhalten einzuschätzen. Für die Einschätzung ihres Suchtverhaltens vergleichen Sie bitte Anhang 3 bis 9.)

Andererseits erkannte Sarah im Verlaufe der Neuerforschung ihrer Beziehungen zu ihrem Vater und zu anderen Männern, daß sie ihre eigene Form von Sucht entwickelt hatte. Sie bekam ihren »Schuß« eher von Männern als von einer Suchtsubstanz, aber der Ablauf war der gleiche. Sie hatte erfahren, daß sämtlichen Süchten ein bestimmter Suchtverlauf zugrundeliegt, und daß der Test für Sucht nicht so sehr in der Frage besteht, ob ein Mensch »sich auf die Finger klopfen« und von dem suchtauslösenden Mittel fernbleiben kann, sondern vielmehr darin, was geschieht, wenn er sich erst einmal darauf eingelassen hat.

*Ganz gleich, um welche Sucht es sich handelt – ob Alkohol, zwanghaftes Überessen, ein anderer Mensch oder jedes andere Suchtstimulans –, haben sie sich erst einmal darauf eingelassen, können oder wollen Süchtige nicht aufhören, selbst wenn dieses Verhalten ganz eindeutig zu Problemen in ihrem sozialen, familiären oder beruflichen Umfeld führt.* Sarah wußte, daß dieses Kriterium für Sucht auf ihr früheres Verhalten in Beziehungen zutraf. Ausgehend von diesem neuen Verständnis, begann Sarah sich zu fragen, ob sich neben dem Alkoholismus aus ihrem Familiengenogramm auch an-

Sarahs Familiengeschichte

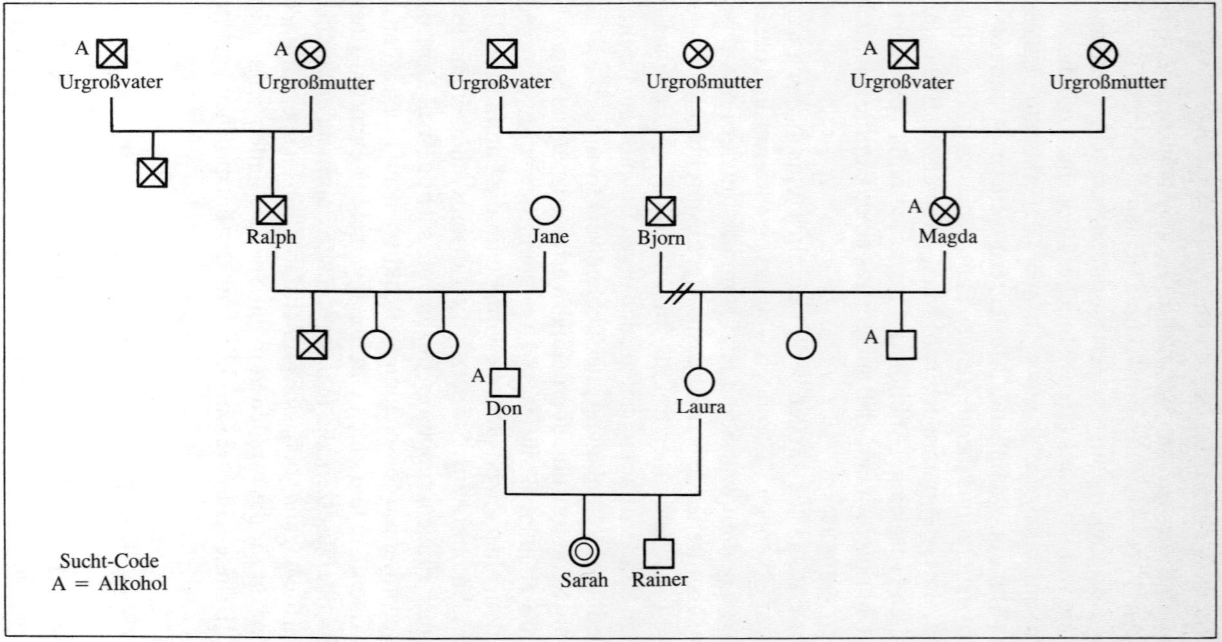


*Abbildung 4*

dere Suchtverhaltensmuster hätten ergeben können. Jetzt, da sie wußte, daß die meisten Menschen, die zu Sucht neigen, auch die Tendenz haben, Partner mit komplementären Süchten zu wählen, wurde sie neugierig auf den Verlauf ihrer eigenen Partnerwahl. Eine Zeitlang war ihr Scotts offensichtliches Bedürfnis, ständig beschäftigt zu sein, unangenehm gewesen, aber jetzt erkannte sie darin zum ersten Mal ein zwanghaftes Muster, ein weiteres wichtiges Teil in diesem generationsübergreifenden Familienpuzzle. Als sie dann beschloß, ihr Genogramm auch auf Max, ihren ersten Ehemann, auszuweiten (vergleiche Abbildung 5), war sie nicht besonders überrascht, herauszufinden, daß auch er aus einer Familie mit Suchttendenzen stammte.[4]

Sarahs Entdeckungsprozeß verlief ziemlich typisch. Auch wenn wir mit dem Erkennen sicher noch weit davon entfernt sind, unser Verhalten zu ändern, war Sarah jetzt zumindest in der Lage, das generationsübergreifende Verhaltensmuster zu durchbrechen, indem sie andere Entscheidungen traf als früher und bei der Erziehung ihrer eigenen Kindern darauf achtete, daß deren Bewußtsein für die familiär bedingte Veranlagung zur Sucht geweckt wurde.

Obwohl Scott fortfuhr, übermäßig zu arbeiten, begann Sarah, besser auf ihre eigenen Bedürfnisse zu achten. Sie wurde Mitglied von Al-Anon, einer Zwölf-Schritte-Gruppe für die Familien und Freunde von Alkoholikern. Sie setzte die Einzelpsychotherapie fort und trat einer Frauengruppe für Beziehungssüchtige bei. Dort begann sie, sich mit ihren co-abhängigen Reaktionen auf einen arbeitssüchtigen Ehemann und einen emotional verschlossenen Ex- Ehemann auseinanderzusetzen, die in ihrer eigenen Familiengeschichte wurzelten. Sie begann auch, sich täglich daraufhin zu überprüfen, ob sie Anzeichen für das Abgleiten in ein Suchtverhalten zeigte. (In Anhang 10 finden Sie Ihre Checkliste mit den entsprechenden Fragen.)

### *Was unsere Familie uns über Beziehungen beibringt*

Außer Vorbilder für die Elternrolle zu sein, liegt eine weitere, besonders wichtige Vorbildsfunktion von Eltern darin zu zeigen, wie

Sarahs erweitertes Genogramm

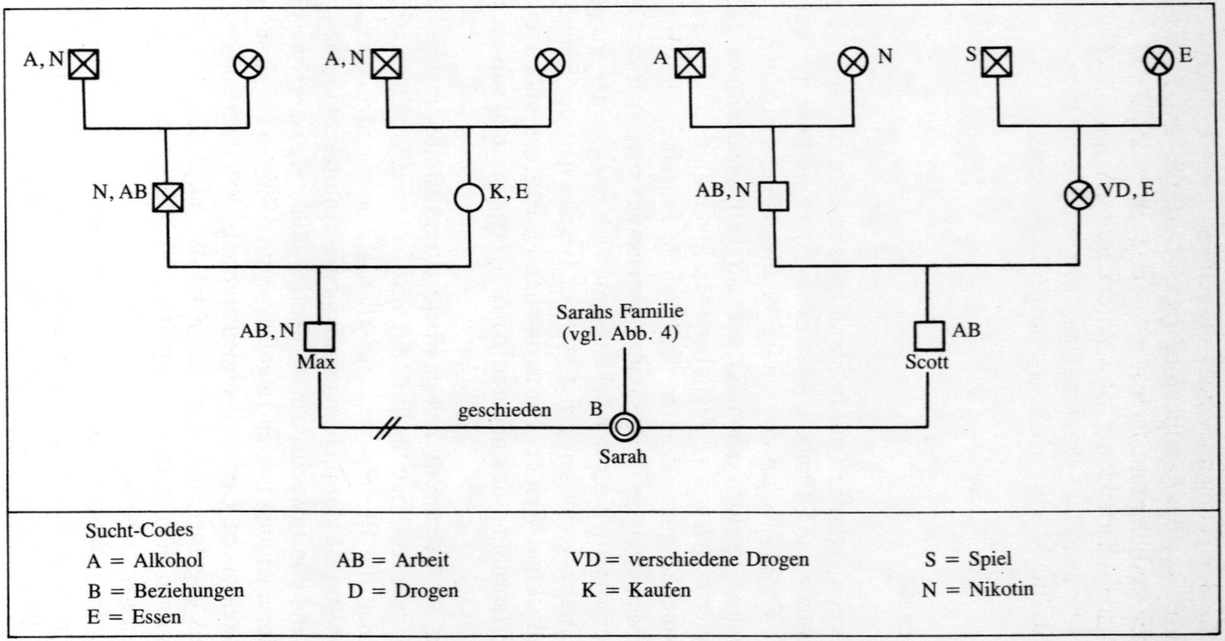


*Abbildung 5*

man die Beziehung mit einem intimen Partner lebt. Auch wenn die Bereitschaft jedes Familienmitglieds, offen und verletzlich mit den eigenen Gefühlen umzugehen, eine Atmosphäre von Verbundenheit und Nähe schaffen kann, ist wirkliche Intimität mehr als Nähe. Sie kann nur zwischen gleichrangigen Menschen entstehen, das heißt dort, wo die Machtverhältnisse ausgeglichen sind.

## Intimität

Menschen verbinden mit Intimität meistens Vertrauen, Sicherheit, Akzeptanz und Offenheit. Aber es sind noch drei weitere entscheidende Eigenschaften notwendig, damit eine Beziehung als intim bezeichnet werden kann: Gegenseitigkeit, beidseitiges Einfühlungsvermögen und ausgeglichene Machtverhältnisse. Gegenseitigkeit spiegelt unter anderem die bewußte Entscheidung wider, die zwei Menschen für ihr Zusammensein treffen, was auch das Gegenteil impliziert: jeder der beiden kann sich entscheiden zu gehen. Einfühlungsvermögen zeugt von der Bereitschaft der Beteiligten, die subjektive Welt der Partnerin oder des Partners zu betreten, um die Erfahrungen des anderen besser verstehen und mitfühlen zu können.

Wenn wir Gegenseitigkeit und beidseitiges Einfühlungsvermögen als weitere Kriterien für Intimität hinzunehmen, können wir erkennen, daß die Beziehungen zwischen Kindern und Erwachsenen, auch wenn sie ziemlich eng sind, niemals intim sein können. Weil ein Kind von Erwachsenen existentiell abhängig ist, kann es nicht die Entscheidung treffen zu gehen – und damit ist Gegenseitigkeit ausgeschlossen. Und weil seine Erfahrungen und sein emotionaler Radius begrenzt sind, kann ein Kind die subjektive Welt des Erwachsenen nicht betreten – somit ist beidseitiges Einfühlungsvermögen ausgeschlossen.

Mit anderen Worten, damit Intimität sich entfalten kann, müssen die Machtverhältnisse ausgewogen sein. Da Erwachsene und Kinder nicht gleichrangig sein können, ist das, was Kinder mit ihren Eltern

– selbst in gesunden Familien – erfahren, Nähe, nicht Intimität. Im besten Fall können die Eltern den Kindern Intimität *vorleben.* Realistisch gesehen wissen wir alle, daß selbst Erwachsene nicht immer gleichrangig sind. Vor allem wenn Sie über fünfunddreißig sind, werden Sie die Erfahrung gemacht haben, daß nur wenige Männer und Frauen aus der Generation Ihrer Eltern Beziehungen miteinander hatten, in denen sie gleichgestellt waren; die Machtverhältnisse zwischen ihnen waren selten ausgewogen – weder vom psychologischen noch vom sozioökonomischen Standpunkt aus gesehen. Trotzdem waren Ihre Eltern Ihre primären Vorbilder für Intimität und dafür, wie Sie sich als Frau oder Mann in der Welt bewegen. Wie Ihre Eltern miteinander umgingen, als Sie Kind waren, hat sich Ihnen unauslöschlich eingeprägt.

Eine andere Situation, in der Erwachsene nicht gleichrangig sind, ist die Suchtbeziehung. Wenn Menschen das Gefühl haben, existentiell voneinander abhängig zu sein, haben sie nicht länger die Freiheit zu gehen. Wenn sie ihre Entscheidungsfreiheit aufgeben, geben sie ihre persönliche Macht auf. Grundsätzlich gesehen werden sie zu Kindern, auch was die Möglichkeit von Intimität betrifft. Tatsächlich ist also für Beziehungssüchtige Intimität ein Geschenk der Genesung.

Durch Ausweitung ihres Familien-Genogramms konnte Sarah ihre Mutter und ihren Vater besser verstehen. Weder Laura noch Don hatten in ihren Ursprungsfamilien positive Vorbilder für die Elternrolle oder für Intimität. Laura, Sarahs Mutter, wurde in einem strengen und emotional distanzierten Zuhause in Norwegen aufgezogen; das Familienmotto, das stolz das Familienwappen aus Bleiglas schmückte, war *Ora et Labora* – bete und arbeite. Sie erhielt niemals Komplimente oder ein Wort des Lobes dafür, daß sie eine ausgezeichnete Studentin und hervorragende Violinistin war; das wurde, gemessen am Familienstandard, als selbstverständlich betrachtet. Die Begegnungen zwischen den Familienmitgliedern waren formal und kalt. Laura konnte sich nicht daran erinnern, jemals aufgefordert worden zu sein, ihre Gefühle mitzuteilen oder als Jüngste eine liebevolle Umarmung erhalten zu haben, außer gelegentlich von ihrem Vater. Aber er blieb nicht lange genug, um ihre Entwicklung zur erwachsenen Frau zu beaufsichtigen; als sie elf Jahre alt war, reichte er die Scheidung ein.

### *Hunger nach dem Vater*

Selbst als erwachsene Frau, die ihre eigenen Töchter großgezogen hatte, versuchte Laura immer noch, ihrer Mutter zu gefallen und hoffte, deren Anerkennung zu bekommen, die sie – dessen war sie sich sicher – erhalten würde, wenn sie nur ein besserer Mensch wäre. Und an dem negativen Effekt, den der frühe Verlust seines Vaters auf Dons spätere Beziehungen hatte, wird klar, daß auch Männer unter einem Mangel an Vorbildern für Intimität leiden. Der Verlust des Vaters verstärkt lediglich, was in unserer Gesellschaft eine nur allzu typische männliche Erfahrung ist. Viele heutige Männer erinnern die Welt ihrer Väter als eine Welt, die von ihrer eigenen und der ihrer Mütter sehr weit entfernt war – eine Welt, die für sie nicht greifbar, die unwirklich und somit weit davon entfernt war, Intimität zu zeigen. Männer, die mit solch typisch amerikanischen Vätern aufwuchsen – physisch präsent, aber *psychologisch* abwesend –, leiden oft unter »Vaterhunger«, »einer unbewußten Sehnsucht nach dem idealen Vater, die Verhaltensweisen zur Folge hat, die von Selbstmitleid zu übertriebener Männlichkeit reichen und jeden Versuch vereiteln, Intimität herzustellen.«[5]
Wie Andrew Merton schreibt, können die Auswirkungen des Vaterhungers verheerend sein.

Die Hauptbeschäftigung im Leben des Vaters lag hier nicht in der Familie, sondern woanders, irgendwo draußen, wo das Leben sich in breiteren Bahnen abspielte und in der Vorstellung des Sohnes viel faszinierender, viel aufregender war. Aber Intimität ist nicht etwas, das anhand einer abstrakten Vorstellung gelernt werden kann. Und aus diesem Grund besteht bei Vaterhunger die Tendenz, daß er von Generation zu Generation weitergegeben und der Sohn eines vaterhungrigen Vaters selbst vaterhungrig sein wird... Weil ein Mann, der keine intime Beziehung zu seiner Frau entwikkelt, nur sehr geringe Chancen hat, sie zu seinen Kindern zu finden.[6]

Unser gesellschaftliches Beispiel für die Männerrolle entstammt dem seit jeher anerkannten und vertrauten Bild des in der Geschäftswelt hart arbeitenden Leistungsmenschen – kompetent, wettbewerbsorientiert, von seinen Gefühlen abgeschnitten, besessen vom materiellen Erfolg, positiv darin bestärkt, sich anzupassen, »stark« zu sein, »derjenige zu sein, welcher« und dem Geschäftlichen den Vorrang zu geben.
Sarah erkannte, daß Max, ihr früherer Ehemann, diesem Bild entsprach. Anfangs hatte sie sich mit Max wohlgefühlt, weil er ihrem Vater so sehr glich. Sie fühlte sich von seinem Verantwortungsbewußtsein, seiner Kompetenz und seinem Ehrgeiz angezogen. Ihr schien Max so solide wie der Felsen von Gibraltar zu sein. Aber bald erkannte sie, daß Max emotional ebenso distanziert und oft nicht ansprechbar war wie ihr eigener Vater. Seine offensichtliche Unfähigkeit zur Nähe war das vorhersehbare Resultat mangelnder positiver Vorbilder für Intimität in seiner eigenen Familie. Sein Vater starb, als Max vierzehn Jahre alt war. Max, der als ältestes von fünf Kindern jetzt gezwungen war, die Rolle des Ersatzvaters zu übernehmen, tat dann sein bestes, um dem stereotypen Vaterverhalten und Image seines eigenen Vaters nachzueifern, das dem des »Durchschnittsmannes« glich.

### *Die Mutter als Rollenvorbild*

Natürlich werden auch Frauen von ihren Vätern tiefgreifend beeinflußt. Das am meisten verbreitete, sozial akzeptierte Vorbild wurde ihnen jedoch von einer Mutter übermittelt, die eine traditionelle Hausfrau war. Diese Mütter verbrachten viele Jahre ihres Lebens damit, sich den Bedürfnissen ihres Mannes und ihrer Kinder zu widmen; sich selbst aufopfernd, die eigenen Bedürfnisse immer denen von anderen unterordnend, wurden ihnen von ihrer Familie und der Gesellschaft Schuldgefühle gemacht, wenn sie es wagten, auch nur die geringste Unruhe und Unzufriedenheit oder gar Selbstbezogenheit an den Tag zu legen. Sarah witzelte darüber, daß ganz früher, als ihre Eltern noch zu kämpfen hatten, ihre Mutter ihren Vater

so umsorgte, daß sie nicht nur jeden Morgen aufstand, um ihm sein Frühstück zu bereiten, sondern auch die Luft aus den Plastikbrotbeuteln saugte, damit die Brote frisch blieben!
Unser allgemein anerkanntes soziales Vorbild für Beziehungen bringt oft einen emotional gestörten, unbändig männlichen Mann und eine unterwürfige, feinfühlige Frau, die ihm jedes Bedürfnis von den Augen abliest, zusammen. Auch wenn sich das wie eine Übertreibung anhört, deckt es sich doch mit der Erfahrung vieler Paare. Wenn Jungen und Mädchen in der amerikanischen Musterfamilie großwerden, bringen sie Probleme mit Intimität in ihre eigenen Erwachsenenbeziehungen ein – ein weiteres Beispiel für generationsübergreifende Einflüsse.
Wenn so die gesellschaftlichen Vorbilder für Beziehungen aussehen, fällt es nicht schwer, sich vorzustellen, zu welchen Ergebnissen es führt, wenn sie darüber hinaus noch von familiären Störungen überlagert werden. Nehmen Sie eine Frau, die mit einer geistig kranken oder alkoholabhängigen Mutter aufwächst, oder eine Frau, die unter dem Druck stand, sich auf die Energie, Antriebskraft, Macht und Kontrolle einer Supermutti wie Sarahs Mutter einzustellen – wie werden diese Erfahrungen die Tochter in ihrer Sicht der Frauenrolle beeinflussen?

### *Gestörte Familien*

Wie anhand von Sarahs Leben illustriert wurde, sind gestörte Familien auf zweierlei Weise unzulänglich:

- Einerseits geben sie ein Vorbild für Verhaltens- und Reaktionsweisen, die ungesund, unerwünscht, selbstabwertend oder unangemessen sind;
- und umgekehrt *versagen* sie darin, ein Vorbild für Verhaltens- und Reaktionsweisen zu sein, die gesund, wünschenswert, selbstfördernd und angemessen sind.

Kürzlich hätte eine Klientin beinahe einen Mann mit ihrem Wagen an einem Fußgängerüberweg überfahren. Obwohl dieses Ereignis sie total erschüttert hatte, erzählte sie ihrem Mann beim Nachhausekommen den Vorfall, als sei er ein großer Witz. Ihr Mann wußte nicht so ganz, wie er reagieren sollte, also lachte er mit. Dadurch fühlte die Frau sich mißverstanden und geringschätzig behandelt, und schon bald waren sie in einen Streit verwickelt.

Diese Geschichte ist ein gutes Beispiel für die Kommunikationsprobleme, die durch unangemessene Vorbilder verursacht werden können. Diese Klientin wuchs in einer Familie auf, in der der Vater Alkoholiker war. Doch ihre negativen Begegnungen mit der Mutter überwogen, was nicht ungewöhnlich ist, weil die Partnerinnen von Alkoholikern (die man als »Co-Abhängige« oder »Co-Alkoholiker« bezeichnet) meistens der sichtbarere, aktivere und kontrollierendere Elternteil sind. Die Co-Abhängige fühlt sich – teilweise aufgrund der weiblichen Sozialisation – außerdem oft machtlos und verhält sich als Märtyrerin oder als Opfer, wodurch sie ein angespanntes Klima sowie Schuldgefühle bei den Kindern erzeugt. Das Ergebnis dieser Umstände war, daß das Rollenvorbild der Mutter das Kind tiefgreifend negativ beeinflußt hat.

Immer wenn diese Frau sich als kleines Mädchen verletzte, nahm ihre Mutter es auf die leichte Schulter und lachte einfach darüber – eine weitere Form des generellen Vermeidungsverhaltens, das sie entwickelt hatte, um sich dem Ernst und der Traurigkeit ihres gemeinsamen Lebens nicht stellen zu müssen. Diese Reaktion ihrer Mutter trat nicht nur in bestimmten Situationen auf: ganz gleich, wie tiefgehend das körperliche oder emotionale Trauma des Kindes auch war, es wurde immer mit Lachen darauf reagiert.

Heute besteht die automatische Reaktion dieser Klientin darin, daß sie selbst in verletzenden oder peinlichen Situationen lacht. Bei ihrem gestörten Kommunikationsstil würde es jedem Partner schwerfallen, genau zu wissen, wie er eine Botschaft richtig entschlüsseln oder darauf reagieren soll. In diesem Fall wurde die Sache noch durch die Tatsache verschlimmert, daß auch der Ehemann der Klientin aus einer gestörten Familie stammte. Typisch für Erwachsene mit diesem Hintergrund ist eine große Anfälligkeit für die Stimmungen anderer, die als Anhaltspunkte für die eigenen Reaktionen genommen werden. Als seine Frau lachte, war es für ihn folglich ganz natürlich, einfach mitzulachen – ohne sich seine eigenen Gefühle zu erlauben und sich von ihnen sagen zu lassen, daß Lachen in dieser Situation unangemessen war.

## Hilfreiche Eigenschaften für den Aufbau einer gesunden Familie

Jedes Familiensystem und jede Beziehung hat seine bzw. ihre eigenen einzigartigen Charakterzüge und typischen Merkmale. Aber so wie es allgemeine Symptome für familiäre Störungen gibt, haben auch Menschen, die in funktionierenden Familien aufwachsen, gewisse Erfahrungen gemein, die für die Entwicklung zu gesunden, verantwortlichen und ausgeglichenen sozialen Wesen offensichtlich entscheidend sind.

### *Verbundenheit*

Verbundenheit ist ein Gefühl von Nähe, das Gefühl, integraler Bestandteil einer Familie zu sein sowie Solidarität und Zusammengehörigkeit mit den anderen Familienmitgliedern zu empfinden. Verbundenheit ist das Gegenteil von Entfremdung und Isolation. Wenn sie sich zu Hause mit den anderen verbunden fühlen, bekommen Kinder ein Gefühl für Verwurzelung und Gemeinsamkeit und werden sich viel eher als Beziehungswesen betrachten, die sich im sozialen Gefüge der Welt wohlfühlen.

In Sarahs Familie sind diejenigen, die sich wahrscheinlich am tiefsten verbunden fühlen, Laura und Rainer, weil Laura, die Mutter, aus ihren eigenen Bedürfnissen heraus eine besonders enge Beziehung zu Rainer herstellte, als dieser noch ziemlich klein war. Aber weil diese Verbindung sowohl den Vater als auch die jüngere Schwester ausschloß, förderte sie das familiäre Verbundenheitsgefühl im Ganzen gesehen nicht.

*Akzeptanz*

Akzeptieren heißt, die Einzigartigkeit jedes Familienmitglieds anzuerkennen, zu respektieren und zu achten. Ein Kind, das fühlt, daß Unterschiede in der Familie akzeptiert werden, entwickelt mehr Selbstvertrauen und Selbstachtung und hat bessere Chancen, seine Anlagen zu verwirklichen.

Als Sarah aufwuchs, akzeptierten ihre Eltern ausdrücklich, daß sie sich in theoretischen Fächern nicht so hervortat wie ihr Bruder. Sie unternahmen viel, um Sarahs sportliche Fähigkeiten zu fördern und sicherzustellen, daß sie die Gelegenheit bekam, auf diesem Gebiet gute Leistungen zu erzielen. Als Sarah dann in der elften Klasse war, gehörte sie zu den besten Jung-Golferinnen in ihrer Umgebung.

Aus einem anderen Blickwinkel könnte man diese Art Akzeptanz zwiespältig finden. In Situationen wie der oben beschriebenen kann man unmöglich wissen, ob das Motiv wirklich nur in Akzeptanz bestand oder zum Teil auch das ehrgeizige Bedürfnis der Eltern wiedergab, all ihre Kinder mögen sich positiv hervortun. Für Sarah war diese Erfahrung sehr gut. Abgesehen davon, daß das Golfspielen ihr Freude bereitete, war es auch der Familiensport, so daß sie – was sonst nicht der Fall gewesen wäre – Gelegenheit hatte, Zeit mit ihrem Vater zu verbringen.

*Anerkennung*

Familienmitglieder müssen für ihre persönlichen Erfolge und ihren Einsatz für die Familie anerkannt werden. In Familien, wo das der Fall ist, ist das Risiko viel geringer, daß diese Beiträge für selbstverständlich gehalten werden und die Beitragenden sich ausgenutzt oder ausgebeutet fühlen.

Die am wenigsten anerkannte Person ist oft die Mutter, die der Familie ihr Leben widmet. Der Vater erhält gewöhnlich die meiste Anerkennung, weil sein Beitrag für die Familie besonders deutlich ist. Er ist meistens auch der erste, der die Hausarbeit seiner Frau als selbstverständlich hinnimmt – und damit liefert er den Kindern ein Vorbild für eine gestörte Dynamik.

### *Vertrauen*

Vertrauen entwickelt sich langsam. In der Familie lernen Kinder denjenigen zu vertrauen, die beständig und verständnisvoll sind, voraussagbar handeln und sich ihnen gegenüber verzeihend, respektvoll und liebevoll verhalten und auch im Kontakt mit anderen Menschen zumindest Beständigkeit, Verständnis und Respekt zeigen – ob diese Beziehungen nun persönlicher, sozialer oder beruflicher Art sind. Als Kinder *mögen* wir vielleicht jemanden, der uns besser als andere behandelt, aber in unserem tiefsten Wesen *vertrauen* wir dieser Person nur, wenn sie sich jedem Menschen gegenüber fair verhält.
Sarah und Rainer sind zum Beispiel ihrer Mutter näher, aber Vertrauen haben sie hauptsächlich in ihren Vater. Trotz der Tatsache, daß er ziemlich zurückgezogen und distanziert ist, haben sie Don als jemanden erfahren, der zumindest beständiger ist und voraussagbarer handelt als ihre Mutter.

### *Ehrlichkeit*

Ehrlichkeit bezieht sich nicht nur auf die wichtigen Informationen oder Gefühle, die wir mitteilen, sondern auch auf die, die wir zurückhalten. Verleugnung ist die wichtigste Form der Lüge, die gestörte Familien überschattet. Sie ist Ausdruck einer Unstimmigkeit zwischen der Art, wie die Dinge sind, und der Art, wie die Familie darüber spricht oder was sie darüber glaubt. Verleugnung ist für die Entwicklung eines Kindes wirklich verheerend. Wenn Menschen umgeben von Verleugnungen aufwachsen, werden sie unfähig, sich mit der Realität auseinanderzusetzen sowie ihre eigenen Gefühle und Urteile herauszufinden und darauf zu vertrauen.
Familien fördern eine Atmosphäre der Ehrlichkeit, wenn sie eine sichere Umgebung schaffen, eine Umgebung, in der die Familien-

mitglieder sich frei fühlen, Fragen zu stellen und ihre Standpunkte und Gefühle auszudrücken, ohne Angst haben zu müssen, daß sie verurteilt oder lächerlich gemacht werden.
Erinnern Sie sich daran, daß, als Sarah ihrer Mutter zum Alkoholismus ihres Vaters Fragen stellte, diese sein Trinken nicht nur verleugnete, sondern einen sarkastischen, beißenden Ton anschlug, um Sarah zum Schweigen zu bringen.

### *Verbindlichkeit*

Familienmitglieder, die sich ihrer Familie gegenüber verbindlich verhalten, haben beschlossen, diese zu einer Priorität in ihrem Leben zu machen. Das sind Menschen, auf die sich die Familie verlassen kann. Verbindlichkeit der Familie gegenüber heißt, sich Zeit für sie zu nehmen, Beziehungen behutsam aufzubauen und Probleme mit gegenseitiger Anteilnahme und Achtung durchzuarbeiten.
Dons verbindliches Verhalten seiner Familie gegenüber war begrenzt; es bestand vor allem darin, das finanzielle Wohlergehen der Familie zu gewährleisten. Sein Mangel an tiefergehender Verbindlichkeit wurde durch die Tatsache offensichtlich, daß er mit Sarah, als sie ein junges Mädchen war, nur dann Zeit verbrachte, wenn damit ein eigenes Interesse, wie zum Beispiel Golfspielen, verbunden war.

### *Flexible Regeln*

Veränderung ist eine der wenigen Sicherheiten im Leben – trotzdem hat sie Unsicherheit zur Folge. Gestörte Familien, die Angst vor dem Kontrollverlust haben, der mit den Unsicherheiten von Veränderung einhergeht, versuchen oft, unstabilen Situationen eine unnatürliche Stabilität aufzuzwingen.
Unflexible Regeln sind Ausdruck dieses Wunsches nach Kontrolle und eine weitere Form von Verleugnung, weil sie die Realität verneinen, daß nämlich Dinge und Menschen sich fortwährend ändern.

Optimale Familien aber leben nicht nach Regeln, sondern verhandeln auf der Basis von Werten. Meistens gehen sie an Veränderungen gemeinsam mit einer problemlösenden Einstellung heran – wobei sie sich mehr auf die Chancen von Krisen als auf deren Gefahren konzentrieren.

Menschen, die in sehr rigiden Familien aufwuchsen, neigen in ihrem Erwachsenenleben zu dem einen oder anderen Extrem – entweder sie rebellieren gegen Regeln, selbst wenn diese vernünftig sind, oder sie leben ein starres, unbewegliches Leben, wodurch das gesunde Wachstum der eigenen Persönlichkeit und von Beziehungen verhindert wird.

In den letzten Jahren hat Sarah immer ganz rigide 19 Uhr als Schlafenszeit für die Zwillinge festgesetzt. In der Therapie erkannte sie, daß sie damit die Unflexibilität ihrer eigenen Familie fortsetzte, die durch die strengen Regeln ihrer Mutter verstärkt wurde. Durch diese Einsicht lernte Sarah, daß sie ihre Elternrolle verändern kann; sie kann zum Beispiel grundsätzlich 19 Uhr als Bettzeit beibehalten, sich aber die Freiheit nehmen, sie abzuändern, wenn es etwas besonderes im Fernsehen gibt oder eine Familienfeier stattfindet.

### *Problemlösende Fähigkeiten*

Eine wichtige Funktion der Mitglieder einer gesunden Familie und besonders der Eltern besteht darin, Vorbild für gute Denkfähigkeiten zu sein. Eine Familie, die mit Verleugnungen lebt, in der Menschen nicht frei und sicher sind, sie selbst zu sein, geht mit solchen Verzerrungen um, daß ein gesundes Denken und gesunde Problemlösungen unmöglich werden. Die gesunde Familie dagegen nutzt ihre Verbundenheit, ihr Vertrauen und ihre Flexibilität, um ihren Mitgliedern dabei zu helfen, für jede Situation zu einer optimalen Entscheidung zu kommen und deren mögliche Konsequenzen zu erkennen und zu akzeptieren.

Da sie einer Mitstudentin, die sie kaum kannte, unbesonnen vertraute, verlor eine Klientin, eine College-Anfängerin, neulich ihr gesamtes monatliches Essens- und Mietbudget. Als sie ihren Vater aufgeregt um Hilfe anrief, sprang er weder für sie ein, um das Problem zu lösen, noch verhörte er sie streng oder kritisierte sie. Als verständnisvoller Vater wußte er, daß später Zeit sein würde, um nach Einzelheiten zu fragen. Außerdem erkannte er, daß die Ereignisse ihr die zu lernende Lektion bereits beigebracht hatten. Statt dessen beruhigte er sie, half ihr, ihre Entscheidungsmöglichkeiten herauszufinden, und als sie ihren Entschluß gefällt hatte, unterstützte er sie darin. Er war sorgfältig darauf bedacht, nichts für sie zu entscheiden, um keine Abhängigkeit von ihm zu begünstigen.

### *Sicherheit*

Man kann Sicherheit und Vertrauen nicht voneinander trennen. Wenn Menschen sich nicht sicher fühlen, können sie auch kein Vertrauen entwickeln, noch können Menschen Sicherheit empfinden, wenn sie nicht vertrauen können. Viele Sicherheiten sind in einer Familie erforderlich, wenn das Kind voller Selbstvertrauen aufwachsen und die Bereitschaft entwickeln soll, in vernünftigem Maße Risiken einzugehen. Ein Kind muß vor verbalem, emotionalen, physischen und sexuellen Mißbrauch sicher sein sowie davor, als Sündenbock behandelt zu werden und vor der Erwartung, Rollen, Arbeiten oder Verantwortlichkeiten zu übernehmen, die für sein Alter oder seine Position unangemessen sind. Und ein Kind muß die Sicherheit verspüren, daß es sich offen auflehnen und Fehler machen kann.

Sarah fühlte sich nicht sicher genug, um ihrer Mutter Grenzen zu setzen, weil sie Angst hatte, auszuprobieren, ob sie als selbständiges Individuum bedingungslos akzeptiert würde. Damit sie später im Leben das Wagnis eingehen konnte, intime und längerfristige Beziehungen aufzubauen, hätte sie nicht nur positive Elternvorbilder gebraucht, sondern auch das Gefühl, gehört, verstanden und als der Mensch, der sie war, akzeptiert zu werden.

*Grenzen*

Eine persönliche Grenze ist die Linie, die dort zwischen zwei Menschen verläuft, wo der eine aufhört und der andere anfängt. Eine Grenze kann auch als eine durchsichtige Hülle visualisiert werden, die einen Menschen umgibt. Beziehungssüchtigen fällt es oft schwer, die Grenzen anderer zu respektieren, da sie sich ihrer eigenen Grenzen aufgrund ihres schwach ausgebildeten Selbstgefühls nicht sicher sind. Kinder, die in einer gestörten Familie mit einer Mutter aufwachsen, die beziehungssüchtig ist, erleben diese oft als sehr zudringlich. Selbst wenn die Kinder diese Gefühle nicht verbalisieren können, spüren sie doch, daß ihre persönliche Grenze oder Hülle gewaltsam übergangen wurde. Aber aufgrund des Machtungleichgewichts sind Kinder nicht in der Lage, sich zu schützen. Als Reaktion kann ein solches Kind voller Wut und Frustration aufwachsen und sich immer dann emotional verschließen, wenn jemand versucht, ihm nahe zu kommen.

In einer gesunden Familie hingegen sind die Persönlichkeitsgrenzen der Eltern deutlich definiert. Die Chancen, daß sie die Eigenständigkeit und Individualität der Kinder erkennen und respektieren, sind hier viel größer. Solche Kinder wachsen mit dem Gefühl auf, daß sie aus einer ganzen Bandbreite von Beziehungen zu anderen wählen können – von Intimität bis zur flüchtigen Bekanntschaft –, und sie fühlen sich wohl dabei, angemessene, vernünftige Grenzen zu setzen.

Zudringlichkeit ist vielleicht das am meisten verbreitete Grenzverletzungsverhalten in Familien. Je nachdem wie gestört die Familie ist, kann sie weitreichende Formen annehmen und vom Lesen der Post des anderen bis zum Lauschen an der Tür und verschiedenen Arten von Mißbrauch reichen.

Es wurde oft gesagt, daß wir in einem Zeitalter des Narzißmus leben. Einfach gesagt heißt Narzißmus, von sich so eingenommen zu sein und eine dermaßen überhöhte Vorstellung von sich zu haben, daß man andere Menschen so betrachtet, als seien sie dazu da, einem zu dienen und das eigene Leben zu bereichern. Mit anderen Worten, Menschen mit narzißtischen Zügen sehen andere als Verlängerung ihrer selbst, und in diesem Sinne ist Narzißmus ein weiteres Grenzverletzungsverhalten – eines, das in vielen gestörten Familien vorkommt.

Narzißtische Grenzverletzungen waren ein wiederkehrendes Thema in Sarahs Familie. Auch wenn alle Mütter es gern haben, daß Menschen von ihren Babys begeistert sind, grenzte Lauras Entzücken über Komplimente, die ihrem Erstgeborenen, Rainer, gemacht wurden, ans Narzißtische, weil sie sie als Aufwertung der eigenen Selbstachtung benutzte. Es war, als ob alles, was mit Rainer geschah, nur in Verbindung mit ihr passierte, fast als führe er kein eigenes Leben. Als Rainer älter wurde, drängte Laura ihren äußerst aufgeweckten Sohn zum geistigen Leistungskampf und ließ ihren Freunden gegenüber gelegentlich Bemerkungen über seinen IQ und seine außergewöhnlichen schulischen Leistungen fallen –, als wäre er lediglich ein weiteres ihrer erfolgreichen Projekte statt ein einzigartiger und eigenständiger Mensch, dem das meiste Verdienst für sein Gelingen zukam.

Von Zeit zu Zeit zeigt jetzt auch Rainer dieses selbstbezogene Verhalten. Als sein eigener Sohn vor einiger Zeit ruhig verkündete, er wolle von seiner privaten Schule jetzt auf die öffentliche am Ort umwechseln, war Rainer schockiert und ärgerlich. Seine erste Reaktion war nicht Sorge um oder Neugier auf diese plötzliche Entscheidung. Rainer konnte nur an die negativen Auswirkungen denken, die dieser Wechsel auf seinen eigenen sozialen Status und den seiner Familie haben würde. Seine Reaktion war: »Wie konntest du mir das antun, wo du doch wußtest, wie ich mich darüber aufregen würde!«

## Übungen: Ihre Ursprungsfamilie

### *Übung I: Einstellungen und Verhaltensweisen Ihrer Familie*

In der folgenden Übung werden die Eigenschaften von gesunden Familien aufgelistet, die im vorigen Abschnitt besprochen wurden. Inwieweit waren diese Merkmale in Ihrer Ursprungsfamilie präsent? Inwieweit stellen Sie diese frühere Umgebung in Ihrer Ehe oder anderen wichtigen Beziehungen wieder her?
1 ist der niedrigste Wert für die relative Abwesenheit der entsprechenden Eigenschaft, 10 der höchste für deren relatives Vorhandensein.

1. Kreisen Sie die Zahl auf der Skala ein, mit der Sie Ihre Eltern / Familie in Ihrer Kindheit einstufen würden – vor allem in der Zeit, als Sie zwischen drei und sieben Jahre alt waren; nehmen Sie die Einstufung möglichst auf der Grundlage *konkreter* Ereignisse vor, an die Sie sich erinnern.
2. Jetzt gehen Sie die Skalen noch einmal durch und machen dabei ein Sternchen auf eine der zehn Zahlen, die Ihrem erwachsenen Beziehungsverhalten entspricht. Es ist wichtig, sich vor der Einstufung etwas Zeit zu nehmen, um sich so ehrlich wie möglich noch einmal konkrete Situationen und Vorfälle aus der jüngsten Vergangenheit anzuschauen, damit Ihre Einstufung auf Ihrem *Verhalten* und nicht vor allem darauf beruht, was Sie fühlen oder glauben.
3. Als nächstes machen Sie dort auf der Skala einen Pfeil, wo Sie mit Ihrer Beziehung gerne stünden. Seien Sie realistisch – versuchen Sie nicht, so große Sprünge zu machen, daß Sie sich entmutigt fühlen und aufgeben, wenn Sie erkennen, daß die Ziele, die Sie sich setzen, zur Zeit Ihre Möglichkeiten überschreiten.
4. Schließlich wählen Sie aus den zehn Faktoren einen als Hauptthema für Veränderungen in den nächsten neunzig Tagen aus. Listen Sie der Reihe nach *nachweisbare* Aktivitäten und Schritte auf, die nötig sind, um von Ihrem jetzigen Ausgangspunkt dorthin zu gelangen, wo Sie gern sein möchten. *Nachweisbar* bedeutet, daß Sie für jede Aktivität, die Sie aufschreiben, die Frage

beantworten können: Welche meiner Verhaltensweisen können als Indiz dafür gelten, daß ich mich auf mein Ziel zu bewege? Und wieder ein warnender Hinweis: übertreiben Sie es nicht. Seien Sie zufrieden mit bescheidenen Fortschritten. Ein Pfad entsteht, indem wir einen Schritt nach dem anderen tun.

Als sie ihre Beziehungsgeschichte seit der Schulzeit zusammentrug, erkannte Sarah zum Beispiel, wie sie für Männer immer so bereitwillig zur Verfügung gestanden hatte, daß sie vorher abgesprochene Pläne mit ihren Freundinnen automatisch absagte, wenn sich plötzlich die Möglichkeit für eine Verabredung mit ihrem augenblicklichen Angebeteten ergab. Im Verlauf der Jahre hatte diese Vernachlässigung dazu geführt, daß sie bis auf die ganz toleranten ihre sämtlichen Freundinnen verloren hatte. Als sie einen näheren Blick auf ihr augenblickliches Verhalten warf, mußte Sarah entsetzt entdekken, daß sie mit ihren beiden engsten Freundinnen selbst jetzt noch nur dann Pläne machte, wenn Scott auf Reisen war.
Sie beschloß verbindlich, jede dieser beiden Freundinnen mindestens zweimal im Monat zu treffen – ganz unabhängig von Scotts Reiseterminen. Ein positives Indiz war für sie die Tatsache, daß sie letzten Monat eine Verabredung mit einer Freundin einhielt, obwohl Scott unerwartet mit zwei Karten für ihrer beider Lieblings-Komödientruppe nach Hause kam.

### *Übung II: Ihre Beziehung zu Ihren Eltern*

Bis jetzt haben wir uns hauptsächlich auf das Familiensystem, elterliche Vorbilder und nachweisbare Merkmale für funktionierende und gestörte Familien konzentriert. Bei der Lektüre dieses Kapitels und der Durchführung der vorigen Übung sind Ihnen zweifellos Erinnerungen an bestimmte Szenen aus Ihrer Kindheit mit Ihren Geschwistern, Ihren Großeltern und immer wieder mit Ihren Eltern gekommen. Das sind jedoch nur kurze Einblicke in die Interaktion zwischen Ihnen, Ihrer Mutter und Ihrem Vater.

| Niedrigster Wert | | | | | | | | | Höchster Wert |
|---|---|---|---|---|---|---|---|---|---|

1. Verbundenheit

| | | | | | | | | | |
|---|---|---|---|---|---|---|---|---|---|
| 1 | 2 | 3 | 4 | 5 | 6 | 7 | 8 | 9 | 10 |

2. Akzeptanz

| | | | | | | | | | |
|---|---|---|---|---|---|---|---|---|---|
| 1 | 2 | 3 | 4 | 5 | 6 | 7 | 8 | 9 | 10 |

3. Anerkennung

| | | | | | | | | | |
|---|---|---|---|---|---|---|---|---|---|
| 1 | 2 | 3 | 4 | 5 | 6 | 7 | 8 | 9 | 10 |

4. Vertrauen

| | | | | | | | | | |
|---|---|---|---|---|---|---|---|---|---|
| 1 | 2 | 3 | 4 | 5 | 6 | 7 | 8 | 9 | 10 |

5. Ehrlichkeit

| | | | | | | | | | |
|---|---|---|---|---|---|---|---|---|---|
| 1 | 2 | 3 | 4 | 5 | 6 | 7 | 8 | 9 | 10 |

6. Verbindlichkeit

| | | | | | | | | | |
|---|---|---|---|---|---|---|---|---|---|
| 1 | 2 | 3 | 4 | 5 | 6 | 7 | 8 | 9 | 10 |

7. Flexible Regeln

| | | | | | | | | | |
|---|---|---|---|---|---|---|---|---|---|
| 1 | 2 | 3 | 4 | 5 | 6 | 7 | 8 | 9 | 10 |

8. Problemlösende Fähigkeiten

| | | | | | | | | | |
|---|---|---|---|---|---|---|---|---|---|
| 1 | 2 | 3 | 4 | 5 | 6 | 7 | 8 | 9 | 10 |

9. Sicherheit

| | | | | | | | | | |
|---|---|---|---|---|---|---|---|---|---|
| 1 | 2 | 3 | 4 | 5 | 6 | 7 | 8 | 9 | 10 |

10. Grenzen

| | | | | | | | | | |
|---|---|---|---|---|---|---|---|---|---|
| 1 | 2 | 3 | 4 | 5 | 6 | 7 | 8 | 9 | 10 |

Vielleicht kann Ihnen die Familiengeschichtskarte (Abbildung 6) helfen, das Bild zu vervollständigen und Ihr Verständnis von der Beziehung mit Ihrer Mutter und Ihrem Vater insgesamt zu vertiefen sowie davon, was jemand »unsere unvermeidliche Enttäuschung über unsere Eltern« genannt hat.

Heben Sie die ausgefüllte Karte auf. Sie können sie später noch einmal gebrauchen, wenn wir uns frühere und heutige Verhaltensmuster sowie die Zusammenhänge zwischen Vergangenheit und Gegenwart anschauen. Im Augenblick hilft es Ihnen vielleicht erst einmal weiter, wenn Sie die Gefühle, die Sie im Verlauf dieser Aufgabe verspüren, aufschreiben oder auf Kassette aufnehmen.

Auch wenn es für ein besseres Verständnis der Gegenwart notwendig ist, sich für die Vergangenheit zu öffnen, ist das meistens ein ziemlich schmerzhafter Prozeß. Einige Menschen haben große Lükken in ihren Kindheitserinnerungen, andere wiederum fühlen sich von der Fülle an Informationen über ihre Eltern oder durch die vielen Erinnerungen überfordert. Teilen Sie Ihre Gefühle und Einsichten jemandem mit, der Sie unterstützen kann und dem Sie wichtig sind, vor allem wenn Sie feststellen, daß es Ihnen bei bestimmten Informationen oder Erinnerungen schwerfällt, damit alleine zurechtzukommen.

Ein weiser Mensch sagte einmal: »Die Wahrheit wird dich befreien, aber zuerst macht sie dich unglücklich.« Denken Sie daran, daß das Unbehagen, das Sie beim erneuten Aufschlagen von verschlossenen Kapiteln Ihres Lebens verspüren mögen, eine wichtige Funktion hat. Bevor wir Veränderungen angehen können, gilt es herauszufinden, was denn überhaupt verändert werden muß. Der Impuls zur Veränderung beginnt unweigerlich mit Schmerz ..., dieser aber führt zu Bewußtheit.

## Eigenschaften der Beziehung

| | 1. Mutter | 2. Vater | 3. | 4. | 5. | 6. |
|---|---|---|---|---|---|---|
| Eigenschaften der Beziehung | | | | | | |
| Eigenschaften der Person | | | | | | |
| Meine Rolle, meine Gefühle | | | | | | |
| Das Lohnenswerte an der Beziehung | | | | | | |
| Der Preis, den die Beziehung fordert | | | | | | |
| Drogenprobleme oder andere Formen von Suchtverhalten | | | | | | |
| Reaktion auf das Suchtverhalten | | | | | | |

*Abbildung 6*

Quelle: Sue Evans, L.P., Minneapolis, MN.

# 3 Der Zaubergarten: Die Wiederentdeckung Ihres inneren Kindes

## Paula

Paula war fast am Ende angelangt, als sie das erste Mal der Idee zustimmte, sie könne vielleicht eine Psychotherapie gebrauchen. Ihre äußere Erscheinung täuschte. Sie war eine blasse, schmächtige Frau, Anfang dreißig und von fast kindlichem Aussehen. Trotzdem hatte sie in den zwei Jahren seit Abschluß ihres medizinischen Praktikums bereits eine sehr gut gehende und aufstrebende Privatpraxis zusammen mit einer älteren Kollegin aufgebaut. In ihrer Freizeit betreute sie dreimal die Woche Klienten in einer Landesklinik und unterrichtete mit anderen zusammen an einer medizinischen Hochschule.

Die bis auf die Kuppen abgekauten Fingernägel, die Unruhe ihrer Hände und die Anspannung in ihrem Gesicht und ihrem Körper verrieten das Wahnsinnstempo, das sie vorlegte, und den extremen Streß, mit dem sie lebte. Ihr Auftauchen im Büro der Therapeutin sei nicht ihre Idee, sagte sie; sie sei immer ziemlich unabhängig und in der Lage gewesen, mit ihren Problemen selbst zurechtzukommen. Sie erklärte, daß diese Sitzung den Höhepunkt augenblicklicher Belastungen sowohl zu Hause als auch bei der Arbeit darstelle. Zwei Patienten und die Arzthelferin hatten sich in den letzten Monaten bei ihrer Kollegin über ihre Schroffheit beklagt. Ihre Beziehung mit dem Mann, mit dem sie seit zwei Jahren zusammenlebte, hatte sich verschlechtert. Er verbrachte jetzt wieder viel Zeit mit seiner ehemaligen Frau und den Kindern aus dieser Ehe. Er und ihre Freundinnen trugen ebenfalls zu ihrem Streß bei, indem sie sie wegen ihres kürzlich erlittenen Gewichtsverlustes »quälten«, den sie als ganz gewöhnliche Gewichtsschwankung beiseite fegte, »nichts, worüber man sich Sorgen machen müßte«.

Laut Paula waren ihre Schwierigkeiten vorübergehender Natur. Sie hatte in letzter Zeit praktisch jeden freien Augenblick – von denen sie zugegebenermaßen sehr wenige hatte – damit verbracht, sich auf ihr Zulassungsexamen vorzubereiten. Der Druck, es bestehen zu müssen, war enorm gewesen. Sie war bereits einmal durchgefallen, und nicht zu bestehen hieße, ihr Unterrichten, ihre Privatpraxis und ihre gesamten Karrierepläne zu gefährden. Aber die Ärztin, mit der sie die Praxis gemeinsam führte, hatte das Problem anders gesehen. Ein paar Wochen vor Paulas Examen hatte sie ihr ein Ultimatum gestellt: entweder Paula finge eine Psychotherapie an, oder sie würde ihre berufliche Zusammenarbeit beenden. Während Paula über ihren nächsten Schritt nachgegrübelt hatte, kam die Nachricht, daß sie das Zulassungsexamen wieder nicht bestanden hatte. Das war der letzte Strohhalm gewesen, an den sie sich geklammert hatte.

Sie säße in der Klemme, sagte Paula. Sie fühlte sich erschöpft, ausgelaugt. Der Streß war so intensiv geworden, daß sie am Tag vorher beim Fahren auf der Autobahn beinah ohnmächtig geworden wäre. Sie wußte, daß das, was sie wirklich brauchte, Erholung vom Streß sowie von der körperlichen und emotionalen Erschöpfung und Sorge war; trotzdem gab es keinen Lebensbereich, in dem sie hätte kürzer treten können. Ihr Freund, ihre Kollegin, ihre Studenten und die Patienten in der Klinik – sie alle waren von ihr abhängig, verließen sich auf ihre Stärke. Sie konnte doch diese Menschen nicht alle hängenlassen. Und da sie als Ärztin das Gefühl hatte, alles über Streß zu wissen, bezweifelte sie auch, daß eine Psychotherapie irgendeinen Beitrag zu ihrer Situation leisten konnte.

Es stellte sich heraus, daß Paulas Probleme sehr viel ernster und langfristiger waren, als sie sich oder ihrer Therapeutin eingestehen wollte. Sie nannte ihr Problem Streß, weil dieses Symptom für ihr Selbstbild als Superfrau, die keine Unvollkommenheiten oder unbefriedigten emotionalen Bedürfnisse aufwies, am wenigsten bedrohlich war. Denn tatsächlich hatte sie, als sie mit der Psychotherapie anfing, sowohl ein Suchtproblem als auch eine sehr schwere Eßstörung. Es stellte sich heraus, daß sie Alkohol benutzt hatte, um ihre Spannung zu mindern, »Speed« (Aufputschmittel in Tablettenform, Anm.d.Ü.) gegen die Erschöpfung sowie harntreibende Tabletten und Abführmittel, um das, was sie als ihre chronische Tendenz zum »Fettwerden« betrachtete, zu korrigieren – eine völlig unrealistische Selbsteinschätzung, die mit ihrer zarten, mageren Erscheinung nicht übereinstimmte. Ihre Sorge, zuzunehmen, war ein Symptom für Magersucht, die so schwerwiegend war, daß Paulas Leben eine Zeitlang in Gefahr schwebte. Und die Krise, die sie in die Therapie gebracht hatte, war ein erschreckender Beweis für die Macht, die ein vernachlässigtes inneres Kind selbst über den willensstärksten Individualisten haben kann.

### *Der verletzte Erwachsene*

Paula war das einzige Kind wohlhabender Eltern, die in Paulas Kindheit beide trinkende Alkoholiker gewesen waren. Sie beteten sie an. Wenn sie nüchtern waren, überschütteten sie das kleine Kind mit liebevoller Aufmerksamkeit, Zuneigung und Festessen. In solchen Zeiten fühlte sie sich wirklich als etwas Besonderes. Zu anderen Zeiten, während und nach den periodisch auftretenden Trinkgelagen, fühlte sie sich völlig ignoriert und vernachlässigt. Ihre allererste Erinnerung an ihre Eltern, die ihr unter Hypnose kam, war ein Vorfall zu einer Zeit, als sie kaum zwei Jahre alt war und noch im Gitterbettchen schlief. Ihre Eltern waren mit ihr zum Strand gefahren. Der Tag war voller Freude gewesen – die drei planschten in der Brandung und sammelten farbige Kieselsteine und andere Schätze. An diesem Abend deckte ihr Vater sie mit einer langen Umarmung zu, während ihre Mutter ein sanftes Schlaflied summte und ihr das Haar streichelte, bis Paula zufrieden einschlummerte. Als sie aber am nächsten Morgen aufwachte, glücklich und ungeduldig aufzustehen, kam niemand auf ihr Rufen. Mit wachsender Frustration und Wut schrie und weinte sie so lange, daß es ihr wie Stunden vorkam, und rüttelte an den Stäben ihres Kinderbetts, um ihre Eltern auf sich aufmerksam zu machen. Dann war Paula in einen unruhigen Schlaf gefallen – sich unwohl fühlend in ihren beschmutzten Windeln und außerdem hungrig, erschöpft und vor allem verwirrt.

Aufgrund der drastischen Unzuverlässigkeit ihrer Eltern wuchs

Paula sehr bedürftig auf und war nicht imstande, ihrer Realität jemals zu vertrauen. Als Kind hatte sie das Verhalten ihrer Eltern dahingehend interpretiert, daß sie es nicht wert war, von ihnen umsorgt und geliebt zu werden. Die unzuverlässige Versorgung, die sie erhalten hatte, führte auch dazu, daß sie es verachtete, von anderen abhängig zu sein und den Teil von sich geringschätzte, der weiterhin kindliche Bedürfnisse hatte. Als Reaktion darauf wurde es ihr zum Anliegen, sehr unabhängig zu erscheinen, nichts von irgend jemandem zu brauchen – eine wirkliche Superfrau. Einige ihrer unerfüllten, abgestrittenen Bedürfnisse befriedigte sie unbewußt, indem sie sie auf ihre Patienten und ihren Freund projizierte und zu sich voller Überzeugung sagte: »Ich kann sie nicht hängenlassen; sie brauchen mich wirklich.«

Die Verleugnung ihrer Abhängigkeit schaffte Probleme für Paula, vor allem in ihrer Primärbeziehung. Ihr Partner war zwanzig Jahre älter als sie. In vieler Hinsicht war er ein Ersatzvater, von dem sie vollkommenes Einfühlungsvermögen, ständige Bestätigung und sofortige Verfügbarkeit verlangte. Die bei solch unrealistischen Erwartungen unvermeidlich eintretenden Enttäuschungen riefen ihre schmerzlichen Kindheitserfahrungen wach. In solchen Zeiten war Paula voller Klagen und manipulierend. Mit verletzter Miene, aufgesetzt, um ihm Schuldgefühle zu machen, beklagte sie sich dann: »Ich bitte dich um so wenig, und nicht einmal das kannst du für mich tun!«

Ein zentrales Thema für Paula war ihre Unfähigkeit, sich selbst zu akzeptieren und zu umsorgen. Auf einer unbewußten Ebene tat sie alles, was in ihrer Macht stand, um ihre inneren Bedürfnisse zu verneinen – bis zu dem Punkt, daß sie beinahe vor Hunger starb, weil sie sich weigerte, sich selbst zu ernähren. Traurigerweise mißbrauchte sie sich als Erwachsene ebenso, wie sie in ihrer Kindheit emotional mißbraucht worden war. Sie lebte ein Leben voller Widersprüche: äußerlich eine unabhängige, moderne Frau, innerlich ein seiner Emotionen beraubtes kleines Mädchen, das Angst hatte, erwachsen zu werden. Ausgebildet als kompetente Heilerin, war sie unfähig, mit ihrer eigenen menschlichen Ganzheit zurechtzukommen, und verleugnete ihre eigenen tiefen Wunden solange, bis es beinahe zu spät war.

Nachdem sie über einen Monat in einer Klinik verbracht hatte, um ihre Magersucht und ihre Suchtmittelabhängigkeit zu behandeln, begann Paula mit dem langsamen, schmerzlichen Prozeß, ihre frühen Erfahrungen in der Familie neu einzuschätzen und zu lernen, für sich zu sorgen –, und mit dieser Aussicht war das unmittelbare Versprechen verbunden, die frühe Trennung ihres inneren Kindes von ihrem Erwachsenen-Ich zu überbrücken.

## Ihr inneres Kind

In jedem von uns ist ein kleines Kind verborgen. Das Thema inneres Kind ist seit Mitte der vierziger Jahre von zahlreichen Klinikern und Theoretikern erforscht worden.[1] Im letzten Jahrzehnt ist das Thema »das Kind in uns« vor allem von der Selbsthilfegruppe *Erwachsene Kinder von Alkoholikern* aufgegriffen worden – und das aus gutem Grund. Kinder, die in einem gestörten Zuhause aufgezogen wurden, wachsen oft als verletzte Kinder auf. Und beim Erwachsenen wird dann dieses Gefühl von Entbehrung oft so tief vergraben, daß sein nachdrücklicher Ruf unbemerkt bleibt. Statt dessen suchen Menschen nach kurzfristiger emotionaler Abhilfe, die diesen Ruf übertönt.

Wenn wir an Kindheitsverletzungen denken, haben wir oft nur den körperlichen oder sexuellen Mißbrauch vor Augen, bei dem die Traumata offensichtlicher sind. Aber die Auswirkungen emotionaler Verletzungen können die Ganzheit eines Menschen ebenso nachdrücklich beeinträchtigen. Emotionale Verletzungen treten nicht nur dann auf, wenn die *äußeren* Bedürfnisse eines Kindes unerfüllt bleiben, sondern auch, wenn die *inneren* Bedürfnisse ignoriert oder vernachlässigt werden. Im letzteren Fall kann der Grund eher in der Unkenntnis der Eltern liegen – einem Mangel an Wissen, Verständnis oder Aufmerksamkeit – als in bewußter Vernachlässigung. Auch können die Eltern selbst als Kinder mißbraucht oder verletzt worden sein, so daß sie – wenn es nicht zu einer Krise oder Intervention kommt, durch die das Verhaltensmuster durchbrochen wird – das einzige Modell, das sie kennen, in der nächsten Generation fortsetzen und damit einen endlosen Kreislauf gestörter Familiendynamik. Dieses Muster der generationsübergreifenden Weitervermittlung trifft auch auf Paulas Familie zu. Ihre Mutter hatte zum Beispiel wohlhabende Eltern, die, als sie ein Kind war, die ganze Welt bereisten und sie oft bei den Hausangestellten zurückließen. Auch Paula wurde oft und lange bei einer Kinderfrau gelassen, die sich um sie kümmerte, den körperlichen und emotionalen Bedürfnissen des Kindes aber nur unzureichend nachkommen konnte, weil sie so viele andere Haushaltspflichten hatte. Auch wenn Paulas Mutter nicht im herkömmlichen Sinn mißbraucht worden war, waren die wiederholten Trennungen von ihren Eltern ohne einen angemessenen Ersatz doch eine verletzende Erfahrung. Ohne andere wohltuende Vorbilder, mußte sie das familiäre Muster beim Aufziehen von Paula zwangsläufig wiederholen. Ihr Trinken verschärfte somit ein familiäres Verhaltensmuster, das grundlegend gestört war.

Wir können uns viele unserer Bedürfnisse selbst erfüllen, auch wenn wir klein anfangen. Wenn wir unser verletztes inneres Kind achten, nähren und heilen – tatsächlich also die Eltern für es spielen –, kann uns das helfen, unsere Gefühle von Unzulänglichkeit und Abhängigkeit zu überwinden und erneut zu lernen, wie man fühlt, spielt, sich freut und kreativ ist. Paulas eigene emotionale Leere trug sowohl zu ihrem privaten als auch zu ihrem beruflichen Ruin bei – Sie können niemandem einen Schluck Wasser anbieten, wenn Ihre eigene Tasse leer ist.

### *Menschliche Überlebensbedürfnisse*

Wenn wir von »grundlegenden Überlebensbedürfnissen« sprechen, meinen wir gewöhnlich Nahrung, Wasser, Schlaf und Unterkunft – die rein körperlichen Bedürfnisse eines Menschen, der sich auf Leben und Tod in der Wildnis verirrt hat. Es ist durchaus üblich, daß diesen Grundbedürfnissen von Kindern in überbelasteten Familien

nicht nachgekommen wird; für das Gedeihen und sogar für das bloße Überleben von Kindern muß aber auch ihren psychischen und emotionalen Bedürfnissen Aufmerksamkeit geschenkt werden.
Vor mehr als vierzig Jahren prägten Forscher den Begriff Hospitalismus für die Beschreibung ihrer Beobachtungen an Kleinkindern, die in Heimen aufwuchsen. Obwohl man den körperlichen Bedürfnissen der Säuglinge angemessen nachkam, siechte eine alarmierende Anzahl von ihnen einfach dahin und starb.
Darüber hinaus scheint es – wie der Anthropologe Ashley Montagu beobachtete – auch vorzukommen, daß Säuglinge sich zu Hause nicht entwickeln.

Man stellte fest, daß das ziemlich häufig bei Säuglingen in den ›besten‹ Familien, in Kliniken und Kinderheimen auftrat, wo die Kinder *physisch* bestens versorgt wurden (Hervorhebung der Autoren). Man stellte fest, daß Säuglinge in armen Familien, die eine gute, liebevolle Mutter hatten, trotz mangelhafter hygienischer Bedingungen physische Benachteiligungen oft überwanden und durchaus gediehen. Was die Säuglinge der ersten Kreise in ihrer Umgebung oft entbehrten und was denen der unteren im Überfluß zuteil wurde, war Mutterliebe.[2]

So fand man auch in einer Untersuchung mit neugeborenen Rhesusaffen heraus, daß Trost durch Kontakt für die kleinen Affen wichtiger war als Trost durch Nahrungsaufnahme. Als sie über einen Beobachtungszeitraum von fünf Monaten die Wahl zwischen zwei Mutter-Ersatzfiguren hatten – einer aus nacktem Draht und einer, die mit weichem Stoff überzogen war –, verbrachten die Kleinen eindeutig mehr Zeit bei der Stoff-»Mutter«, auch wenn diese keine Fütterungsvorrichtung aufwies. Das Untersuchungsteam kam zu dem Schluß, »daß die Hauptfunktion des Stillens als Zuwendungsvariable darin liegt, für häufigen und intimen Körperkontakt des Kleinkinds mit der Mutter zu sorgen… Wir können sicher sein, daß in der Liebe durch bloße Lippenbekenntnisse nichts gewonnen wird.«[3] Liebevolle Berührung ist demnach ebenfalls ein menschliches Grundbedürfnis – grundlegend für ein umfassendes Wachstum.

*Unbefriedigte Bedürfnisse*

Die unbefriedigten Bedürfnisse von Erwachsenen, die in gestörten Familien aufwuchsen, sind oft nicht so offensichtlich und klar umrissen wie bei den Fällen, die gerade beschrieben wurden. Daß sie bis ins Erwachsenenalter überlebt haben, belegt die Tatsache, daß ihren körperlichen Grundbedürfnissen die meiste Zeit über nachgekommen wurde. Wie in Paulas Fall können auch ihre emotionalen und psychischen Bedürfnisse erfüllt worden sein, zumindest unregelmäßig und minimal – entweder von der primären Bezugsperson, meistens die Mutter, oder durch die Versorgung von anderen aus dem weiteren Familienkreis, wie Großeltern, ältere Geschwister, Onkel und Tanten oder auch Kinderfrauen.

Kinder, deren Bedürfnisse nicht spontan von anderen erfüllt werden, finden oft ungesunde, scheinbar wirksame Möglichkeiten, sie auf ihre Weise zu erfüllen. Nach der Theorie der »Streicheleinheiten«[4] beginnen Kinder, die nicht genügend positive Streicheleinheiten erhalten, sich eher auf negative Streicheleinheiten einzustellen, als darauf, gar keine zu bekommen. (Ursprünglich als Bezeichnung für körperliche Berührungen benutzt, ist die Definition des Wortes »Streicheleinheit« so ausgeweitet worden, daß es jetzt jede Handlung beinhaltet, die die Wahrnehmung der Anwesenheit eines anderen Menschen impliziert.) Nichts ist schlimmer, als völlig ignoriert zu werden. Diese Art sinnlicher und emotionaler Beraubung, dieser ungestillte Hunger, anerkannt zu werden, bedroht die bloße Existenz eines Menschen und stellt sie in Frage. Der Ausspruch, »das Gegenteil von Liebe ist nicht Haß, sondern Gleichgültigkeit«, enthält einiges an Wahrheit. Kinder, die keine Aufmerksamkeit und Zuneigung von ihren Eltern erhalten, fangen oft an, etwas »auszuagieren« und damit unbewußt die Aufmerksamkeit zu suchen, die sie zum Überleben so dringend brauchen – selbst wenn das heißt, angeschrien, versohlt oder noch schwerer bestraft zu werden. In manchen Familien eskaliert die Bestrafung der Kinder sogar bis hin zu Gewalttätigkeiten. Erstaunlicherweise bleiben Kinder, die von einem Elternteil mißbraucht wurden, an diesen gebunden. Das Personal in Jugendheimen berichtet, daß Kinder, die aufgrund schwe-

ren körperlichen Mißbrauchs durch einen Elternteil eingewiesen wurden, nachts weiter nach diesem weinen.
Bevor nicht ein Umlernen eintritt, fahren Kinder, die an negative Streicheleinheiten gewohnt sind, damit fort, sich als Erwachsene in gewohnter Weise auszuagieren. Das ist die einzige Möglichkeit, Aufmerksamkeit zu bekommen, die sie kennen. Auf einer bestimmten Ebene haben sie sich – teilweise aufgrund eines geringen Selbstwertgefühls – davon überzeugt, daß sie Bestrafung verdienen. Nicht nur daß Menschen, die mit negativen Streicheleinheiten aufwuchsen, häufig Primärbeziehungen eingehen, in denen sie mißhandelt werden – oft bleiben sie auch dann in diesen Beziehungen, wenn ihre geistige Gesundheit und ihr Leben auf dem Spiel stehen. Aber Beziehungsstörungen sind nur eine Form, in der sich die Verletztheit im Erwachsenenleben manifestiert. Suchtmittelabhängigkeit, Depressionen, Ängste, Phobien, selbstzerstümmelndes Verhalten (wie sich schneiden oder verbrennen), Eßstörungen und Prostitution sind einige weitere.

## Michaela

Michaela, heute eine Frau Ende zwanzig, wuchs in einem sogenannten gehobenen Zuhause auf, wo sie meistens negative Streicheleinheiten erhielt. Sie war das jüngste von vier Geschwistern. Ihr Vater war ein Militäroffizier von hohem Rang – ein strikt autoritärer Mensch, der seine Familie so führte, wie es seiner Vorstellung von einer Armeetruppe entsprach, basierend auf einem strengen Strafe-und-Belohnung-System. In dieser Familie wurden Strafen immer vom Vater ausgeteilt. Obwohl sie nicht das waren, was gewöhnlich als Mißbrauch definiert wird, erinnert Michaela sich daran doch als an etwas Schweres, Grausames und auch Beängstigendes, weil ihr Vater dabei so unbeteiligt und auf Effizienz ausgerichtet war. Andere Möglichkeiten, um das Verhalten der Kinder zu lenken – beispielsweise Belohnungen für wünschenswertes Verhalten oder das Streichen von Privilegien bei unerwünschtem Verhalten – wurden niemals in Betracht gezogen.

Weil die Familie aufgrund der Versetzungen des Vaters mehrmals umzog, war es für Michaela schwierig, Freundschaften zu schließen. Mit dem Älterwerden wurde es immer schwieriger, zu den an neuen Schulen bereits bestehenden Cliquen Gleichaltriger Zugang zu finden. Da sie nicht erkannte, daß das die natürliche Folge der häufigen Umzüge in neue Gegenden war, bezog Michaela die Situation auf sich und wurde immer unsicherer. Sie gab sich selbst die Schuld daran, daß sie ausgeschlossen wurde, und glaubte der sprichwörtliche häßliche graue Schwan unter lauter schönen jungen Schwänen zu sein. Sie fühlte sich machtlos und verunsichert und entwickelte das starke und dringende Bedürfnis, sich überall anzuklammern, wo sie meinte, das Gefühl von Beständigkeit zu bekommen, das sie so nötig brauchte – ganz gleich ob bei Dingen oder Menschen.

Darauf bedacht, so schnell wie möglich von zu Hause wegzukommen, heiratete Michaela den erstbesten Mann, der ihr einen Antrag machte. Sie bekam sofort ein Kind, entschlossen, für sich die stabile Familie zu schaffen, die sie niemals erlebt hatte. Während der Schwangerschaft, als der Streß zwischen ihr und ihrem Ehemann wuchs, schlug er sie zum ersten Mal. Michaela ging über dieses Ereignis als unwichtig hinweg: »Wahrscheinlich mein Fehler. Ich habe ihn zu sehr bedrängt.« Aber körperliche Gewalt tritt nur selten in Form eines einzelnen Vorfalls auf. Wie vorauszusehen, nahmen die Angriffe an Häufigkeit und auch an Gewalttätigkeit zu. Michaela gab jetzt seinem Trinken die Schuld an den Schlägen. Selbst als sie krankenhausreif zusammengeschlagen wurde, reichte das nicht, um sie zum Weggehen zu bewegen. Schließlich ging sie das erste Mal an dem Abend fort, als ihr Mann sie schlug, während sie ihren gemeinsamen Sohn im Arm hielt. Michaela hatte das Gefühl, daß nur ihr Kind es wert war, körperlich und seelisch geschützt zu werden, nicht aber sie selbst. Sie kehrte mehrmals zu ihrem Mann zurück. Nur mit Hilfe einer Psychotherapie und weiterer Interventionen war sie imstande, ihre Selbstvorwürfe und das tiefsitzende Gefühl, nichts wert zu sein, so weit zu überwinden, daß sie die Kraft hatte, für immer zu gehen. Ihre Reaktionen waren das typische »Syndrom für geschlagene Frauen«. Das scheinbar unerklärliche Unvermögen von Frauen, eine Situation zu verlassen, die in den

Augen sämtlicher anderer Menschen ganz eindeutig mißbräuchlich und gefährlich ist, wurzelt in der geringen Selbstachtung, die in Familien, in denen Mißbrauch vorkommt, so weit verbreitet ist.

*Was geschah mit* Ihren *unbefriedigten Bedürfnissen?*

Immer wenn wir als Kinder mit sehr schmerzlichen oder beängstigenden Erfahrungen konfrontiert werden, neigen wir dazu, sie zu verinnerlichen oder »wegzustecken«. Das gilt vor allem für die ersten zwei Lebensjahre eines Kleinkindes, weil es während dieser Zeit keine Sprache oder begrifflichen Bezeichnungen für die Gefühle zur Verfügung hat, die es erfährt. Unaufgelöste Gefühle von Frustration, Angst und Wut, die die unerfüllten Bedürfnisse eines kleinen Kindes nach Zuwendung und Fürsorge begleiten, werden oft verinnerlicht. Sie können bis zum Erwachsenenalter unbewußt bleiben, wo die Verletztheit in Beziehungen auf unerwartete Weise Ausdruck findet. Etwa im Alter von zwei Jahren hatte Paula ihre Frustration und Wut bereits weggesteckt und erfahren, daß sie auf ihre Eltern nicht zählen konnte. Später interpretierte sie ihre frühen Erfahrungen im Rahmen von Ursache und Wirkung: wenn ihre Eltern nicht zuverlässig waren, mußte das heißen, daß sie nicht liebenswert war. Darum verinnerlichte sie jetzt die tief verletztende Botschaft, ›Du bis unsere Liebe nicht wert‹. Tatsächlich liebten ihre Eltern sie sehr. Trotzdem interpretierte Paula die Botschaft auf diese Weise, was sie zu dem nächsten Schluß brachte, nämlich, ›Deswegen bist Du auch nicht wert, von irgend jemandem – einschließlich dir selbst – geliebt zu werden‹. Sie war zu einem Schluß gelangt, der vollkommen logisch zu sein schien: Menschen, die noch nicht einmal von ihren eigenen Eltern geliebt werden, sind nicht liebenswert. Meine Eltern lieben mich nicht. Deswegen bin ich nicht liebenswert.

In Wirklichkeit hatte Paulas Logik Risse, weil sie auf zwei falschen Prämissen beruhte: zum ersten sind Eltern – vor allem in sehr streßbeladenen Familien – vielleicht das *am wenigsten* objektive Maß, um daran unseren eigentlichen Wert zu messen. Zweitens wurde

Paula von ihren Eltern geliebt – wenn auch auf eine sehr schädliche Weise. Also trug sie durch all die Jahre die Last dieses Fehlschlusses mit sich herum, der sich aus ihren falschen Prämissen logischerweise ergeben hatte, und spielte ihn als Erwachsene auf irrationale Weise und mit beinahe katastrophalem Ausgang erneut durch. Paulas mangelnde Bindung in der frühen Kindheit machte es ihr auch schwer, in ihren erwachsenen Beziehungen wirkliche Bindungen einzugehen. Das Mißtrauen, das sie aufgrund der Unzuverlässigkeit ihrer Eltern entwickelt hatte, übertrug sich auch auf ihre Primärbeziehungen. Nicht nur, daß sie oft nicht wahrnahm, welche Emotionen sie empfand – selbst wenn sie ihre Gefühle kannte, war sie unfähig, sie offen auszudrücken. Den inneren Zustand zu enthüllen, erfordert eine vertrauensvolle Atmosphäre, die wiederum auf der Fähigkeit zu vertrauen beruht.
Unerledigte Dinge aus der Vergangenheit verschwinden nicht einfach. Wenn man sich nicht damit auseinandersetzt, bleiben sie im Inneren begraben. Dann tritt das verletzte innere Kind später auf unerwartete und störende Weise zutage. Wenn Sie die Quelle Ihrer Schwierigkeiten nicht erkennen, verdammen Sie sich selbst dazu, die gleichen, völlig sinnlosen Verhaltensweisen ständig zu wiederholen, ohne zu wissen, warum Sie das tun. Sie rennen sich fest. Ein Anhaltspunkt dafür, daß Sie die alten Verhaltensmuster wiederholen, die dann nach einiger Zeit nicht mehr funktionieren, ist, wenn Sie nach der letzten gescheiterten Beziehung erneut nach etwas oder jemandem suchen, das oder der ihre unerfüllten Bedürfnisse befriedigen soll. Ein Teil von Ihnen glaubt, daß, wenn nur der richtige Mensch vorbeikommt, er oder sie Ihre gähnende innere Leere ausfüllen wird – Sie für all die Liebe entschädigt werden, die Sie nie erhalten haben. Genauso verhielt sich Paula. Der unerkannte, nicht integrierte kindliche Teil in ihr, der nicht erwachsen werden wollte, fand einen Ersatz für die Stillung des Vaterhungers, den sie verspürte: sie traf auf einen Mann, der alt genug war, um ihr Vater sein zu können, der sie in ihrer Abhängigkeit bestärkte, sie aber – genauso wie ihr richtiger Vater – auf unberechenbare Weise im Stich ließ. Sie wiederholte unwissentlich ein Verhaltensmuster, das sich noch vor dem Alter von zwei Jahren zu entwickeln begonnen hatte.

## Das verletzte Kind in Beziehungen

Wenn das innere Kind nicht in Ihr Gesamtdasein integriert wurde, drückt es sich auf zahlreichen verschiedenen und indirekten Wegen zerstörerisch in Beziehungen aus. Zum Beispiel entwickelt nicht jeder eine Suchtmittelabhängigkeit und bildet damit eine Reaktion gegen andere Abhängigkeiten aus (das heißt, wird gegenabhängig), wie Paula es tat. Tatsächlich trifft häufig das Gegenteil zu. Wenn Frauen anfangen, sich mit ihrer Beziehungssucht auseinanderzusetzen, fragen sie oft: »Wie kann ich, wo ich doch in meiner Arbeit so kompetent und in meinem Privatleben so zentriert und aktiv bin, sofort, wenn ich ›ihn‹ treffe, zu dieser schwächlichen, abhängigen Frau werden, die sich ohne einen Wink von ihm nicht bewegen kann?«

Wenn Menschen »sich verlieben«, erleben sie den vorübergehenden Wunsch, mit dem Objekt ihrer Liebe zu verschmelzen, sich im anderen »zu verlieren«. Das ist typisch. Auf der unbewußten Ebene stellt das Sich Verlieben den umfassenden Wunsch dar, die primäre Beziehung des neugeborenen Kindes mit seinem Liebesobjekt, seiner Mutter (oder der ersten primären Bezugsperson), erneut herzustellen.

Das Problem tritt auf, wenn die zwingende, ekstatische Qualität der romantischen Liebe intensiver, wenn das Zwingende zwanghaft wird. Während Menschen, die nicht beziehungssüchtig sind, sich ziemlich schnell wieder aus der Verliebtheitsphase lösen und die Erfahrung als die flüchtige Phantasie erkennen, die sie ist, streben Beziehungssüchtige nach der ständigen, niemals endenden Verschmelzung und wollen sich im anderen verlieren.

### *Beziehungssüchtige und persönliche Grenzen*

Selbstverlust ist ein Grenzverhaltensmuster. Wie im zweiten Kapitel aufgezeigt wurde, sind persönliche oder Ich-Grenzen der Punkt, an dem eine Person endet und die andere beginnt. Grenzen sind unterschiedlich durchlässig. Gesunde Menschen und Familien haben Grenzen, die durchlässig genug sind, um Anteilnahme und Intimität *ohne Selbstverlust* zuzulassen. Im Gegensatz dazu ist für die Mitglieder gestörter Familien eine mangelnde Ausdifferenzierung ihrer Grenzen charakteristisch, die sich in einer der beiden scheinbar gegensätzlichen Polaritäten zeigen kann, die tatsächlich aber zwei Seiten ein- und derselben Münze sind: Verstrickung (Zudringlichkeit, mangelnde Anerkennung der Individualität, Narzißmus und so weiter) oder emotionale Verschlossenheit (Mangel an sinnvoller Kommunikation, emotionaler Rückzug, mangelnde Bindung und so weiter). Für ein Kind in einem solchen Zuhause besteht der Kampf darin, ein gesundes Selbstgefühl zu entwickeln – mit Grenzen, die weder zu rigide noch zu durchlässig sind – und gleichzeitig die Familienbindung aufrechtzuerhalten.

Wenn eine Beziehungssüchtige eine neue Beziehung anfängt, können ihre Grenzen in zweifacher Hinsicht geschwächt sein. Erstens kann sie in einer gestörten Familie aufgewachsen sein, die die Entwicklung starker Ich-Grenzen verhinderte. Zweitens läßt die Verliebtheitserfahrung wahrscheinlich die wie auch immer vorhandenen Grenzen noch durchlässiger werden. Im Suchtverlauf kann sie ihre Grenzen völlig verlieren. Sie kann sich selbst verlieren.

Je stärker der mögliche Partner die Erfahrung der primären Kindheitsbeziehung auslöst – durch seine äußere Erscheinung, Worte, Handlungen oder anderes nonverbales Schlüsselverhalten –, desto wahrscheinlicher ist, daß die Beziehungssüchtige nach ihm süchtig wird. Der andere mag zuerst gar nicht mitbekommen, was geschieht. Wenn die Beziehungssüchtige das frühe Kindheitsdrama erneut durchspielt und sich krummlegt, um zu gefallen und Leistungen zu erbringen, beginnt ihr Partner, sich wie erdrückt zu fühlen und sich zurückzuziehen.

Das menschliche Verhalten variiert auf verschiedenen Ebenen der Besorgtheit, und bei Beziehungssucht nimmt die Besorgtheit im Leben eines Menschen enorm zu. Wenn Menschen in suchtfreien Beziehungen (oder frei von Suchtbeziehungen) leben, können sie ihre Energie in konstruktive, selbstbereichernde Aktivitäten geben, die dabei helfen, die Besorgtheit auf einem vernünftigen, niedrigen Niveau zu halten. Aber Streß und Sorge wachsen an, wenn die

Abhängigkeit eines Menschen ausgelöst wurde. Seine Fähigkeit, seine Gefühle zu kontrollieren, nimmt ab – statt dessen haben seine Gefühle ihn in der Hand, und er verliert das Gespür für sein wahres Selbst.

Paulas Geschichte illustriert, wie bei einer Beziehungssüchtigen, die aufgrund von zunehmendem Streß und zunehmender Sorge ihr inneres Gleichgewicht verliert, auch die Selbstachtung beeinträchtigt ist. Während sie ein noch größeres Bedürfnis nach Aufmerksamkeit und Bestätigung zeigt, fühlt ein Teil von Paula sich durch ihre eigene Abhängigkeit gedemütigt. Als ihr Partner die Distanz zwischen ihnen vergrößerte, wurde das zur unwiderstehlichen Herausforderung für sie. Wie jeder, der von einem Suchtmittel abhängig ist, wurde Paula bei dem Gedanken, sie könne verlieren, was ihr wie eine unersätzliche Quelle vorkam, noch besorgter. Der einzige Weg, den sie kannte, um ihren Nachschub zu sichern, war der, noch kontrollierender und fordernder zu werden.

Durch diese Taktiken verschlimmert die Situation sich zwangsläufig. Erstens wird der Partner sich wahrscheinlich zurückziehen, um zu vermeiden, daß er aufgefressen wird, da er das Gefühl hat, daß sein persönlicher Raum durch die Zudringlichkeit der süchtigen Partnerin bedroht ist. Zweitens wird die Konzentration der Beziehungssüchtigen auf das »Wir« und ihr Bestehen auf größerer Nähe wahrscheinlich den üblichen Kampf von »Ich« versus »Wir«, von Autonomie gegen Zweisamkeit verstärken, der in jeder Beziehung auftritt. Wenn der Partner der Beziehungssüchtigen in einem gestörten Zuhause aufwuchs, kann die Forderung nach Nähe auch den emotionalen Rückzug auslösen, der die andere Seite des Mangels an ausdifferenzierten Grenzen darstellt – und die beiden noch weiter auseinandertreiben.

### *Beziehungssüchtige und Selbstwertgefühl*

Das geringe Selbstwertgefühl, das von der Herausforderung, die eine neue Beziehung darstellt, ausgelöst wird, führt die Beziehungssüchtige meistens dazu, eine von zwei extremen Haltungen einzunehmen, wobei sie entweder auf eine Haltung fixiert bleiben oder zwischen beiden wechseln kann. Beim einen Extrem kann sie als Reaktion auf ihre Gefühle von innerer Unsicherheit und geringer Selbstachtung den Part des selbstgerechten, unschuldigen Opfers spielen. In diesem Fall wird sie wahrscheinlich die ganze Schuld ihrem Partner zuschieben und sich weigern, selbst Verantwortung für sein oder ihr distanziertes Verhalten zu übernehmen. Bei dem anderen Extrem kann sie – davon überzeugt, daß ihr Partner sie anders behandeln würde, wenn sie liebenswert genug wäre – die ganze Verantwortung für die Distanzierung ihres Partners auf sich laden. Der Kreis für ein zentrales Thema ihres Lebens hat sich geschlossen: sie hat ihren Kindheitskampf, von den Eltern geliebt zu werden, wieder hergestellt, und interpretiert dabei ihre Unfähigkeit zu bekommen, was sie braucht, als eigenen Mangel. Sie hat das Gefühl, sie muß sich die Liebe *verdienen.*

Aufgrund ihrer Annahme, die Lösung läge darin, liebenswerter zu werden, sowie ihrer irrationalen Ängste vor Ablehnung und vor dem Verlassenwerden, mag die Beziehungssüchtige versuchen, die selbst empfundenen Unzulänglichkeiten vor ihrem Partner zu verbergen. Das Ergebnis davon kann sein, daß sie sich ständig verteidigt und Angst hat, Fehler und Gefühle von Verletzlichkeit einzugestehen, womit sie einen Teil von sich ablehnt.

Dieses Verhalten ist in mehrfacher Hinsicht besonders zerstörerisch: Erstens trennt die Verleugnung von Aspekten ihres Selbst die Beziehungssüchtige noch weiter von ihrem innersten Wesen, ihrem Selbstgefühl. Zweitens schafft sie, weil sie nicht bereit ist, ihrem Partner ihre wahren Gefühle anzuvertrauen, eine Blockade gegen Intimität, die der Schlüssel für eine gesunde Beziehung ist. Drittens sind Selbstliebc und das Wissen, daß Liebe nicht verdient werden muß, notwendige Voraussetzungen für die Selbstheilung. Nur wenn sie ihr verletztes inneres Kind annimmt und liebt, kann sie es – und sich selbst – von der jahrelangen Scham und Verantwortlichkeit befreien, die es für das übernommen hat, was die Unfähigkeit der Eltern zu lieben oder richtig zu lieben gewesen sein mag.

### *Beziehungssüchtige und abgelehnte Gefühle*

Manchmal löst Beziehungssucht die tief vergrabene frühkindliche Wut wieder aus, wie Paula sie als Zweijährige erfuhr, als sie schrie und an den Gitterstäben ihres Bettchens rüttelte, um die Aufmerksamkeit zu bekommen, auf die sie nach ihrem Gefühl Anspruch hatte. Die Beziehungssüchtige beginnt den Partner als eine Verlängerung ihrer selbst zu betrachten – er ist nur dazu da, um ihre Bedürfnisse zu erfüllen. Wenn der Partner sich weigert, darauf einzugehen, kann sie anmaßend werden. In ihrem Geisteszustand erscheint ihr sein Verhalten, als ob ihr rechter Arm plötzlich die Funktion verweigern würde. Da sie ein Ventil braucht, wird sie diese zerstörerische Wut entweder gegen ihren Partner oder gegen sich selbst wenden. Diese narzißtischen Wutausbrüche sind typisch und normal für Kleinkinder und Kinder, für Erwachsene aber unangemessen.

Das kleine Kind ist darauf aus, daß seine Bezugspersonen es beruhigen und ihm ein genauer Spiegel für seine Gefühle sind. Die Mutter zum Beispiel, die mit Anteilnahme reagiert, wenn ihr Kind hinfällt und sich verletzt, bestätigt den emotionalen Zustand des Kindes. Dadurch wird dem Kind ermöglicht, seine Gefühle ganz zu erfahren – und wieder loszulassen. Ein Kind aber, das in einer gestörten Familie aufwächst, die diese Spiegelung nicht bereitwillig zur Verfügung stellt, vergräbt seine unerfüllten Bedürfnisse und nicht ausgedrückten Emotionen. Das ist eine weitere Möglichkeit, wie ein Kind eine psychische Wunde erleiden kann, die dann im Erwachsenenleben vielleicht auf recht zerstörerische Weise zum Vorschein kommt.

Eine weitere Möglichkeit, wie Gefühle später zutage treten können, besonders diejenigen, die zu bedrohlich oder zu beängstigend waren, um vom Kind ausgedrückt zu werden, ist durch projektive Identifikation, ein Prozeß, bei dem die abgelehnten Gefühle unbewußt auf den Partner übertragen werden. In einer Art unbewußter Zusammenarbeit kann der Partner dieses Gefühl dann für beide ausagieren oder »tragen«, was der Person, die es unterdrückte, ermöglicht, es weiterhin abzulehnen und sich noch weiter davon zu distanzieren. Das war in Paulas Primärbeziehung der Fall. Bei dem Versuch, ihre

wachsende innere Abhängigkeit abzuwehren, wurde sie äußerlich immer unabhängiger. Als Gegenreaktion wurde ihr Partner immer abhängiger von seiner ersten Familie, wofür Paula – blind gegenüber ihren eigenen Abhängigkeiten – sowohl Mißbilligung als auch Verachtung zeigte. Er agierte die Abhängigkeit für beide aus – und trotzdem war Paula die Abhängigere von den beiden.
Solange nicht etwas dazwischentritt, um die destruktiven Abläufe solcher Beziehungen und die abwärtsführende Suchtspirale aufzuhalten, verschlechtert sich die Beziehung unaufhörlich. Anders als bei gesünderen Beziehungen führt das Versagen jedoch nicht unbedingt zu einem Ende – einer Trennung oder einer Scheidung. Weil die Partner meistens in gegenseitiger Abhängigkeit miteinander verstrickt sind, die hauptsächlich von der als solcher identifizierten Beziehungssüchtigen getragen wird, kann sich das Beziehungsversagen als körperliche oder emotionale Krankheit oder, im schlimmsten Fall, als Selbstmord manifestieren.

### *Frauen und Beziehungssucht*

Es ist weithin bekannt, daß bei Frauen die Wahrscheinlichkeit, beziehungssüchtig zu werden, größer ist als bei Männern. Das überrascht nicht weiter, wenn man bedenkt, wie wichtig Beziehungen für Frauen sind und wie die Auswirkungen weiblicher Sozialisation aussehen. Traditionsgemäß haben Frauen Beziehungen immer viel größere Bedeutung und Priorität beigemessen als Männer und sind oft bereit, alle möglichen Opfer zu bringen, wenn der Erhalt einer wichtigen emotionalen Bindung auf dem Spiel steht. Obwohl die weibliche Wertschätzung von Beziehungen eine wichtige und entscheidende soziale Hilfsquelle ist, mißt unsere Gesellschaft Beziehungen, emotionalem Ausdruck, Fürsorglichkeit und Verletzlichkeit einen viel geringeren Wert bei als ausgeprägtem Individualismus, Eigeninteresse, Härte, meßbaren Ergebnissen und einer Stärke, die sich als Macht über andere zeigt.
Resultat ist, daß man weibliche Stärken als Schwächen betrachtet hat. Männer haben in unserer Gesellschaft die technologische, phy-

sische und finanzielle Macht. Aufgrund dieses Machtungleichgewichts in Mann-Frau-Beziehungen und in der Gesellschaft generell verläuft die Dynamik so wie in jeder typischen Beziehung zwischen Herrschenden und Unterworfenen – nämlich analog zur Dynamik in Suchtbeziehungen. Laut Definition betrachten Herrschende Unterworfene nicht als gleichwertig. Sie bauen auf Macht, nicht auf Verhandlungen, um zu bekommen, was sie wollen. Für Unterworfene dagegen hängt ihr Leben davon ab, daß sie den Herrschenden gefallen; um zu wissen, wie, müssen Unterworfene soviel wie möglich über Herrschende erfahren.[5] Mit anderen Worten, die Abhängigkeit und Unterordnung von Frauen wird als normal verstärkt. Auch wenn das nicht heißen soll, daß zwischen unserem sozialen Klima und der weiblichen Tendenz zu Beziehungssucht eine einfache Kausalbeziehung besteht, darf doch die Wichtigkeit dieser Umstände als beitragende Faktoren nicht unterschlagen werden.

## Ihr wahres Selbst mit Hilfe Ihres inneren Kindes finden

Auch wenn wir alle Menschen sind, ist jeder von uns einzigartig. Wie die Fingerabdrücke hat auch das Wesen jedes Menschen – das innerste Selbst – spezielle Qualitäten, die nie zweimal existiert haben und auch nicht existieren werden. Jeder Mensch liefert seinen eigenen, einzigartigen Beitrag zur Welt und zu den Leben, mit denen er in Berührung kommt. Auch sind wir unverwüstlich; trotz der Rückschläge und Kämpfe sind wir für das Überleben ausgerüstet. Wir tragen in uns das Potential für und das Bedürfnis nach einem gesunden und kreativen Wachstum. Laut C.G. Jung sind wir ständig auf der Suche nach Ganzheit und Vervollkommnung und sehnen uns nach Neugeburt.

Im Suchtprozeß besteht die Neigung, daß die Ängste und Narben aus unserer Vergangenheit unser wahres, vitalstes innerstes Wesen oder Selbst überdecken. Wir sehen lediglich seinen schwachen Abglanz, ein falsches Selbst, das wir als langweilig, unvollständig und manchmal deprimiert erleben. Wir fixieren uns auf Äußeres, um all das zu verändern. Aber die euphorische Anfangsphase einer Liebesaffäre schlägt in einem Prozeß voller Höhen und Tiefen, zwischen Lust und Schmerz wechselnd, um in wachsende Abhängigkeit. Doch daran, wie wir uns selbst erfahren, hat sich nichts geändert, denn wir haben all unsere Hoffnungen auf Veränderung auf Äußeres statt auf uns selbst gesetzt. Eine gängige Auffassung lautet, daß geistige Krankheit darin besteht, dasselbe immer wieder zu tun und trotzdem zu erwarten, daß die Dinge sich als anders herausstellen. Der Schmerz, die Abhängigkeit und Ungewißtheit nehmen nur ab, wenn wir uns die Vergangenheit angeeignet haben und unserem wahren Selbst die Macht verleihen, den Phantasiewald zu verlassen und eine bessere Gegenwart zu schaffen.

Paradoxerweise können wir mit der äußeren Welt nur dann besser umgehen, wenn wir äußere Erwartungen fallenlassen und uns nach innen wenden, um unser vernachlässigtes inneres Kind zurückzugewinnen. *Ein grundlegender Prüfstein für die Genesung von Kindheitswunden und extremen Abhängigkeiten ist, ob wir die Idee annehmen können, daß wir andere nicht kontrollieren können.* Wir versuchen aufgrund alter Ängste vor dem Ungewissen zu kontrollieren. Und trotzdem ist es eine Täuschung zu denken, wir könnten andere kontrollieren. Das beste, was wir erreichen können, ist uns selbst die meiste Zeit unter Kontrolle zu haben. Dieses Loslassen beruht auf einer universellen Wahrheit, die einer der Eckpfeiler von Zwölf-Schritte-Gruppen ist.

Eine der Belohnungen für die Neugewinnung des inneren Kindes ist, daß wir dabei mit dem kindlichen Teil von uns selbst in Berührung kommen – dem Teil, der am natürlichsten, kreativsten, spielerischsten und unschuldigsten ist.

## *Die gesellschaftliche Definition des Erwachsenen*

Um überleben zu können, nehmen Kinder aus gestörten Familien übermäßig rigide Rollen ein – so rigide, daß sie praktisch einem Katalog von elterlichen Verboten und Maßregelungen gleichkommen, den das Kind von klein auf verinnerlicht. Das Leben zu

Hause war eine ernste Angelegenheit; Erwachsene aus solchen Familien haben oft die Fähigkeit zu Freude und Spiel verloren. Wie an Paulas Superfrau-Einstellung zum Leben gezeigt wurde, geben sich solche Menschen selten Raum für den Ausgleich – für Spiel, für Spaß, für Zeit ohne große Vorhaben. Wenn sie zulassen, daß das innere Kind sich ausdrückt, wird die große Ernsthaftigkeit, mit der sie ihr tägliches Leben und ihre Beziehungen in Angriff nehmen, aufgelockert.

Wenn Sie Ihr inneres Kind kennen und schätzen lernen, können Sie die Teile Ihres Selbst wiedergewinnen, die die Gesellschaft verunglimpft und abgeleugnet hat. Unsere Gesellschaft schätzt es, wenn man erwachsen ist und sich »wie ein Erwachsener« verhält. Und sich wie ein Erwachsener verhalten heißt, ernst zu sein, keinen Unsinn zu machen, produktiv zu sein. Einer Mentalität mit dem Motto »Zeit ist Geld« ist Müßiggang verdächtig, und sie bemißt Erfolg nach greifbaren Resultaten, die auf dem Markt Geld abwerfen. Auf diesem Wege bringen die Werte der Mittelklasse weitere Verbote und Verpflichtungen hervor.

In vielerlei Hinsicht unterstützt und wiederholt diese Vorstellung vom Erwachsenen das ungesunde Klima eines gestörten Zuhauses. Wie auch die gestörte Familie, basiert sie auf einem Modell des Mangels, das die Ängste schürt, nicht genug zu bekommen, nicht genug zu tun und nicht gut genug zu sein. Resultat ist, daß hart arbeiten glorifiziert wird – was auch erklärt, warum die Arbeitssucht in der Öffentlichkeit so wenig angeprangert wird. Offen kindlich zu sein wäre bei der Arbeit völlig unangemessen. Wie im gestörten Zuhause auch, wird versucht, andere durch das Zurückhalten von Anerkennung zu kontrollieren: wer mit der allgemein anerkannten Vorstellung vom Erwachsenen nicht konform geht, gilt als verdächtig.

Aufgrund des sozialen Stigmas für das »unproduktive« Spiel, tritt das Spiel in verschiedenen Kaschierungen auf, die als akzeptabel gelten. Aber diese kaschierten Spiele gibt es vor allem für Männer, die ihre wettbewerbsorientierten und kämpferischen Kindheitsspiele, bei denen es bereits um Gewinnen und Verlieren ging, als Teilnehmer an und Zuschauer von Kampfsportarten ins Erwachsenenleben übertragen können oder auch, indem sie sich stellvertretend am Säbelrasseln der Politiker beteiligen; und sie können versuchen, ihr Bedürfnis nach Anerkennung und Macht zu befriedigen, indem sie protzige, mächtige Wagen fahren. Jungenspiele orientieren sich an individuellen Wettbewerbsaktivitäten und an Leistungen. Kleinmädchenspiele sehen ganz anders aus. Mädchen werden dazu angehalten, mit Puppen Familie zu spielen und sich feinzumachen. Mit anderen Worten, die Spiele der Mädchen sind ein Training für ihre traditionelle weibliche Erwachsenenrolle. Mädchenspiele beruhen oft auf Zusammenarbeit. Mädchen neigen auch dazu, in kleineren, intimeren Gruppen zu spielen als Jungen, oft nur mit der besten Freundin und an einem privaten Ort.[6] Das führt dazu, daß Jungenspiele eine Vorbereitung zu Männerspielen sind, Mädchenspiele hingegen zu Frauenarbeit.

*Für Ihr inneres Kind noch einmal Eltern sein*

Die Basis dafür, das innere Kind zu finden und erneut Eltern für es zu sein, ist, daß Sie sich ganz akzeptieren. Auch hier wieder hat es unsere Kultur Frauen besonders schwer gemacht, sich zur Ganzheit zu entwickeln. Der ziemlich typische Kampf einer Therapieklientin, die gerade damit anfing, für ihre Kindheitserfahrungen einen neuen Rahmen zu finden, liefert ein eindringliches Beispiel dafür. Zuerst sprach diese Frau in den mittleren Jahren sehr ungeduldig und abfällig, als sie sich als kleines Mädchen an ihrem ersten Schultag beschrieb. Sie sprach von sich als von einem »scheußlichen kleinen Kind« und verwehrte dem Kind das Recht, seine Bedürfnisse nach Fürsorge und Unterstützung auszudrücken. Es war, als ob ihre Kommentare, mit denen sie sich selbst verdammte, direkt von ihrem kritischen und strafenden Vater stammten. Indem sie seine Sicht akzeptierte, hatte sie nicht nur ihr inneres Kind zurückgewiesen, sondern auch die Gefühle dieses Kindes abgespalten. Als sie eines Tages schließlich in der Lage war, die Gefühle von Einsamkeit, Angst und Unsicherheit erneut zu erleben, die das kleine Mädchen empfunden hatte, brach sie in Tränen des Bedauerns darüber aus, daß sie andere in ihrem Leben so lange umsorgt, sich selbst hingegen die ganze Zeit über dieses zärtliche Mitgefühl versagt hatte. Sie sagte: »Für andere sorge ich manchmal wie ein Schäfer für seine Herde. Ich beobachte sie, bemerke ihre Sorgen und wende mich ihnen zu. Nicht, daß ich immer alles akzeptiere – ich weise sie manchmal auch darauf hin, wenn ich denke, daß sie den Bogen überspannen, aber ich versetze mich in sie hinein und verstehe sie. Aber mit mir selbst bin ich immer wie eine Löwenbändigerin mit der Peitsche umgegangen.«[7]

Die negativen gesellschaftlichen Botschaften hinsichtlich der Emotionalität von Frauen und deren »selbstsüchtigen« Bedürfnissen leisten der Tendenz von Frauen Vorschub, andere auf ihre Kosten zu umhegen. Ein Resultat ist, wie durch den Kommentar der Klientin so gut deutlich wird, daß Frauen den Bedürfnissen anderer viel stärker nachkommen als ihren eigenen, wobei sie manchmal so sensibel für die Kümmernisse anderer werden, daß sie aufhören, für sich selbst zu sorgen.

Als Frauen haben wir einen Aspekt unseres Einfühlungsvermögens zu einer wahren Kunst verfeinert – nämlich die Fähigkeit, die subjektive Welt eines anderen Menschen zu betreten und dessen Erfahrungen von hier aus offen und ohne jede Verurteilung zu teilen. Wenn wir jetzt für uns selbst noch einmal Eltern sind, müssen wir den anderen entscheidenden Aspekt von Einfühlungsvermögen entwickeln – die Fähigkeit, uns selbst nicht zu verlieren, wenn wir die Grenzen eines anderen Menschen überschreiten. Das ist der Schlüssel für gesunde Beziehungen. Außerdem müssen wir lernen, uns in uns selbst einzufühlen und mitfühlend mit uns umzugehen.[8] Wir müssen unser Einfühlungsvermögen auf unser inneres Kind anwenden, mit anderen Worten, wir müssen unser Kind so betrachten und so mit ihm fühlen, wie wir es für einen anderen Menschen tun würden. Vielleicht sind wir dann imstande, gut für uns selbst zu sorgen. In einem sozialen Klima, das Frauen abwertet, ist das jedoch eine schwierige Aufgabe.

Ein Hauptgrund dafür, daß weibliche Erfahrungen und Rollen nicht richtig eingeschätzt und gewürdigt werden, liegt darin, daß die traditionellen Theoretiker für kindliche Entwicklungspsychologie über »Kinder« geschrieben und dabei beide Geschlechter einbezogen haben, als wären deren Erfahrungen vollkommen gleich. Außerdem basieren die meisten traditionellen Theorien über kindliche Entwicklungspsychologie auf männliche Erfahrungen. »Frau« taucht meistens in Fußnoten auf, als sei sie eine Unterrubrik der Gattung »Mann«.

Die gegenwärtige Entwicklungspsychologie beruht auf einem Modell der Trennung und Individuation, wobei Menschen zahlreiche Trennungsstufen durchlaufen, um ein ausgeprägtes Selbst- oder Persönlichkeitsgefühl auszubilden. Mit anderen Worten, die Entwicklungspsychologie betont die Wichtigkeit der Trennung von der Mutter in den frühen Phasen der kindlichen Entwicklung, als Jugendlicher von der Familie und in Erwachsenenjahren von Lehrern und anderen Ratgebern, damit das Indivduum eine ausgeprägte, eigenständige Identität herausbilden kann.

Interessanterweise mißt die populärste und am meisten anerkannte Theorie – die acht Phasen, die von dem bekannten Psychiater Erik Erikson beschrieben wurden – der Entwicklung des Kindes zu Autonomie, Selbstvertrauen, Unabhängigkeit, Selbstverwirklichung und der Fähigkeit, das eigene Schicksal selbst zu lenken, großen Wert bei.[9] Im Erwachsenenleben wird dann vom Menschen erwartet, daß er sich mit Intimität und Zeugungskraft zurechtfindet – und das nach Jahren der Abtrennung und Individuation, die das genaue Gegenteil zum Aufnehmen intimer Beziehungen darstellen. Mit anderen Worten: Menschen sollen laut der traditionellen Entwicklungspsychologie Intimität entwickeln, ohne sie zuvor jemals praktiziert zu haben! Im Gegensatz dazu legen neuere Theorien, die sich auf weibliche Erfahrungen konzentrieren, nahe, daß die Entwicklung für Frauen anders aussieht, nämlich nicht in Phasen, sondern kontinuierlich verläuft und dabei vom Kleinkindalter an *auf Beziehungen ausgerichtet* ist. Die neuen Theorien stellen das traditionelle

Entwicklungsmodell als ungenau und unvollständig in Frage und zwar für beide, für Männer wie für Frauen, aufgrund gesellschaftlicher Einflüsse aber besonders für Frauen.
Zum Beispiel besteht in der ersten der acht Lebensphasen von Erikson, die das erste Lebensjahr umfaßt, das zentrale Ziel darin, daß das Kleinkind ein Gefühl von Urvertrauen entwickelt. Eine andere wichtige Dimension aber ist die, daß das Kleinkind – und das wird bei Mädchen weitaus stärker gefördert – beginnt, wie die wichtigste Bezugsperson zu agieren und zu sein, die meistens eine Frau ist. Statt sich mit einer statischen Figur zu identifizieren, beginnt das Kleinkind sich »in Beziehung zu anderen« als Person zu empfinden. Das ist der Anfang eines Selbstgefühls, das die Dynamik zwischen Menschen wiedergibt.[10] Für Paulas Fall gilt, daß ihr als Kleinkind wenig *widerfahren* ist. Ihr Versagensgefühl in dieser ersten mißlungenen Beziehung – stammt aus dem, was ihr im zwischenmenschlichen Bereich *nicht widerfahren* ist.
Erikson legt Autonomie – die andere als Trennung und Individuation bezeichnet haben – als Ziel für die zweite Phase der Kindheit (das Alter von zwei bis drei Jahren) fest. Die neue Theorie legt statt dessen nahe, daß das Kind in dieser Periode weitere geistige und körperliche Hilfsmittel anwendet und ein erweitertes Gespür für seine Sicht der Dinge entwickelt, einschließlich eines neuen Verständnisses von und neuer Anordnungen in Beziehungen. Für das kleine Mädchen drückt sich Autonomie nicht häuptsächlich als ein »Tun« aus, sondern als ein »Tun *für*« – für die Mutter und für andere. Es orientiert sich daran, wie die Mutter sich weiterhin mit kleinen Kindern verhält – nämlich daß sie auf deren Gefühle eingeht und für sie sorgt. Etwa in diesem Alter orientieren kleine Jungen sich stärker an ihren Vätern als an ihren Müttern. Handeln hat also einen spezifischen Charakter; es findet im Rahmen von Beziehungen statt. Das kleine Mädchen setzt seine wachsende Macht und ausgeprägten Ansichten darüber, was und wie es etwas tun möchte, in die Tat um. Das Wesentlichste ist für das Kind die Aufrechterhaltung der Beziehungen mit den wichtigsten Menschen in seinem Leben – und nicht die Trennung.

Die dritte Phase, deren Ziel die Initiative ist, wird von Erikson als Stadium beschrieben, in dem das vier- und fünfjährige Kind ein Gefühl für seine Bestimmung sowie zunehmende Geschicklichkeit entwickelt. Mädchen erhalten jedoch um diese Zeit herum die beharrliche gesellschaftliche Botschaft, daß sie anfangen sollen, ihre natürliche Fähigkeit, sich auf andere einzustellen, jetzt auf das Wohlergehen, das Wachstum und die Entwicklung von Männern auszurichten. Je nach dem sozialen und ethnischen Hintergrund der Familie, kann selbst die Mutter diese Daseinsweise fördern und ein Vorbild dafür sein sowie das kleine Mädchen anhalten, sich dem Vater zuzuwenden. Trotz ihrer Vielschichtigkeit bleiben die starken Beziehungen des Mädchens sowie seine Bindung an die Mutter und andere Frauen weiter bestehen. Trotzdem werden die Überlegenheit, der Wert und die Macht des Vaters betont, während die Mutter, psychologisch gesehen, abgewertet wird. Erinnern Sie sich an die Klientin, die sich selbst als »scheußliches kleines Mädchen« bezeichnete, weil sie sich zunächst nur durch den abfälligen, lieblosen Filter des väterlichen Kritizismus betrachten konnte.

Erikson definiert als Ziel für die vierte Phase zwischen sechs und elf Jahren die Leistung. Man geht davon aus, daß die Kinder sich in der Latenzzeit befinden – Sexualität wird noch nicht ausagiert. Was aber Beziehungen betrifft, so sind Mädchen in dieser Phase sehr aktiv, vor allem bei ihrem Kontakt mit anderen Mädchen. Sie zeigen auch oft ein aktives Interesse an Jungen und Männern, aber Jungen sind entweder nicht an ihnen interessiert oder zeigen ihnen offen ihre Verachtung. Mädchen sitzen in diesem Alter oft zusammen, um »einfach nur zu reden« und zwar sehr häufig über die Beziehungen in ihrem Leben. Aus unterschiedlichen Gründen waren sowohl Paula als auch Michaela in diesem Alter isoliert und einsam und verpaßten die Chance, gesunde Beziehungen mit ihren besten Freundinnen einzuüben. Paula, die ohne Geschwister aufwuchs und von ihren Eltern durch die eigene Wut und deren Alkoholismus getrennt war, vergrub sich in ihr Lernen und verbrachte viel Zeit damit, in der Bibliothek über ihren Büchern zu hocken. Michaela, durch Umzüge wiederholt entwurzelt, zu Hause lieblos behandelt und in der Schule abgelehnt, suchte die Intimität, nach der sie sich sehnte,

zunächst in einer Reihe von frühzeitigen sexuellen Begegnungen und später, indem sie in ihrer Ehe die Brutalität verzieh, in der sich ihre Kindheitserfahrungen wiederholten.
Mit anderen Worten: *die Erfahrung von Frauen besteht nicht in der Individuation durch Trennung, sondern in der Differenzierung durch Beziehungen.* Das neue Entwicklungsmodell betont, daß die Entfaltung nicht darauf hinausläuft, mit frühen emotionalen Bindungen zu brechen, »sondern sich auf einen Wachstumsprozeß innerhalb von Beziehungen zubewegt, in dem beide oder sämtliche beteiligten Menschen ermuntert und herausgefordert sind, die Verbindung aufrechtzuerhalten und parallel zum Wachstum des anderen zu gedeihen, sich anzupassen und zu verändern.«[11]
Wie früher schon erwähnt wurde, kann dieses Modell vom »Selbst-in-Beziehung«, das vor allem für Frauen nachhaltige Gültigkeit hat, für sie auch die Gefahr herbeiführen, daß sie andere auf ihre eigenen Kosten fördern. Die »Frau auf dem Podest«, für die schon Lobeshymnen gesungen wurden, noch bevor Beatrice Dante in den Himmel führte, ist nicht nur eine romantische Phantasiegestalt, die Männer sich ausgedacht haben. Gesehen auf der Grundlage dessen, wie Frauen sich in der Welt bewegen, ist dieses Bild vielmehr eine reale Erwartung, die ihnen von Männern aufgezwungen wird.
Um nur eines von vielen geläufigen Beispielen für den Hang von Frauen zu geben, auf Kosten ihres eigenen Höheren Selbst Hebamme für das des Mannes zu spielen, können wir eine Untersuchung heranziehen, die im letzten Jahrzehnt über die Dynamik in Männer- und Frauen-Selbsthilfegruppen durchgeführt wurde. Das Untersuchungsteam fand heraus, daß sich bei Frauen in reinen Frauengruppen die Diskussion auf Gefühle, Emotionen und persönliche Erfahrungen konzentriert. In einer achtwöchigen Phase rotierte die Gruppenleitung unter den Gruppenmitgliedern. Bei Männern in reinen Männergruppen stellte sich der Leiter innerhalb der ersten beiden Sitzungen heraus und blieb während der gesamten achtwöchigen Phase die dominierende Person. In den Männergruppen kreiste das Gespräch um Aktivitäten, Konkurrenz und Fähigkeiten. Brachte man Männer und Frauen in gemischten Gruppen zusammen, übernahmen die Männer die Leitung und beherrschten die Sitzung. Auch

die Inhalte wechselten. Im Gespräch zeigte sich weniger Konkurrenz, und es ging auch weniger um Aktivitäten und Fähigkeiten. Auch Männer führten häufiger Gespräche über Gefühle. Die Frauen dagegen besprachen ihre Gefühle seltener. Grundsätzlich wurden die Frauen zu Förderinnen der Männer. Die Forscher kamen zu dem Schluß, daß die gemischten Gruppen wohl für die Männer von Vorteil waren, nicht aber für die Frauen.[12]

Es ist an der Zeit, daß wir als Frauen unser Gespür für zwischenmenschliche Verpflichtungen in einen neuen Rahmen stellen. Es ist an der Zeit, daß wir, statt uns für alles *verantwortlich* zu fühlen, lernen *auf Situationen zu antworten*: darin zeigt sich der Unterschied zwischen einem automatischen Impuls und einer freiwilligen Entscheidung, zwischen der *Verpflichtung zu reagieren* oder *uns Aufgaben aufzubürden* und der *Fähigkeit, auf Situationen einzugehen*. Viele von uns lernen diesen Unterschied beim Heranwachsen unserer Kinder: zuerst fühlen wir uns verantwortlich *für* sie, weil sie vollkommen abhängig von uns sind. In dem Maße, wie sie selbständiger werden, lernen wir allmählich – manchmal von ihnen –, daß sie viel eher unsere Fähigkeit brauchen, auf sie einzugehen. Sie brauchen uns nicht länger, damit wir *für* sie antworten, sondern schätzen unsere Bereitschaft, *auf* sie zu antworten.

Aber es geht hier nicht um Kinder – sondern um unsere Partner. Seit Jahrhunderten haben wir akzeptiert, *für* andere, vor allem für Männer, verantwortlich zu sein (und haben zugleich das Gefühl, uns der Gesellschaft oder Männern *gegenüber* verantworten und rechtfertigen zu müssen, wenn wir diese Verpflichtung abgeben). Es ist Zeit für einen Wechsel, Zeit, auf der Grundlage unserer eigenen subjektiven Erfahrungen zu reagieren. Sollten wir für irgend jemanden verantwortlich sein – dann an erster Stelle für uns selbst.

## Übungen: Finden Sie Ihr inneres Kind

Die nachfolgenden Übungen werden Ihnen dabei helfen, mit verschiedenen Aspekten Ihrer Kindheit in Berührung zu kommen und Ihr inneres Kind zu erleben. Da sie aufeinander aufbauen, machen Sie am besten alle vier Übungen in der angegebenen Reihenfolge und lassen Sie sich zwischen den einzelnen Übungen etwas Zeit.

### *Übung I: Rollenskript-Inventur*

Wir alle verinnerlichen als Kinder Botschaften von unseren Eltern und von uns selbst, die wir ins Erwachsenenleben übertragen und noch lange über den Zeitpunkt hinaus befolgen, nachdem sie ihre Nützlichkeit oder ihren Wert für unser Überleben, die sie zu einer gewissen Zeit einmal gehabt haben mögen, verloren haben. Der längerfristige Einfluß dieser Botschaften kann auf jeden Fall zerstörerisch sein, ganz gleich, ob sie uns tatsächlich vermittelt wurden, ob wir sie selbst fabriziert haben, oder ob sie unsere verzerrte Interpretation der Wirklichkeit darstellen.
Wie Alfred Adler und andere Psychologen entdeckt haben, können manche Menschen sich mit diesen Kindheits- Rollenskripts dermaßen festrennen, daß sie keinen Bereich ihres Lebens spontan leben und keine Entscheidung treffen können, die auf realen Gegebenheiten beruht. Sie treffen »Jet-Zeitalter-Entscheidungen« ins Blaue hinein wie die Gebrüder Wright. (Erfinder der Flugkunst, Anm.d.Ü.) Die guten Neuigkeiten hier sind, daß Sie, wenn Sie einmal herausfinden, daß Sie bestimmte Bereiche Ihres Lebens nach einem alten Rollenskript leben, Ihr Verhalten neu einschätzen und verändern können.[13]

1. Welches war das erste Märchen, die erste Kindergeschichte, Fernseherzählung oder berühmte Person, das bzw. die Sie am liebsten mochten?

2. Mit welcher Person in diesem Märchen oder dieser Geschichte haben Sie sich am meisten identifiziert?

3. Sehen Sie irgendwelche bildlichen oder symbolischen Parallelen oder Verbindungen zwischen dem emotionalen Zustand dieser Person und Ihrem eigenen in dem Alter, als Sie diese gern mochten? Sehen Sie irgendwelche bildlichen oder symbolischen Parallelen oder Verbindungen zwischen der emotionalen Atmosphäre oder der emotionalen Situation, die in der Geschichte beschrieben wurde, und der emotionalen Atmosphäre oder emotionalen Situation, die zu jener Zeit in Ihrer Familie vorherrschte?

4. Sehen Sie irgendwelche Parallelen zwischen dieser Person und Ihrem eigenen Lebensstil (in bezug darauf, was diese Person tut, wie sie es tut, mit wem sie es tut, bzw. wem sie es antut, und wie sie schließlich endet) ? Wie sehen diese Parallelen aus?

5. Als Sie klein waren, und Ihre Eltern sprachen über Sie, dann sprachen sie meistens über Sie als ein Kind, das… ist?

6. Ihre Lehrer hielten Sie meistens für ein Kind, das… ist.

7. Heute halten Sie gleichgestellte Menschen meistens für jemanden, der… ist.

8. Was möchten Sie, daß andere über Sie sagen?

9. Als Kind galten für Sie einige *Haupt*verbote von Ihren Eltern oder irgendwelchen wichtigen, Ihnen nahestehenden Erwachsenen. Vervollständigen Sie die folgenden Verbotssätze mit sechs oder weniger Worten, so wie Sie sie in Ihrer Kindheit gehört haben.
Ich verbiete dir,...
Ich verbiete dir,...
Ich verbiete dir,...
Ich verbiete dir,...
Ich verbiete dir,...
Ich verbiete dir,...

10. Als Teenager galten für Sie einige *Haupt*verbote von Ihren Eltern oder anderen wichtigen Menschen. Vervollständigen Sie die folgenden Verbotssätze entsprechend.
Ich verbiete dir,...
Ich verbiete dir,...
Ich verbiete dir,...
Ich verbiete dir,...
Ich verbiete dir,...
Ich verbiete dir,...

11. Als Erwachsene hören Sie jetzt einige *Haupt*verbote von anderen. Vervollständigen Sie die folgenden Verbotssätze entsprechend.
Ich verbiete dir,...
Ich verbiete dir,...
Ich verbiete dir,...
Ich verbiete dir,...

Ich verbiete dir,...
Ich verbiete dir,...

12. Als Erwachsene erleben Sie jetzt, wie sie sich selbst einige *Haupt*verbote geben. Vervollständigen Sie die folgenden Verbotssätze entsprechend.
Ich verbiete dir,...
Ich verbiete dir,...
Ich verbiete dir,...
Ich verbiete dir,...
Ich verbiete dir,...
Ich verbiete dir,...

13. Vervollständigen Sie die folgenden Sätze mit wenigen Worten:
Als Mädchen mußte ich...
Ich konnte...
Ich konnte nicht...
Als Frau muß ich...
Ich kann...
Ich kann nicht...
Als »Dame« muß ich...
Ich kann...
Ich kann nicht...

14. Erinnern Sie sich, wie Ihr Vater Ihnen Anerkennung oder positive Bestätigung gab. Was hat er gesagt? Wie sah er dabei aus? Wie hörte er sich an? In welchem Zusammenhang oder in welchen Situationen hat er Sie am meisten gelobt? In welchen am wenigsten?

15. Erinnern Sie sich, wie die Art und Weise Ihrer Mutter aussah, Ihnen Anerkennung oder positive Bestätigung zu geben. Was hat sie gesagt? Wie sah sie dabei aus? Wie hörte sie sich an? In welchem Zusammenhang oder in welchen Situationen hat sie Sie am meisten gelobt? In welchen am wenigsten?

16. Hat Ihr Vater Sie mißachtet? Wenn ja, wie? (Geben Sie zwei oder drei konkrete Beispiele.)

17. Hat Ihre Mutter Sie mißachtet? Wenn ja, wie? (Geben Sie zwei oder drei konkrete Beispiele.)

18. Für welchen Aspekt Ihres heutigen Verhaltens oder Seins bekommen Sie scheinbar die *wenigsten* positiven Streicheleinheiten? (Streicheleinheit heißt jede Handlung, die die Wahrnehmung der Existenz oder Anwesenheit eines anderen Menschen beinhaltet.)

19. Für welchen Aspekt Ihres heutigen Verhaltens oder Seins bekommen Sie scheinbar die *meisten* positiven Streicheleinheiten?

20. Aus welchen fünf Quellen erhalten Sie heute die meisten positiven Streicheleinheiten?

21. Gibt es irgendwelche Bereiche Ihres Lebens, in denen Sie negative Streicheleinheiten erhalten haben? Wenn ja, bestimmen Sie sowohl die Art und Weise dieser negativen Streicheleinheiten als auch deren Ursache.

22. Welche Art von positiven Streicheleinheiten können Sie am leichtesten austeilen? Welche fallen Ihnen am schwersten? Wem können Sie diese Streicheleinheiten am leichtesten geben? Bei wem fällt Ihnen das am schwersten?

23. Haben *Sie* in der letzten Woche negative Streicheleinheiten ausgeteilt? Im letzten Monat? Wer hat sie erhalten? Wie kam es dazu? (Beschreiben Sie Einzelheiten der Situation, des Gesprächs und so weiter, die zu den negativen Streicheleinheiten führten.)

Wenn Sie die Rollenskript-Inventur beendet haben, sollten Sie sich mindestens eine halbe Stunde Zeit nehmen, um sich die Verbindungen zwischen den verschiedenen Fragereihen noch einmal anzuschauen und sie auszuarbeiten. Das kann Ihnen helfen, neue Aspekte Ihrer Kindheitsbeziehungsmuster mit Ihren Eltern herauszufinden, die Aufschluß über die Rollenskripts geben, die Sie immer noch mit sich herumtragen.
Manche Menschen stellen zum Beispiel fest, daß sie in gewisser Weise immer noch glauben, ihr Leben sähe so aus, wie das des Helden oder der Heldin, um die es in den Fragen 1 bis 4 geht. Andere erkennen, daß das Märchen oder die Geschichte, die sie in einem bestimmten Alter am liebsten mochten, ein ziemlich genaues Bild der eigenen Familiendynamik darstellt. Eine junge Frau, die die Schöne aus der Geschichte »Die Schöne und das Biest« wählte,

erkannte, daß ihre Mutter, genauso wie die in der Geschichte, ziemlich fern war – unberührt und kalt. Ihr Vater war, ebenfalls wie der Vater der Schönen, einer von vielen schwachen, erfolglosen Geschäftsleuten, den sie sehr liebte, aber auf den sie auch ärgerlich war, weil er es nicht zustande brachte, der Familie ein schöneres Leben zu bereiten und sich gegen seine verbitterte, nörgelnde Frau zu wehren.
Vielleicht stellen Sie auch Parallelen fest zwischen den Lebensbereichen, in denen Sie von Ihrem Vater früher nur selten Streicheleinheiten erhielten (Frage 14), und den heutigen Lebensbereichen, die Sie in Frage 18 bestimmen. Wenn Ihre Familie nicht besonders gut darin war, positive Streicheleinheiten auszuteilen, können Sie auch feststellen, daß Sie sich ebenfalls schwer tun, positive Streicheleinheiten zu geben: Haben Sie sich selbst in die fünf Quellen mit einbezogen, aus denen Sie positive Streicheleinheiten erhalten (Frage 20)? Und wie sehen die Streicheleinheiten aus, die Sie verteilen (Fragen 22 und 23)? Wiederholen Sie, ohne es zu wissen, genau das Verhaltensmuster für Streicheleinheiten, von dem Sie wegzukommen versuchen?

### *Übung II: Meditation*

Suchen Sie einen alten Schnappschuß oder eine Porträtaufnahme von sich als Kind heraus, und stellen Sie das Foto vor sich hin. Schließen Sie Ihre Augen. Atmen Sie tief, lassen Sie die Gedanken zum Stillstand kommen und entspannen Sie sich einen Augenblick lang. Wenn Sie dann Ihre Augen öffnen, konzentrieren Sie sich für mehrere Minuten auf das Bild. Versuchen Sie, die Präsenz und das Wesen des Kindes in sich aufzunehmen. Dann halten Sie Ihre Gedanken und Gefühle über das kleine Mädchen fest, am besten mit Papier und Stift. Wenn Sie nicht gern schreiben, können Sie auch einen Kassettenrecorder benutzen.
Lassen Sie Ihrem Bewußtsein möglichst freien Lauf. Mit anderen Worten, versuchen Sie nicht, gute Prosa oder elegant gebaute Sätze zu schreiben. Halten Sie Ihre Gedanken so fest, wie Sie Ihnen kom-

men – ganze Sätze, Satzfragmente, Bilder, wiederkehrende Themen oder Worte, und so weiter –, ohne ihnen eine Ordnung aufzuzwingen. Ihre Eindrücke, die Vermischung von Gedanken und Gefühlen, sind es, die für Sie von größtem Wert sein werden.

**➜ Hören Sie jetzt auf zu lesen, und machen Sie erst die Übung, bevor Sie mit dem Lesen fortfahren!**

*Nachbesprechung*
Ziel dieser Übung war, daß Sie hinter die äußere Erscheinung des Kindes schauen und sich einige der folgenden Fragen stellen: Wer ist das? Was weiß ich über dieses Kind? Wie alt ist es? Was passiert zu dieser Zeit in seinem Leben? Was fühlt es, als das Foto aufgenommen wird? Wie empfindet es die Situation? Was empfindet es für die Person, die die Aufnahme gemacht hat (falls Sie wissen, wer es war)? Was empfindet es, wenn es auf diese ganz gewisse Art lächelt (oder nicht lächelt)? Gibt die Umgebung auf dem Foto sein Leben zu dieser Zeit richtig wieder? Oder ist sie eine Lüge? Was empfinde ich für dieses kleine Mädchen, das ich immer noch in mir trage? Konnten Sie Ihre Liebe und Ihr Mitgefühl für dieses Kind spüren?

### *Übung III: Ihr innerstes Wesen*

Die Einzigartigkeit, das innere Wesen des Menschen, der Sie sind, kann durch die Härte und Schwere des Aufwachsens in einer stark belasteten Familie verschüttet werden. Das gilt besonders für die spielerische, kreative Seite dieses Wesens, die zu den grundlegenden Eigenschaften gehört, mit denen jeder von uns diese Welt betritt. Als Paula ein kleines Mädchen war, schien ihr innerstes Wesen immer durch. Sie war gesellig, und schon als kleines Kind machten sie ihre Fähigkeit zur Beobachtung und ihr Sinn für Humor zu einer geborenen Geschichtenerzählerin. Sie konnte sich ausgezeichnet auf andere Menschen einstellen und wußte schon vor dem Schulalter, daß sie sich auf diese Stärke immer verlassen konnte, um neue Freundinnen und Freunde zu gewinnen – junge oder alte, einfache oder gebildete. Sie war auch sehr künstlerisch veranlagt. Ballett, ihre persönliche Ausdrucksform, war für sie eine Quelle für Spaß und positive Streicheleinheiten von Lehrern, Gleichaltrigen, Eltern und Verwandten. Vor allem aber griff sie auf diese Form kreativer Bewältigung zurück, um sich zu beruhigen, wenn der Streß in der Familie zunahm. Immer wenn ihre Eltern eines ihrer Trinkgelage abhielten, schloß sie sich still in ihr Zimmer ein und tanzte stundenlang ohne Unterbrechung zur Musik ihres Kassettenrecorders, ganz hingegeben an die Töne und Bewegungen. Als sie größer wurde, verlor sie durch ihr einseitiges Streben nach Erfolg und Leistung allmählich den Kontakt mit diesem kreativen Aspekt ihres Selbst. Damit verlor sie zugleich den Zugang zu einer entscheidenden Quelle für die Kraft, sich aufzubauen und zu erneuern. Später nahm sie das Tanzen als Teil ihres Genesungsprogramms wieder auf. Es gehört jetzt zu den wöchentlichen Aktivitäten, auf die sie sich immer am meisten freut.

Denken Sie an Ihre eigene frühe Kindheit zurück. Wie sahen Ihre natürlichen Begabungen aus? Wofür waren Sie bei den Nachbarn besonders bekannt? Bei Freundinnen und Freunden? Womit prahlten Ihre Großeltern, wenn sie über Sie sprachen? Welche Aktivitäten haben Sie so fasziniert und brachten Ihnen soviel selbstverständlichen Genuß, daß Sie sich in ihnen verlieren konnten? Was war es, was Ihnen keiner nehmen konnte, wenn Ihnen nichts mehr blieb? Wo ist *Ihr* Tanz heute geblieben? Wie können Sie ihn in Ihr Leben zurückholen? In welcher Form?

### *Übung IV: Integration*

Wenn Sie alle vier Übungen gemacht haben, können Sie sich als Kind wahrscheinlich besser verstehen – damals wie heute. Nehmen Sie sich Zeit, Ihre Erfahrungen, Eindrücke und Gefühle bei den vorangehenden Übungen zu integrieren. Halten Sie sie so fest, wie

es Ihnen am angenehmsten ist – entweder, indem Sie Ihre Eindrücke aufschreiben oder auf Kassette aufnehmen.
Durch die Lektüre dieses Kapitels und das Absolvieren dieser Übungen haben Sie den ersten Schritt auf dem Weg getan: Sie haben Ihre Wahrnehmung dafür vertieft, wie Ihre Vergangenheit Ihre gegenwärtige Interaktion mit anderen beeinträchtigen kann. Außer den Möglichkeiten, die wir in diesem Kapitel besprochen haben, gibt es eine weitere wichtige Form, wie Kindheitserfahrungen und erwachsene Beziehungen miteinander verknüpft sein können, nämlich durch das Weiterführen rigider Rollen. Thema des nächsten Kapitels sind gestörte Rollen, und außerdem wird dort besprochen, wie die Beeinflussung durch Rollenskripts überwunden werden kann, indem Sie für sich selbst noch einmal Eltern sind.

# 4 Im Zauberbann: Frühere Rollen in der Gegenwart

Die Person, die Sie heute sind, ist die Summe Ihres familiären Erbes und Ihrer sämtlichen Erfahrungen. Obwohl die Entwicklung und die Erfahrungen Ihrer frühen Jahre zweifellos von vorrangiger Wichtigkeit sind, ist die Entwicklungsreife doch nur ein Aspekt eines Kindes: die Rolle oder die Rollen, die das Kind in seiner Ursprungsfamilie einnahm, ist der andere. Rollen entstehen aufgrund des menschlichen Bedürfnisses, mit anderen in Beziehung zu treten, angefangen mit der Familie, in der wir aufwachsen. Wenn die Notwendigkeit nicht bestünde, mit anderen in Interaktion zu treten und die Grenzen und den Verlauf solcher Interaktionen festzulegen, wären auch keine Rollen notwendig. Und weil Rollen für das Wachstum des Kindes als ein soziales Wesen in Beziehung zu anderen so zentral sind, ist ohne die Betrachtung der Kindheitsrollen unser Verständnis weder für die kindliche Erfahrung noch für unser Verhalten in erwachsenen Beziehungen vollständig.

Typisch für gestörte Familien ist eine ziemlich rigide Rollenverteilung. Dieser Mangel an Flexibilität wird durch die anderen Familienmitglieder und oft sogar durch die Person, die die Rolle spielt, verstärkt. So wie Menschen, denen ein klares Selbstgefühl fehlt, manchmal eine Art stellvertretende Identität im äußeren Gewand einer Uniform suchen, versuchen Individuen in gestörten Familien ihr Gefühl von geringer Selbstachtung und Verwirrtheit durch die symbolische »Uniform« einer Rolle auszugleichen, die eindeutig definiert ist und ein voraussagbares Verhalten beinhaltet. Vor allem in mißhandelnden Familien ziehen Kinder sich zurück, um Bestrafungen zu vermeiden. Um sich also unsichtbar zu machen, begrüßen sie die Möglichkeit, sich hinter der Fassade einer Rolle zu verstecken, die oft mehr Sicherheit bietet. Gestörte Rollen bringen in zweifacher Hinsicht Probleme mit sich: erstens, weil sie eine Reaktion auf *äußere* Anhaltspunkte sind, stellen sie nicht den frei gewählten Ausdruck des Kindes für seinen *inneren* Zu-

stand dar. Zweitens: auf dem Hintergrund einer Rolle zu reagieren, begrenzt das Spektrum an freien Ausdrucksmöglichkeiten, das zur Verfügung steht, wenn ein Mensch auf die einmaligen Umstände einer bestimmten Situation reagiert. Auch wenn Rollen langfristig negative Auswirkungen haben, ist es trotzdem wichtig zu erkennen, daß kleine Kinder sich nicht frei entscheiden können, und Rollen zu einem Anpassungsmechanismus werden, der für ihr Überleben entscheidend ist.
*Die Hauptfunktion der Familieneinheit besteht darin, den Bedürfnissen heranwachsender Kinder nachzukommen. Eines der Merkmale, durch die belastete Familien sich von gesunden unterscheiden, ist die Umkehrung dieser Aufgabe.* Hier wird von den Kindern erwartet, daß sie den Bedürfnissen der Familie entsprechen. Diese Forderung wird auf vielfältige Weise mitgeteilt – manchmal direkt, manchmal subtil und nonverbal. Trotzdem verstehen Kinder die Botschaft. Selbst wenn sie nicht gedrängt werden, Verantwortungen zu übernehmen, die für ihr Alter unangemessen sind, oder sogar die Rolle mit einem Elternteil zu tauschen, spüren solche Kinder doch die an sie gerichtete Erwartung, der Familie zu dienen, indem sie deren Verleugnung verstärken, deren Selbstachtung untermauern, Abhilfe für den oft unerträglichen Streß schaffen oder für Ablenkungen von intensiven Schmerzen sorgen.

## Die Rolle der Kinder in gestörten Familien

Rollen und Geburtenfolge beeinträchtigen problematische Familiensysteme stärker und nachhaltiger als gesunde. Die Rollenfunktion wird zum Angelpunkt für all das, was von der Familie erwartet wird – nämlich ein Platz der Sicherheit, Fürsorglichkeit und des Lernens zu sein, wie auch den Boden für die Identitätsentwicklung seiner jüngsten Mitglieder zu bereiten. Gestörte Rollen entstehen, wenn das Kind sich nicht geliebt fühlt und spürt, daß seine Sicherheit gefährdet ist. Die äußeren Anhaltspunkte dafür, auf die unausgesprochenen Forderungen der Familie zu reagieren, haben die

Form eines Imperativs, der dem Kind mitteilt, daß es Erwartungen erfüllen muß, um überleben zu können.
Das im Augenblick am häufigsten angewandte und nützlichste Modell für das gestörte Familiensystem definiert vier Kindheitsrollen.[1] Auch wenn die Rollenbetrachtung bis zu einem gewissen Grade stark vereinfacht ist und auf keinen Fall beansprucht, ein umfassendes Verständnis von Familiendynamik zu liefern, erhellt sie doch eine wichtige Interaktionsebene zwischen den einzelnen Familienmitgliedern.

### *Kindheitsrollen und Geburtenfolge*

Typisch für Kinder ist, daß sie zwei Rollen einnehmen: eine Haupt- und eine Nebenrolle. Die Hauptrolle ist die Rolle, die das Kind am häufigsten einnimmt, die ihm am natürlichsten zu entsprechen scheint und die von der Familie offensichtlich am meisten verstärkt wird. Die Nebenrolle ist die Rolle, in die das Kind ausweicht, wenn die Hauptrolle durch irgendeine entstehende Blockierung verhindert oder beeinträchtigt wird. Die Umstellung kommt meistens aufgrund von Veränderungen in der Familie zustande, die subtile oder nachdrückliche Rollenverlagerungen im Gesamtsystem mit sich bringen. Die Hauptrolle eines Mitglieds kann auch von einem Geschwister übernommen oder in Zeiten besonders großer oder geringer Belastungen in der Familie ganz aufgegeben werden. Häufig hat die Art der Hauptrolle etwas mit der Geburtenfolge zu tun. Ausgehend von der Geburtenfolge, können gewisse Verallgemeinerungen über Menschen getroffen werden, ganz unabhängig davon, wie die Familie aussieht; das heißt, seine Stellung in der Geschwisterfolge hat selbst dann Auswirkungen auf das Kind, wenn die Familie nicht gestört ist.

### *Der Held*

In einer Familie mit vier Kindern genießt zum Beispiel das älteste eine Zeitlang sämtliche Privilegien eines Einzelkindes. Wenn aber

das nächste Geschwister eintrifft, wird das älteste zu einer Art entthrontem Monarchen. Es ist üblich, daß dieses Kind dann zunächst ein regressives Verhalten zeigt. Nach und nach versucht es, mit der Lage fertig zu werden, indem es sich mit den Werten und Regeln der Eltern identifiziert, um deren Aufmerksamkeit und Anerkennung zurückzugewinnen. Dieser Identifikationsprozeß entspricht teilweise auch dem Umstand, daß das älteste Kind, anders als seine jüngeren Geschwister, in ein Erwachsenensystem mit ausschließlich Erwachsenen als Rollenvorbildern hineingeboren wird. Das Resultat dieser Dynamik ist, daß das älteste Kind oft das verantwortliche, das konventionellere oder orthodoxere im Geschwistersubsystem wird – eine Art Familienheld.
Diese Rollencharakteristik wird rigider und betonter, wenn die Familie gestört ist. Dieser Held ist dann übermäßig verantwortlich, rigide, perfektionistisch, aggressiv und selbstgerecht. Aufgrund des starken Bedürfnisses dieses Kindes, auf seine Art vorzugehen und die Kontrolle zu haben, lernt dieses Kind auch oft, seinen Charme zu seinem Vorteil einzusetzen.

### *Das schwarze Schaf*

In gut funktionierenden Familien ist das zweite Kind meistens entspannter als das älteste. Diese Kinder sind weder besonders darauf aus, im Mittelpunkt der Aufmerksamkeit zu stehen, noch so empfindlich gegen territoriale Übergriffe wie das älteste. Ihre Fähigkeiten, zu verhandeln und Kompromisse zu schließen, sind ausgeprägter als bei den ältesten.
In einer gestörten Familie ist das schwarze Schaf dasjenige Kind, das am stärksten auf die Werte und den Druck von Gleichaltrigen anspricht, Dinge ausagiert (schwänzen, schwanger werden, stehlen, Drogenkonsum), sich zurückzieht und sich zu Hause mürrisch und unbeteiligt verhält. Die Aufregung, die es durch sein Mißverhalten verursacht, wirkt verstärkend. Nach eigenen Aussagen machen schwarze Schafe manchmal einfach aus dem Grund vorsätzlich Schwierigkeiten, um der Langeweile zu entgehen.

*Das stille Kind*

Das dritte Kind in einer streßarmen Familie erhält oft sehr viel Liebe und Zuwendung. Weil es auch können möchte, was seine älteren Geschwister bereits können, entwickelt das jüngste von dreien oft ein starkes Konkurrenzgefühl. Wenn es dann die Erfahrung macht, es nicht mit den älteren Geschwistern aufnehmen zu können, lernt dieses Kind oft, das zu kompensieren, indem es sich mit etwas Einzigartigem hervortut, das ganz ihm entspricht. Gibt es in einer Familie nur zwei Kinder, wird diese Konkurrenzhaltung oft vom zweiten Kind übernommen, besonders, wenn beide gleichgeschlechtlich sind.

Mit der Rolle des stillen Kindes übernimmt das Drittgeborene in einer streßbeladenen Familie die Möglichkeit, im Hintergrund zu verblassen. Das kommt vor allem dann vor, wenn in der Familie ein viertes Kind geboren wird, weil dann das dritte Kind seine privilegierte Position als jüngstes verliert – wie bei der Entthronung des ältesten Kindes. Anders als das älteste Kind hat aber das dritte von vieren nicht die Möglichkeit, der Held zu sein, weil diese Position bereits vergeben ist. Es wird das scheue, stille, schüchterne und abseitsstehende Kind, das sich von anderen distanziert, indem es sich in seine eigene private Phantasiewelt zurückzieht, um Konflikte und seelischen Schmerz zu vermeiden, wobei es sich selbst und der Familie verlorengeht.

*Der Clown*

In gut funktionierenden Familien ist das vierte oder letzte Kind oft das entspannteste und fröhlichste, dasjenige, das am meisten zum Lachen aufgelegt ist. Der Grund dafür mag zum Teil darin liegen, daß die Eltern zu der Zeit, wenn ein viertes Kind geboren wird, mit ihren Erziehungspraktiken viel entspannter geworden sind, zum Teil auch in der spielerischen und liebevollen Interaktion mit den älteren Geschwistern.

Dagegen wird es in gestörten Familien für jedes Kind, das hinzukommt, schwieriger, die Zuwendung der Eltern zu bekommen, weil es so viele Kinder gibt, und mehrere Rollen bereits vergeben sind. Das vierte Kind schafft für sich also meistens die Rolle des Familienclowns und wird alles versuchen, um die Aufmerksamkeit auf sich zu lenken. Dieses Kind kann alle mit seinem großen Sinn für Humor unterhalten, oder weil es so niedlich und charmant ist. Oder es kann die Familie mit seinen hyperaktiven Mätzchen ablenken.

### *Familiäre Rollendynamik*

Wenn wir Familien als Systeme betrachten und die Rollen innerhalb des Systems als Lücken oder ökologische Nischen, die ausgefüllt werden müssen, können wir begreifen, daß, wenn eine Rolle übernommen wurde, für das nächste hinzukommende Kind weniger Auswahl vorhanden ist. Zu einer Neuausrichtung auf die unterschiedlichen Rollen kommt es immer dann, wenn in der Familie Umstellungen stattfinden; sie soll das Gleichgewicht innerhalb des Systems wieder herstellen. Solche Neuausrichtungen geben Kindern die Möglichkeit, sich in unterschiedlichen Positionen zu bewegen – zum Beispiel von einer Hauptrolle oder dominierenden Rolle in eine zweitrangige Rolle oder Nebenrolle.

Erinnern Sie sich an Rainer und Sarah, die beiden Geschwister, die im zweiten Kapitel beschrieben wurden. Rainer, der ältere der beiden, hatte nach Sarahs Geburt die dominierende Rolle des Helden eingenommen. Später kam es zu einem Wechsel im heiklen Gleichgewicht des Familiensystems, als Sarah Junior Golf- Meisterin wurde und damit ihre Unfähigkeit kompensierte, in Rainers geisteswissenschaftlicher Domäne mitzuhalten. Plötzlich war die Position des Helden in Frage gestellt. Rainer, in der Familie der Erfolgreiche in geisteswissenschaftlichen Fächern und außerschulischen Aktivitäten, war immer der unbestrittene Inhaber dieser Familienrolle gewesen. Jetzt war er nicht mehr der einzige, der Preise und Belohnungen mit nach Hause brachte. Sarah, die jüngere Schwester und Rainers Entthronerin, bekam jetzt nicht nur die Zuwendung, mit der üblicherweise das jüngere Kind überschüttet wird, sondern war auch eine Bedrohung für Rainers Hauptstrategie geworden, die besondere Aufmerksamkeit der Familie zu gewinnen – nämliche außergewöhnliche Leistungen. Rainer, der das Trauma und den Schmerz der ursprünglichen Umstellung vom Einzelkind zum Ältesten noch einmal durchlebte, gab das stumme Tauziehen nach kurzer Zeit auf. Eine Zeitlang übergab er seine Heldenrolle an die Thronräuberin und zog sich in die private, isolierte Welt des stillen Kindes, seine Nebenrolle, zurück.

### *Die Dynamik der Geburtenfolge*

Verallgemeinerungen über die Geburtenfolge müssen wahrscheinlich, wie alle Verallgemeinerungen, entsprechend der besonderen Umstände einer Familie, der Veränderungen, die in der Familie stattfinden sowie des Altersabstands zwischen den Geschwistern abgewandelt werden. Zum Beispiel gelten allgemeine Aussagen über die Geburtenfolge nicht mehr, wenn der Altersabstand eines Kindes zu seinen Geschwistern mehr als sechs oder sieben Jahre beträgt. Ist der Altersabstand so groß, gleicht die Situation einer Familienneugründung. Beim zuletzt Geborenen besteht die Neigung, daß sich in ihm die Charakteristiken des jüngsten Kindes der ersten Folge mit denen eines Einzelkindes vermischen. Einzelkinder können sich meistens gut Gehör verschaffen, teilen nicht so gern mit anderen wie Kinder, die Geschwister haben, und sind leichter frustriert, wenn ihren Erwartungen nicht entsprochen wird.

Schließlich kann die weibliche Sozialisation ein weiterer wichtiger Faktor für Ausnahmen bei Verallgemeinerungen über die Auswirkungen der Geburtenfolge sein. Weil unsere Gesellschaft Frauen abwertet, ist es für erstgeborene Mädchen oft schwer, Familienheldin zu werden. In vielen Familien ist die positive Verstärkung für das anerkannte Verhalten des Erstgeborenen den Jungen vorbehalten – so wie auch deren Leistungen mehr geschätzt werden. Die Rolle der Heldin ist dem ältesten Mädchen oft nur dann sicher, wenn auch das zweitgeborene Kind ein Mädchen ist.

Ist das zweitgeborene Kind ein Junge, dann ist er es wahrscheinlich, der als Held behandelt wird. Diese unterschiedliche Behandlung nach Geschlechtern wird noch schwerwiegender, wenn es um zukunftsträchtige Entscheidungen in Familien mit geringem Einkommen oder engem Horizont geht. Kommt die Zeit zu entscheiden, wer die Universität besucht, kann das »Privileg des Erstgeborenen« in Frage gestellt werden, wenn das älteste Kind ein Mädchen und das zweitgeborene ein Junge ist. In diesem Fall geben einige Familien dem Sohn Ermutigung und finanzielle Unterstützung, während sie das Interesse der erstgeborenen Tochter an einer Ausbildung unberücksichtigt lassen.

## Tina

Tinas Fall schildert die Erfahrungen einer Frau, die in einer Familie aufwuchs, in der die zu erwartenden Entwicklungen aufgrund der Geburtenfolge untypisch waren. Tina ist die jüngste von drei Töchtern einer Arbeiterfamilie. Als sie geboren wurde, war ihre älteste Schwester achtzehn und ihre zweite Schwester fünfzehn. Tinas Vater, ein Mann, der die rauhe Natur liebte, hatte davon geträumt, einen Sohn zu bekommen, mit dem er dieses Interesse teilen konnte. Nach Tinas Geburt übertrug er seine unerfüllten Erwartungen einfach auf seine jüngste Tochter und erzog sie zu dem Sohn, den er nicht bekommen konnte. Sobald sie alt genug war, brachte er ihr bei, wie man angelt, ein Zelt aufbaut, ein Kanu transportiert und paddelt sowie ein Jagdgewehr reinigt, lädt und schießt. Sie wurde zu seiner ständigen Gefährtin für seine Wochenendausflüge in die Wildnis.

In bezug auf die Geburtenfolge bedeuteten die fünfzehn Jahre Altersunterschied zur nächstjüngsten Schwester, daß Tina eine Mischung aus Einzelkind und jüngstem Kind darstellte. Üblicherweise wären Konkurrenzgefühle von den älteren Schwestern kein Thema gewesen. Aber die Zuwendung, mit der der Vater Tina überschüttete, sowie die Tatsache, daß er sie wie einen privilegierten Sohn behandelte, ließen ihre Schwestern extrem eifersüchtig auf sie und sehr ärgerlich auf ihren Vater werden. Um die Sache noch zu verschärfen, war er trinkender Alkoholiker gewesen, als seine zwei älteren Töchter klein waren. Sie hatten die Trostlosigkeit und den Schmerz erlebt, einen suchtmittelabhängigen Vater zu haben, dessen einziges Liebesobjekt die Flasche war. Als Tina geboren wurde, befand er sich auf dem Weg der Genesung, und die älteren Geschwister nahmen der Jüngsten übel, daß diese alle Wohltaten seiner Nüchternheit erntete. Das Resultat war, daß Tinas Schwestern die Art von Zweierbündnis bildeten, wie wir es vom Archetypus der bösen Schwestern (oder Stiefschwestern) aus Märchen wie »Aschenputtel« oder »Die Schöne und das Biest« ebenso wie aus Shakespears »König Lear« kennen. Dieses Bündnis setzte sich bis in Tinas Erwachsenenjahre fort. Bis heute machen Tina die unüberbrückbare Ablehnung ihrer Schwestern sowie deren Weigerung, ihr schwesterliche Nähe zu gewähren, zu schaffen.

## Verletzte Familien, verletzte Kinder

In gestörten Familien erfüllen Rollen sowohl für die Familie als auch für das Kind ein umfassendes Bedürfnis. Wie früher schon angedeutet wurde, versorgen sie das Kind mit einer Art Verteidigungsvorrichtung, einem Schutzschild, hinter dem es seine Verletzlichkeit verstecken kann. Auf ähnliche Weise helfen Rollen Kindern aus Suchtfamilien dabei, daß ihr grundlegendes Bedürfnis nach Zuwendung erfüllt wird. Ganz gleich, welche Art Zuwendung die Rolle hervorruft, nach der Theorie der Ökonomie von Streicheleinheiten ist sie in jedem Falle wertvoller, als überhaupt keine Zuwendung – denken Sie nur an die ständige negative Zuwendung, die das schwarze Schaf erhält und oft sucht. Ganz gleich, welche Rolle sie einnehmen, Kinder aus gestörten Familie glauben grundsätzlich, daß sie keine bedingungslose Liebe verdienen, und versuchen, jedes auf seine Art, Liebe oder zumindest Aufmerksamkeit zu bekommen, indem sie ihre Rollen bis ins Extrem spielen.

### *Wie die Familie von Rollen abhängig ist*

Durch individuelle Kindheitsrollen werden auch gewisse spezifische Bedürfnisse der Familie erfüllt. *Familienhelden* helfen, wenn die Selbstachtung der Familie sinkt. Mit ihrem zwanghaften Bedürfnis nach Perfektion kassieren typische Helden Belohnung auf Belohnung – wie schulische Auszeichnungen und andere Trophäen – ein, die die Familie stolz vorzeigen kann. Diese Errungenschaften geben den Helden auch eine Chance, ihre Liebenswürdigkeit unter Beweis zu stellen, ein wichtiger positiver Nebeneffekt, wenn sie glauben, daß sie ständig den elterlichen Maßstäben entsprechende außergewöhnliche Leistungen erbringen müssen, um Anerkennung, Zuwendung und Liebe zu erhalten.

Weil Helden meistens die ältesten Kinder sind, werden sie auch nicht selten »elternidentifiziert«, das heißt, sie übernehmen die Rolle des gestörten Elternteils und werden zum »erwachsenen Kind«. Solche Kinder halten vielleicht nicht nach Errungenschaften außerhalb des Elternhauses Ausschau, benutzen aber den Familienkreis als einzige Quelle für ihr starkes Bedürfnis nach Anerkennung und Kontrolle.

*Schwarze Schafe* kommen den Bedürfnissen der Familie entgegen, indem sie unerkannt die Störungen des gesamten Familiensystems auf sich laden und zwar in einem Prozeß, der an die projektive Identifikation erinnert, auch wenn sein Mechanismus ein anderer ist. Wie die unbewußte Absprache zwischen Partnern, bei der einer die Gefühle beider auf sich lädt und das gestörte Verhalten sowohl für sich als auch für den Partner ausagiert, der es verleugnet, trägt auch das schwarze Schaf den Schmerz und die gestörten Interaktionen, die Ängste und den Streß sämtlicher Familienmitglieder mit sich herum und agiert sie aus. Wenn das schwarze Schaf zum x-ten Male in Schwierigkeiten gerät, weil es sich in der Schule ungehörig verhalten hat, schon wieder dabei erwischt wurde, wie es im Umkleideraum der Turnhalle Haschisch geraucht oder Ladendiebstahl begangen hat, kann die Familie ihre übertriebene Besorgtheit abreagieren, indem sie ihre Energie darauf konzentriert, die neue Krise zu beheben und diesem Kind an sämtlichen familiären Problemen die Schuld zu geben. Das schwarze Schaf akzeptiert diesen ungerechten Handel und die Schuldgefühle; auf einer gewissen Ebene ist er oder sie bereit, den Preis für etwas Zuwendung zu zahlen, auch wenn diese negativ ist.

Das *stille Kind* unterstützt die Familie, indem es praktisch verschwindet und sehr wenig Zuwendung von den gequälten und streßgeplagten Eltern verlangt. Wie seine Geschwister, glaubt auch dieses Kind, daß es nicht geliebt wird, nicht liebenswert ist und keine Liebe verdient.

Sein Verhalten nach dieser Überzeugung ausrichtend, kommt das stille Kind dem Schmerz dieser harten Wahrheit von Zeit zu Zeit zuvor, indem es sich von der so wenig fürsorglichen Realität der Familie zurückzieht und sich seine eigene subjektive Phantasiewelt erschafft. Dieses Kind ist mit den wenigen Streicheleinheiten zufrieden, die es von den dankbaren Eltern erhält – »Mary ist so ein braves kleines Mädchen. Sie macht uns niemals Schwierigkeiten!«

Die meiste Zeit schwebt über stark belasteten Familien eine dunkle emotionale Wolke. Das Klima zu Hause ist düster und bedrohlich, durchsetzt von brenzligen Zeiten, in denen die Kinder, in der Hoffnung, sich unsichtbar zu machen, auf Zehenspitzen vorsichtig um die betrunkene Mutter schleichen, einem weiteren Wutausbruch ausweichen oder dem Vater aus dem Weg gehen, der gerade wieder einen depressiven Schub hat. Hier tritt der Clown auf den Plan.

Fast immer sind *Clowns* die Familiennarren – obwohl sie zu gewissen Zeiten eher hyperaktiv als unterhaltsam sein können. Der Clown bringt der Familie einen willkommenen Anflug von Leichtherzigkeit und Lachen, wodurch sich die aufgestauten Spannungen lösen, die sonst offenbar niemand abbauen kann. Die hyperaktiven Mätzchen des Kindes sorgen für eine Ablenkung von den familiären Problemen.

Das Verhalten der Clowns wirkt auch verstärkend. Indem sie einen – wenn auch nur vorübergehenden – Wechsel in der bedrückenden häuslichen Atmosphäre erzeugen, mildern sie auch die eigenen Spannungen. Das Lachen oder Schimpfen der Familie bringt sowohl für die Clownerien als auch für das hyperaktive Verhalten zusätzliche Streicheleinheiten.

Trotzdem kann die Leichtherzigkeit des Clowns irreführend sein. Sein Charme, Witz und Humor spiegeln kein starkes, gesundes inneres Selbst wider. Im Gegenteil. Bei keiner der vier Rollen, der Clown eingeschlossen, stimmt das Verhalten mit den Emotionen überein; es ist eine Reaktion auf das innere Gefühl von geringer Selbstachtung.
In Wirklichkeit ist es typisch für diese Kinder, daß sie, wie in Abbildung 7 gezeigt wird, einen Schutzwall um sich aufbauen, um die Gefühle von Verletztheit, Ärger, Einsamkeit, Schuld, Angst und Unzulänglichkeit, die in ihnen toben, überleben zu können. Da sie wenig Vorbilder für Vertrauen hatten, schützen sie sich vor Schäden durch andere, indem sie ihre Verletzlichkeit hinter dem Schild einer Rolle verbergen. Der Schutzwall wirkt in beide Richtungen – er erzeugt auch eine Blockade für ihre Fähigkeit, Emotionen auszudrücken.
Mit der Zeit stumpft durch das Brachliegen dieser Kapazität, ihre Gefühle zu identifizieren und mitzuteilen – entweder dem bewußten Teil ihres Selbst oder engen Verwandten und Freunden –, ihre Fähigkeit ab, feine Unterscheidungen zu treffen. Ein Punkt wird erreicht, wo solche Kinder nicht nur unfähig sind, auszudrücken was in ihrer inneren Welt vor sich geht, sondern ihren Emotionen gegenüber auch wie betäubt und nicht in der Lage sind, überhaupt etwas zu fühlen.

## *Der größte Verrat*

Von allen Verletzungen, die ein Kind erleiden kann, ist der Mißbrauch durch Familienmitglieder am betäubendsten und vernichtendsten. Als Kinder werden die meisten von uns streng vor Fremden gewarnt und erhalten strikte Anweisungen, wie wir uns vor ihnen schützen können. In Wirklichkeit werden die meisten Kinder nicht von Fremden mißbraucht, sondern von jemandem, der ihnen nahesteht – oft einem Mitglied ihrer eigenen Familie. Erfüllte intime Beziehungen unter Erwachsenen beruhen auf Vertrauen. Welche Auswirkungen hat es auf ein Kind, wenn der Mensch, der es beschützen soll, der zu ihm sagt, »Ich liebe dich«, es zugleich miß-

## Familiäre Rollen

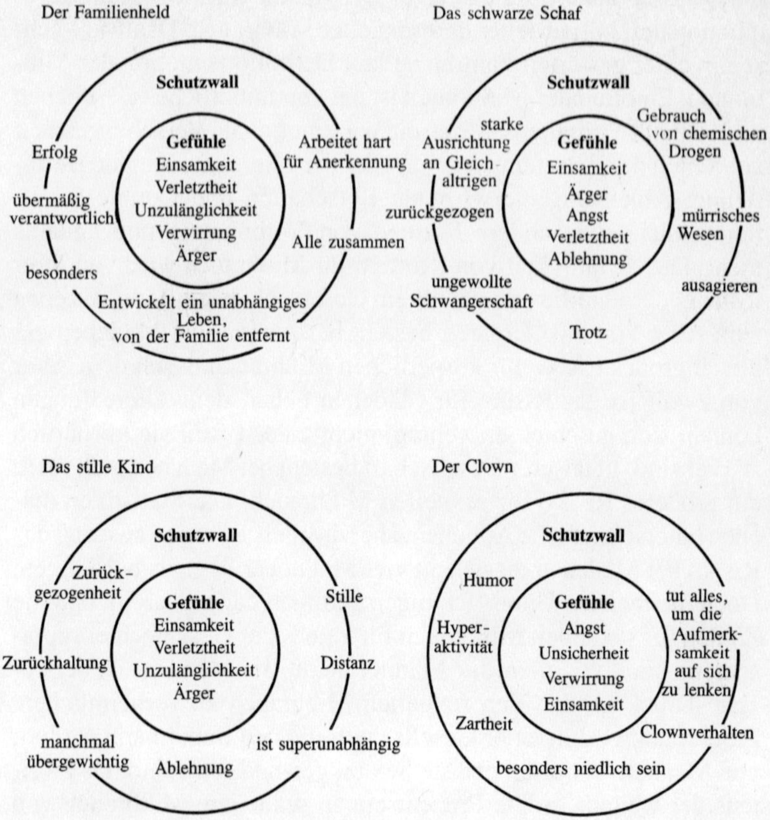


*Abbildung 7*

Quelle: »The Family Trap to Family Freedom«, von Sharon Wegscheider-Cruse (*Alcoholism and Addiction* magazine, January/February 1985)

braucht? Nichts übersteigt den Schaden, der durch diese Doppelbotschaft, diesen tiefgreifenden Verrat, angerichtet wird.
Kindesmißbrauch läßt sich in drei breitgefaßte Kategorien einteilen: emotionaler, körperlicher und sexueller Mißbrauch. Das Aufwachsen in einer gestörten Familie ist laut Definition emotionaler Mißbrauch. Emotionaler Mißbrauch ist ein kontinuierliches Geschehen und schließt Verhaltensweisen ein wie emotionale Verschlossenheit auf Seiten der Betreuungsperson oder der Eltern, mangelnde Bestätigung, Ablehnung, verwirrende Botschaften und Double-Binds, Sarkasmus sowie andere Formen von Verhöhnung und anderes mehr. Die Anfälligkeit von Kindern für Mißbrauch wird von ihrer Rolle in der Familie und von ihrem Geschlecht beeinflußt. Bis etwa zum Alter von zwölf Jahren besteht bei Jungen und Mädchen ein gleich großes Risiko für körperlichen Mißbrauch. Nach dem Alter von zwölf ist das Risiko für Mädchen höher, denn ältere Jungen können sich geschickter wehren, nicht zuletzt weil sie körperlich stärker sind. In unserer Gesellschaft besteht bei Mädchen außerdem ein größeres Risiko für sexuellen Mißbrauch. Die Statistiken machen unterschiedliche Angaben, aber die meisten sagen aus, daß das Risiko bei Mädchen insgesamt vier Mal höher liegt als bei Jungen. Doch die meisten Untersuchungen stimmen darin überein, daß die Zahlen für sexuellen Mißbrauch für keines der Geschlechter repräsentativ sind, vor allem für Männer nicht. Bei Männern ist der soziale Druck größer, den sexuellen Mißbrauch zu verheimlichen. Zum einen wird in einer Gesellschaft, die den Supermann fördert, von Männern erwartet, daß sie Sex mögen und stark sind. Da zweitens der weitaus größte Prozentsatz an sexuellem Mißbrauch von Männern verursacht wird, widerstrebt es den männlichen Opfern aufgrund des Stigmas, das der Homosexualität in unserer Gesellschaft aufgedrückt wird, über ihre Erfahrungen zu sprechen. Doppelt kompliziert und bedrohlich wird dies noch, wenn der Täter der eigene Vater war.
Aufgrund ihres Verhaltens ist bei schwarzen Schafen und Clowns das Risiko für körperlichen Mißbrauch insgesamt am größten. Ihre Eltern können den Mißbrauch Bestrafung nennen, entweder dafür, daß die Kinder etwas ausagiert haben oder hyperaktiv waren. Auch

bei stillen Kindern besteht ein hohes Risiko für sexuellen Mißbrauch, weil sie oft allein und isoliert sind, mit niemandem sprechen und wenig Zuwendung erhalten. Das andere Kind, bei dem ein großes Risiko für sexuellen Mißbrauch besteht, ist der Held, vor allem wenn er durch die familiären Umstände in eine Situation gebracht wird, in der er die Rolle der Mutter übernommen hat. Die Mutter kann aufgrund von Krankheit, zu vielen Schwangerschaften oder einer Sucht entkräftet sein. Was auch immer der Grund sein mag, der Vater wendet sich oft an das älteste Kind – besonders wenn es ein Mädchen ist –, damit es auf die jüngeren Geschwister aufpaßt, die Haushaltspflichten übernimmt und sich wie eine Ersatzmutter verhält. Manchmal kann er sich auch an dieses Kind wenden, um seine sexuellen Bedürfnisse zu befriedigen.

Inzest geschieht in einem fortlaufenden Zusammenhang, vom versteckten bis zum offenen Inzest. Offener Inzest ist gleichbedeutend mit sexuellem Kontakt, aber die Grenzen beim versteckten Inzest sind verschwommener. Formen des versteckten Inzest reichen von einer sexuell gefärbten Sprache und Anzüglichkeiten bis zu »versehentlichen« Berührungen, dem Vorlesen von lüsternen Texten für das Kind in seiner Anwesenheit, der mangelnden Privatsphäre im Bad oder im Schlafzimmer beim Baden oder beim An- und Ausziehen. Eine Therapieklientin berichtete zum Beispiel von der Wut, die sie immer noch verspürte, wenn sie sich an ihre Pubertät erinnerte, als ihr Vater, unter dem Deckmantel wohlwollender väterlicher Anteilnahme, sie an sich zog und ihre Brüste mit dem anzüglichen Kommentar umfaßte, »Na, wir wachsen aber schnell!«

Ein männlicher Klient Anfang dreißig, der Schwierigkeiten hatte, intime Beziehungen aufrechtzuerhalten, berichtete von der starken emotionalen Bindung, die sich zwischem ihm und seiner Mutter nach der Scheidung seiner Eltern entwickelte, als er ein zwölfjähriger »Held« war. Erst Jahre später, als er plötzlich das Verführerische in der Stimme seiner Mutter, in ihren Koseworten und den subtilen Verhaltensweisen bemerkte, mit denen sie ihn wie einen ganz besonderen Mann behandelte, begriff er ihre Erwartung, er möge ihre emotionalen Bedürfnisse erfüllen, wobei sie sich seine Loyalität mit versteckten sexuellen Andeutungen erkaufte.

Beim offenen Inzest zeigt die Forschung ein Verhältnis von 93:3 von Vater-Kind-Inzest im Vergleich zum Mutter-Kind-Inzest, aber die Erfahrung vieler Kliniker weist darauf hin, daß der Mutter-Kind-Inzest unterrepräsentiert ist. Doch selbst wenn das der Fall sein sollte, ist die Diskrepanz immer noch sehr groß. Ein weiteres Gebiet des sexuellen Mißbrauchs von Kindern, das jüngst in den Mittelpunkt der Aufmerksamkeit gerückt ist, betrifft sexuelle Beziehungen unter Geschwistern. In dem Maße, wie unser Verständnis wächst, fangen wir an, zwischen den normalen Sexspielen von Kindern und Vorfällen, bei denen ein Kind ein anderes mißbraucht, zu unterscheiden.

Es gibt einige bedeutende Unterschiede in der Art und Weise, wie Männer und Frauen ihre emotionalen Wunden ausagieren. Doch bei Kindern, die *körperlich* mißbraucht wurden, zeigen sich ähnliche Spätfolgen: solange es zu keiner Intervention kommt, besteht die Wahrscheinlichkeit, daß körperlich mißbrauchte Männer *und* Frauen selbst wiederum Kinder körperlich mißhandeln. Insgesamt aber neigen Männer, die als Kinder mißbraucht wurden, dazu, andere zu mißhandeln, während als Kind mißbrauchte Frauen die Tendenz haben, ihren Ärger gegen sich selbst zu richten oder Beziehungen mit Menschen einzugehen, von denen sie erneut mißbraucht werden.

Es ist mehrfach belegt worden, daß viele Vergewaltiger und Inzest-Täter als Kind selbst Opfer von sexuellem Mißbrauch waren. Und trotzdem werden sexuell mißbrauchte Frauen nicht zu Vergewaltigern. Sie tendieren jedoch dazu, jemanden zu heiraten, der ihr Kind sexuell mißbraucht. Oder sie betreiben Selbstmißbrauch; sie hungern, kratzen, beißen, schneiden sich oder verstümmeln sich auf andere Art und Weise. Viele Frauen, die Überlebende von Kindesmißhandlungen sind, haben Eßstörungen; einige werden zu Prostituierten und/oder Suchtabhängigen. Die Reaktion von Frauen auf ihre Kindheitsverletzungen entspringt ihrem Gefühl von Machtlosigkeit und anerzogener Hilflosigkeit. Die der Männer entsteht aus ihrer Wut, die sie dann an unschuldigen Opfern abreagieren. Vergewaltigung und Inzest sind keine Sexualverbrechen, sie sind Gewaltverbrechen. Sie sind die brutalste Grenzverletzung.

## Die Auswirkung von Kindheitsrollen im Erwachsenenleben

Gestörte Kindheitsrollen begleiten Menschen meistens bis ins Erwachsenenleben, weil sie auf mindestens zwei verschiedenen Ebenen verstärkend wirken. Erstens waren sie in der Kindheit eine effektive Überlebenstechnik; zweitens werden sie zur vertrauten Möglichkeit, mit der Umwelt in Interaktion zu treten. Solange keine Krise eintritt oder eine Situation einen neuen Bezugsrahmen erhält – das heißt, ganz plötzlich aus einem völlig anderen Blickwinkel betrachtet wird –, haben die meisten von uns die Tendenz, Veränderungen zu vermeiden. Wir entscheiden uns lieber für vertraute Lebensweisen, die schlecht funktionieren, als die Ängste zu riskieren, die mit dem Unbekannten verbunden sind. Das trifft besonders für die erwachsenen Kinder aus einem gestörten Zuhause zu. Ein Ergebnis ihres oft chaotischen Kindheitszuhauses kann sein, daß ihr großes Bedürfnis nach Zuverlässigkeit und Ordnung zu einer neuen Form von Rigidität führt. Solange es zu keiner Intervention kommt, sind sie meistens nicht in der Lage, sich kontinuierlich auf den natürlichen und unvermeidlichen Wechsel im Rhythmus des Lebens und seiner Ereignisse einzustellen.

### *Die Begrenztheit von Kindheitsrollen*

Die Begrenztheit gestörter Kindheitsrollen wird in den zwischenmenschlichen Erwachsenenbeziehungen von Menschen deutlich, die an diesen Rollen festhalten. Helden zum Beispiel fällt es als Erwachsenen schwer, Anhänger bestimmter Gruppierungen zu sein. Gehören sie einem Ausschuß an, sind sie oft schlechte Teammitglieder. Vielleicht unterbrechen sie ständig oder verhalten sich unkooperativ, solange sie nicht selbst den Ton angeben. Aber auch dann kann – da Helden ein großes Bedürfnis nach Kontrolle haben – ihr Stil von anderen in der Gruppe als anmaßend und eigenmächtig empfunden werden. Schwarze Schafe, die es gewohnt sind, als junge Menschen ständig in Schwierigkeiten zu stecken, können in ihrer persönlichen und beruflichen Umgebung weiterhin kreieren, was ihnen am vertrautesten ist – Aufregung und Chaos. Sie haben vielleicht Schwierigkeiten, ihre Arbeitsstelle, Freunde oder Partner zu halten, und geben den Umständen und anderen Menschen die Schuld an ihren Enttäuschungen. Ruhelos und leicht gelangweilt, können sie ständig auf Messers Schneide leben und sinnlose Situationen mit den ihnen eigenen Risiken und Gefahren heraufbeschwören. Erwachsene stille Kinder, die so daran gewöhnt sind, sich auf dem Nebengleis zu befinden und sich in ihre eigene private Welt zurückzuziehen, müssen vielleicht feststellen, daß ihre Berufsmöglichkeiten drastisch eingeschränkt sind, weil sie nicht imstande sind, Dinge klar und deutlich auszusprechen oder für sich einzutreten. Die Begrenztheit kann in zahlreichen verschiedenen Bereichen deutlich werden. Das eine stille Kind mag sich zu sehr im Licht der Öffentlichkeit fühlen, wenn es einer Eltern-Lehrer-Gruppe vorsitzen soll, ein anderes kann den Traum aufgeben, Rechtsanwalt zu werden, und ein drittes sieht sich vielleicht außerstande, als Vertreter zu arbeiten. Clowns, als Kinder gewohnt, für fabelhafte Witze positive Streicheleinheiten zu erhalten (oder negativen zu entkommen), fahren als Erwachsene fort, den Witzemacher zu spielen. Das ist der einzige Weg, den sie kennen, um sich beliebt zu machen. Aber wenn sie ernst genommen werden wollen, kann es ein schmerzlicher Schock für sie sein, erkennen zu müssen, daß die Menschen in ihrer Umgebung das Bild des unbekümmerten Witzemachers nicht durchschauen können.

Susanne ist mit vierzig eine »Heldin«, die immer noch in ihrer Kindheitsrolle feststeckt. Als »Supermutter« von drei Kindern im Alter von zwölf, vierzehn und siebzehn, schmeißt sie den Laden für diese und für ihren Mann. Sie rennt sich die Hacken ab, um Dinge für sie zu tun, die sie auch selbst erledigen könnten. Das Ergebnis ist, daß jeder in der Familie zutiefst ärgerlich und voller Vorwürfe ist. Susanne beklagt sich darüber, daß sie sich müde und ausgebeutet fühlt und alles als selbstverständlich betrachtet wird – trotzdem ist sie nicht bereit, die Kontrolle aufzugeben. Ihr Mann und ihre Kinder werden von Schuldgefühlen geplagt, weil sie nicht die Dankbarkeit zeigen können, die von ihnen erwartet wird. Auf einer tieferen Ebene ahnen sie sehr wohl, daß Susannes eifrige Zuwendung haupt-

sächlich ihrem eigenen Bedürfnis dient, sich hervorzutun und die Kontrolle zu haben, indem sie andere von sich abhängig hält.
Nicht nur, daß rigide Rollen schädlich für das eigene Selbstgefühl und die Fähigkeit sind, auf Situationen ohne Einschränkungen einzugehen statt nur zu reagieren, sie begrenzen uns, weil sie für sämtliche Situationen nur ein einziges festgelegtes Verhaltensrepertoire zulassen. In gewisser Weise erinnert das rigide Rollenverhalten, das in gestörten Familien so häufig vorkommt, an den einseitigen Führungsstil, der für viele Manager und leitende Angestellte früher im Geschäftsleben üblich war. Manager im alten Stil, die oft auf der Grundlage ihres eigenen negativen und pauschalen Glaubenssystems in bezug auf Angestellte handelten, statt auf die spezifischen Erfordernisse einer Situation oder der daran beteiligten Menschen einzugehen, stellten die Prämisse, jede Aufgabe sei in der gleichen Art und Weise anzugehen, nicht in Frage. Erst als Management-Theoretiker ein *situatives* Führungsmodell entwickelten, wurden Management- Strategien in die effizienteren und menschenorientierten Verfahren umgewandelt, die heutzutage in fast sämtlichen Firmen der USA angewandt werden.[2] Das situative Führungsmodell weist darauf hin, daß Manager sich den Luxus nicht leisten können, mit dem oft unflexiblen, einseitigen Stil zu antworten, der ihnen »ganz spontan« kommt. Statt dessen muß der Management-Stil, der einer Situation am angemessensten ist, auf einem ausgeprägten Feingefühl gegenüber den Menschen, um die es geht, beruhen, sowie auf aktivem Zuhören und der Beobachtung und Einschätzung dessen, was im jeweiligen Fall erforderlich ist, wobei eine Vielzahl von Umständen mit einbezogen werden müssen, wie die Fähigkeiten und Erfahrungen der Angestellten, die Qualität der Beziehung zwischen Manager und Angestellten, die verfügbare Zeit und anderes mehr. Mit anderen Worten, ein angemessenes Eingehen auf Situationen kann im Familiensystem ebenso wenig wie in einer gut geführten Firma aus einem rigiden Rollenverhalten entstehen, sondern nur aus der Fähigkeit und Bereitschaft, jede Situation ohne voreingenommene Haltungen oder Meinungen zu erfassen.

*Die Vorteile von Kindheitsrollen*

Bislang wurden die negativen Aspekte von Rollen betont; es ist aber ebenso wichtig, daß wir auch ihre positiven Seiten anerkennen. Die Zwanghaftigkeit des Helden sowie sein Bedürfnis nach Kontrolle, kann dahingehend effektiv umgewandelt werden, daß er ein guter Mitarbeiter bei Planung, Organisation und Leitung wird. Die Energie des schwarzen Schafes, seine Liebe für Aufregung und seine »Scher's-den-Teufel-Haltung« kann sich auf eine Arbeit richten, die ein hohes Maß an Beweglichkeit und Risikofreude erfordert und für andere keinen Reiz hat. Das reiche Phantasieleben des stillen Kindes und seine Fähigkeit, allein zu sein, kann hilfreich für selbständiges Arbeiten und vielleicht sogar für das Einschlagen eines Berufswegs als Autor oder Künstler sein. Die Fähigkeit des Clowns, über das Leben zu lachen, ist eine unschätzbare, heilende Quelle, die in heiklen Situationen angezapft werden kann, besonders dann, wenn der Clown auch über sich selbst lachen kann.
Die folgende Auflistung zeigt die weit verbreiteten, potentiell positiven und negativen Auswirkungen von alten Kindheitsrollen:

**Held**

| *Positiv* | *Negativ* |
|---|---|
| unabhängig | Angst vor Ablehnung |
| erreicht Ziele | vermeidet Risiken |
| ist mächtig und hat dic Kontrolle | Pcrfcktionist |
| zielgerichtet, aufmerksam | seine persönlichenBedürfnisse werden nicht erfüllt |
| großzügig mit Lob | geringe Selbstachtung |
| organisiert | unreifes »großes Kind« |
| verantwortlich | kann nicht spielen |
| erfolgreich | kann Gefühle nicht einschätzen |
| Führungsqualitäten | fühlt sich unzulänglich, hat Selbstzweifel |

| | |
|---|---|
| leistungsstark | Angst vor Nähe |
| Überlebenstyp | unflexibel |
| zuverlässig | Angst vor Fehlern |
| motiviert sich selbst | hat häufig Schuldgefühle |
| und andere | zögert |
| | Angst vor Konfrontation |
| | Produktionszwang |
| | unvernünftig hohe Erwartungen an andere |

## Schwarzes Schaf

| *Positiv* | *Negativ* |
|---|---|
| hat viele Freunde | Drogenmißbrauch |
| paßt sich leicht an | manipuliert |
| führt ein aufregendes Leben | passiv aggressiv |
| kommt gut mit Streß zurecht | rationalisiert |
| reist viel | gerät oft in brenzlige Situationen |
| fordert Aufmerksamkeit | lügt, erfindet Ausflüchte |
| liebt Spaß | tollkühn |
| | verantwortungslos |
| | Mangel an engen Bindungen |

## Stilles Kind

| *Positiv* | *Negativ* |
|---|---|
| kreativ, phantasievoll | einsam, isoliert, zurückgezogen |
| gut entwickelte Fähigkeiten | mangelnde soziale Fähigkeiten |
| hat viele Hobbys | fühlt sich unsichtbar, ausgeschlossen |
| belesen | kann Selbstbesessenheit zeigen |
| spirituell entwickelt | geringe Selbstachtung, gestörtes Selbstbild |
| einfallsreich | traurig, depressiv |
| genießt die Einsamkeit | mißtraut anderen und macht ihnen Vorwürfe |

| | |
|---|---|
| kann unabhängig und allein arbeiten | hat Schwierigkeiten, mit anderen Kontakt aufzunehmen |
| nonkonformistisch | Angst vor der Wirklichkeit |
| handwerklich geschickt | verliert sich in Phantasien |
| guter Zuhörer, Beobachter | inaktiv, unentschlossen |

**Clown**

| *Positiv* | *Negativ* |
|---|---|
| humorvoll | wird nie ernst genommen |
| charmant | abhängig vom Charme |
| fröhlich | verleugnet eigene Gefühle, um Selbstbild aufrechtzuerhalten |
| glättet familiäre Spannungen; erhält den Frieden | abhängig |
| verspielt, aktiv | verantwortungslos |
| zieht die Aufmerksamkeit auf sich | sucht die Aufmerksamkeit, macht Vorwürfe, lenkt vom wahren Problem ab |

Menschen können im Verlauf der Zeit in ihre Kindheitsrollen hinein- und wieder herausschlüpfen, je nachdem, wie ihr Leben an bestimmten Punkten inhaltlich verläuft. Jemand kann zum Beispiel aufgrund von Beratungsgesprächen oder Selbsthilfetechniken ein relativ rollenfreies Leben führen. Bei wachsenden Belastungen durch eine schwierige Beziehung kann dann dieselbe Person zu dem »Trost« zurückkehren, den eine vertraute, wenn auch gestörte, Kindheitsrolle verspricht.

### Karin und Hans

Diese Rückkehr zu einer Kindheitsrolle erlebte Karin, eine achtundzwanzigjährige Verwaltungsangestellte. Bevor sie Hans begegnete, war es ihr gelungen, den negativen Aspekten der Rollen, Anweisungen und Verbote ihrer Kindheit zu entkommen. Aber sie schlüpfte in die vertraute, sich verengende Suchtspirale zurück, als sie sich verliebte; sie wurde zur Verfolgerin und Hans zum Distanzierer. Als Kind hatte Karin die aktive, bestimmende Rolle der Heldin gespielt, und Hans Hauptrolle war die des stillen Kindes gewesen – eine passive, zurückgezogene Haltung. Da sie sich mit der Zeit immer mehr zurückgewiesen fühlte, sank Karins Selbstachtung bis zu einem Punkt ab, an dem ihre bislang ausgezeichneten Leistungen am Arbeitsplatz darunter zu leiden begannen. Aufgrund ihrer Besessenheit von Hans hatte sie ihre Meditation und andere spirituelle Aktivitäten aufgegeben. Plötzlich erhielt sie kaum noch positive Streicheleinheiten in den zwei wichtigsten und bislang befriedigendsten Bereichen ihrer äußeren Welt – Arbeit und zwischenmenschliche Beziehungen –, während sie gleichzeitig nicht mehr imstande war, sich aus ihrer inneren Welt Unterstützung zu holen.

Da ihr nicht klar war, was tatsächlich geschah, fiel sie allmählich in ihre alte, vertraute Kindheitsrolle zurück. Zunächst versuchte sie, ihrer Verwirrung und ihrem seelischen Schmerz aus dem Weg zu gehen, indem sie sich ganz auf die Arbeit stürzte. Wie vorauszusehen, fühlte sie sich besser mit sich, da die Gesellschaft Arbeitssüchtige lobt und materiell belohnt. Aber nach einiger Zeit reichten die verbesserten Arbeitsumstände nicht mehr aus, um das Gefühl, von Hans abgelehnt und verlassen worden zu sein, auszugleichen. Auf der unbewußten Suche nach positiven Streicheleinheiten, betrat sie von neuem die Arena, in der sie als Kind so erfolgreich aufgetreten war. Sie trug sich für ein Weiterbildungsprogramm zur leitenden Angestellten ein, und eine Zeitlang waren ihr die Auszeichnungen, die Ermunterung durch den Professor und die Bewunderung der Mitlernenden genug. Da sie aber ihre wichtigste Versorgungsquelle, die innere Reise zu Selbstfindung und Selbstheilung, die sie vor Jahren begonnen hatte, weiterhin nicht aufsuchte, versagten langfristig diese äußeren Streicheleinheiten. Erst nachdem sie ihre innere Arbeit wieder aufgenommen hatte, verbesserten sich auch ihre Beziehungen in der äußeren Welt wieder.

Ihre Beziehung mit dem wichtigsten Menschen in Ihrem Leben ist der klarste Spiegel für Ihre Kindheitsrolle und auch das Labor, in dem Sie Gelegenheit haben zu beobachten, wie Ihre Störung wieder auftritt und, wenn Sie sie erst einmal als solche erkannt haben, ihr ihre Macht und ihre schädlichen, negativen Elemente zu nehmen, während Sie zugleich ihre positiven, fördernden Aspekte erhalten.

In engen, intimen Beziehungen können Helden als aktive, tonangebende, kontrollierende und oft schuldgeplagte erwachsene Kinder wieder aufleben, die die Führungsrolle für sich als »gegeben« hinnehmen. Schwarze Schafe können sich als rebellische, vorwurfsvolle, aggressive, unverblümte, ärgerliche und kritische Partner mit einer Opfermentalität (»Die Welt ist so ungerecht«) erweisen, die außerdem passiv sind, sich abwerten und zu Unfällen neigen. Stille Kinder können wiederum daran erkannt werden, daß sie sich in Phantasiewelten voller Heldenverehrung zurückziehen und Menschen aus Fleisch und Blut in vorurteilsgeprägte Stereotype pressen. Erwachsene, die in der Rolle des stillen Kindes steckengeblieben sind, können unreif, empfindlich, isoliert und kindisch sein und sich den Anforderungen des Lebens nicht gewachsen fühlen. Clowns schließlich können ihre Partner frustrieren und verärgern, indem sie ständig zu spät kommen, über alles Witze machen, oder auf ihre Macht verzichten, indem sie die Verantwortung für sich selbst abgeben. Weil sie kein klares Gespür dafür haben, was wichtig ist, kann es ihnen schwerfallen, Prioritäten zu setzen. Oft wetteifern Clowns mit Helden um die Aufmerksamkeit der anderen. Aber es kann sein, daß sie aufgrund der kindischen Qualität ihres Humors in Beziehungen nicht ernst genommen werden. Um zu sehen, wie diese Rollen sich in einem »Stück Beziehung« tatsächlich entfalten, wollen wir betrachten, wie es aussehen könnte, wenn jemand seine Rolle unbewußt im Bett spielt.

Ein *Held* entwirft das Bühnenbild. Ein Held ist ein Planer; wenn es nach ihm geht, sind selbst flüchtige sexuelle Begegnungen keine zufällige Entscheidung oder eine Sache des Augenblicks. Vielmehr werden sie sorgfältig inszeniert. Da er auf Ergebnisse aus ist, wird der Held sich dafür interessieren, was der Partner gern mag – und entsprechend handeln. Der Held mag es auch, wenn er die Kontrolle hat und gut ist. Ob Mann oder Frau, der Held wird wahrscheinlich eher derjenige von den zweien sein, der das sexuelle Spiel – das sicherlich kreativ und technisch gut ist – initiiert, und auch derjenige, der »oben« sein will!

Hat ein *schwarzes Schaf* die Führung, kommt das Vorspiel wahrscheinlich zu kurz. In der Sexualität kann er oder sie ungestüm sein, kein Einfühlungsvermögen zeigen und sich nur um seine oder ihre eigenen Bedürfnisse kümmern. Er kann auch emotional unberührt, distanziert und zurückhaltend sein. Da das schwarze Schaf oft in einem ständigen Durcheinander lebt, kann dieser Mensch auch innerlich vor Wut schäumen, so daß seine aktive sexuelle Energie aus unterdrücktem Ärger entspringt, was sich beim Mann als vorzeitige Ejakulation äußern kann. Der Nonkonformismus des schwarzen Schafes sowie sein Leben auf Messers Schneide kann auch in sadomasochistischen Praktiken Ausdruck finden.

Ein *stilles Kind* ist im Bett wahrscheinlich passiv und unterwürfig. Sie oder er kann versuchen, durch Phantasien einen gewissen Mangel an Leidenschaftlichkeit zu ersetzen, was auch heißt, daß das stille Kind wahrscheinlich selten bei sexuellen Begegnungen die Initiative ergreift. Es kann Angst vor sexuellen Experimenten haben und seine Unzufriedenheit nonverbal durch Körpersprache ausdrücken ohne zu fordern, was es haben will. Das stille Kind romantisiert selbst flüchtige sexuelle Begegnungen, und kann sich »am Morgen danach« sogar verliebt haben.

Ein *Clown* ist im allgemeinen ein kreativer, unbeschwerter sexueller Spielgefährte, dessen Neugier und uneingeschränkte Liebe an Spaß manchmal zu Affären für eine Nacht, manchmal auch zu ungewöhnlichen sexuellen Arrangements und Experimenten führen kann. Verspielt, aktiv, unermüdlich und energiegeladen, kann der Clown manchmal mit Humor emotionale Distanz überspielen oder Intimität vermeiden. Die Folge ist, daß für den Clown der Übergang vom sexuellen Spiel zu einer verbindlichen Partnerschaft beängstigend sein kann.

Rigide Rollen sind für eine sprühende, lebendige Partnerschaft wie ein Fertigmenü im Vergleich zu einem sorgfältig und kreativ vorbereiteten Feinschmeckeressen. Das Wesen von Beziehungen liegt im wundersamen Zusammenspiel, das zwischen zwei Menschen stattfinden kann, die bereit sind, miteinander im Augenblick wirklich da zu sein und sich ohne Anweisungen, Vorurteile oder Tagesordnungspunkte auszutauschen und aufeinander einzugehen. C.G. Jung hat einmal bemerkt, daß bei der Begegnung von zwei menschlichen Wesen – so wie bei chemischen Drogen – jeder der beiden aus dem Kontakt umgewandelt hervorgeht, wenn auch nur die geringste wirkliche Verbindung besteht. Ist aber einer der beiden in einer Rolle festgefahren, während sie sich aufeinander zubewegen, geht die Möglichkeit, den Schutzwall zu durchdringen und Kontakt herzustellen, ebenso verloren wie die potentielle Umwandlung.

## Wieder Eltern für sich sein

Die vielleicht nachdrücklichste und effektivste Möglichkeit, mit Sicherheit aus den rigiden Kindheitsrollen heraustreten und die Wunden der Vergangenheit heilen zu können, besteht darin, daß Sie anfangen, für sich selbst erneut Eltern zu spielen – Eltern, die für Ihr inneres Kind »genügend gut« sind. Kinder brauchen keine perfekten Eltern – die kann es sowieso nicht geben. Eltern sind unvollkommene Menschen; sie müssen vor allem genügend gute Eltern sein, Menschen, die die meiste Zeit für ihre Kinder mit gutem Willen, Unterstützung, Verständnis, Wärme und freundlicher Fürsorge da sind.[3] Ähnlich müssen auch Sie, wenn Sie für sich selbst wieder Eltern sind, genügend gut für Ihr inneres Kind sein, das nicht weniger Fürsorglichkeit braucht, als ein »richtiges« Kind, um seine unterbrochene Entwicklung fortsetzen zu können. Eine Schwierigkeit dabei ist, daß Menschen, die in gestörten Familien aufwuchsen, sich nicht immer sicher sind, wie eine gute oder genügend gute Elternschaft tatsächlich aussieht. Die folgende Liste von Merkmalen für genügend gute Eltern wurde von Frauen in Therapiegruppen für die erwachsenen Töchter von Alkoholikern zusammengestellt. Sie können diese positiven elterlichen Merkmale als Grundlage benutzen, um festzulegen, in welchem Bereich Sie anfangen müssen, für sich selbst wieder Eltern zu sein.

Wenn Sie den Vorschlag, für sich selbst erneut Eltern zu sein, wirklich ernst nehmen, werden zwei wichtige Schritte notwendig. Als erstes müssen Sie sich verpflichten, Zeit und Energie in das Elternsein zu investieren, so wie Sie es tun würden, wenn Sie gerade ein Kind adoptiert hätten. Die Unterstützung und Fürsorglichkeit für das innere Kind muß zur Priorität werden – so würden alle guten Eltern vorgehen.

Zweitens müssen Sie sich auf die Bedürfnisse Ihres inneren Kindes *einstellen*, und das erfordert Einfühlungsvermögen (die Fähigkeit, die subjektive Welt des inneren Kindes aus seiner eigenen Sicht heraus zu erspüren). Doch sich einstellen bedeutet mehr als sich einfühlen. Sich einstellen heißt, sämtliche sinnlich und intuitiv gewonnenen Informationen, die Sie im gegebenen Augenblick über die Bedürfnisse des Kindes sammeln können, mit der Absicht zu verbinden, diesen Bedürfnissen auch zu entsprechen. Und darüber hinaus drückt es die Harmonie zwischen Ihrem erwachsenen Selbst und dem verletzten Kind in Ihnen aus. Die Einstellung auf Ihr inneres Kind kann ein erster Schritt in Richtung Liebe sein.

Wünschenswerte elterliche Eigenschaften und Qualitäten

*Die meiste Zeit sind und tun genügend gute Eltern folgendes:*

| | |
|---|---|
| • fürsorglich | • hören zu, ohne zu verurteilen |
| • flexibel | • akzeptieren |
| • verständnisvoll | • geben die Richtung vor sowie altersentsprechende Anleitung |
| • zuverlässig | • können loslassen (sind nicht besitzergreifend) |
| • lassen Wachstum zu | • schaffen Rituale und halten sie aufrecht |

- erkennen das Kind als einzigartiges Individuum an
- erfüllen die grundlegenden Bedürfnisse und sorgen für eine positive emotionale Atmosphäre (Schutz, Sicherheit, Geborgenheit, Nahrung , Unterkunft)
- Verbündete
- Rollenvorbilder für Ganzheit und Ausgewogenheit

*Schlüsselworte für genügend gute Eltern:*

- Aufmerksamkeit
- Engagement
- Anleitung
- Kommunikation
- Trost
- Bestätigung
- Flexibilität
- Verständnis
- Erziehung
- Zusammenarbeit
- Berührungen
- Zuverlässigkeit
- Struktur
- positive Verstärkung
- Vertrauenswürdigkeit
- Erwartungen entsprechend des Alters des Kindes
- Liebe
- Fähigkeiten, mit Dingen umzugehen
- Hoffnungsfreude
- Vertrauen (Gelegenheiten, es zu verdienen)

*Genügend gute Eltern vermeiden Verhaltensweisen, durch die ein Kind sich »nicht richtig« fühlt:*

- sie zeigen und verstärken Verhaltensweisen und Regeln in einem vernünftigen Umfang
- sind die meiste Zeit nicht »zu beschäftigt«, um dem Kind Aufmerksamkeit zu schenken
- sprechen meistens mit dem Kind, ohne ärgerlich oder gereizt zu sein

## Übung: Lernen, für sich Eltern zu sein

Die drei folgenden Übungen geben Ihnen Gelegenheit, sich auf Ihr inneres Kind einzustellen und sich als Eltern für Ihr inneres Kind eine Situation zu schaffen, die beiden Teilen gut tut.

### *Übung I: Kindheits-/Erwachsenenrollen*

Untersuchen Sie Ihre Kindheitsrollen und die Beziehung bzw. Macht, die sie über ihr augenblickliches Leben haben, indem Sie sich an bestimmte Vorfälle oder Ereignisse aus Ihrer frühen und späteren Kindheit erinnern (im Alter von sechs bis sieben und elf bis zwölf Jahren). Wenn es Ihnen schwerfällt, Erinnerungen zusammenzutragen, können Sie Fotos und Familiengeschichten als Anhaltspunkte für Ihre früheren Rollen benutzen.

Was war Ihre *Haupt*rolle als Kind?
Was war Ihre *Neben*rolle?
Wann und wie haben Sie die Hauptrolle eingesetzt? Und die Nebenrolle?
An welcher Stelle der Geburtenfolge standen Sie in der Familie?
Wie hat sich diese auf Ihre Kindheitserfahrungen ausgewirkt?
Auf welche Weise spielen Sie diese Kindheitsrolle/n in Ihrem heutigen Leben immer noch?
Wie spielen Sie diese Rollen im Zusammensein mit Freundinnen und Freunden aus? Bei der Arbeit? In persönlichen Beziehungen?

Rollen haben negative und positive Aspekte. Analysieren Sie ein augenblickliches Rollenverhalten, das Ihre Hauptrolle als Kind widerspiegelt. Wie drückt sich diese Rolle in Ihrem Erwachsenenleben genau aus? Wie sehen ihre positiven und negativen Auswirkungen heute aus?

*Übung II: Die Liste für genügend gute Elternschaft*

Was heißt genügend gute Elternschaft für Sie? Kennzeichnen Sie auf der Liste auf Seite 139/140 (fügen Sie Ihre eigenen Angaben hinzu) die Eigenschaften, die bei Ihren Eltern nach Ihrem Gefühl fehlten oder zu extrem ausgeprägt waren. Dann wählen Sie eine Eigenschaft aus und fangen an, in diesem Bereich für sich Eltern zu sein. Wenn Sie zum Beispiel ein Kind waren, das nicht genügend liebevolle körperliche Berührung erhielt, können Sie sich regelmäßig Massagen gönnen. Waren Sie ein erwachsenes Kind, das ungewöhnlich viel und für sein Alter unangemessene Verantwortung für andere Familienmitglieder übernehmen mußte, haben Sie wahrscheinlich Schuldgefühle, wenn Sie spielen oder haben sogar vergessen, wie man spielt. Lernen Sie, einen Drachen steigen zu lassen, machen Sie Volkstanz, gehen Sie Karussell fahren – oder kaufen Sie sich den Riesenluftballon, den Sie sich als Kind immer so sehr gewünscht haben!

*Übung III: Ihr übergangenes inneres Kind*

Haben Sie durch die Übungen, die Sie bis jetzt gemacht haben, durch die Verbindungen, die Sie beim Lesen zu Ihrem eigenen Leben hergestellt haben, und vielleicht sogar durch Träume ein Gespür dafür gewonnen, wie Ihr verstoßenes inneres Kind heute versucht, Ihre Aufmerksamkeit zu bekommen? Rufen Sie sich die letzten Monate vor Augen: finden Sie Beispiele für Zeiten, in denen Sie sich wie ein Kind verhalten und wie ein Kind reagiert haben, oder in denen Sie ängstlich, überempfindlich und unsicher waren – anders als Sie heutzutage normalerweise sind.

Beschreiben Sie jetzt für jede dieser kindlichen Äußerungen Verhaltensweisen, mit denen Sie dem Kind Eltern sein könnten, statt es barsch wegzuschicken oder zuzulassen, daß es in ein unkontrolliertes Wüten ausbricht. Meistens ist das kleine Kind innerlich überwältigt von Ängsten, Unsicherheit oder Ärger. Die ersten Schritte auf dem Weg, ihm Eltern zu sein, bestehen darin, daß wir mitfühlend, verständnisvoll und freundlich sind – die Gefühle des Kindes bestätigen und uns ihnen offen zuwenden. So würden sich schließlich auch nette Eltern ihrem Kind gegenüber verhalten. Manche Menschen finden es nützlich, wenn sie einen realen Dialog zwischen der erwachsenen Seite und dem inneren Kind führen, aufmerksam zuhören, was das Kind erzählt, und es dann gelassen beruhigen und trösten oder auch vernünftige Grenzen setzen, wenn die Situation das erfordert. Andere ziehen gern einen guten Freund, eine gute Freundin oder den Partner heran, denen sie sich offen und verletzlich zeigen können, damit ihr inneres Kind von einem ganz vertrauten Menschen gehalten, geliebt und umsorgt wird.

*Übung IV: Sich auf ihr inneres Kind einstellen*

Rufen Sie sich die Übungen aus dem dritten Kapitel ins Gedächtnis. Können Sie mit Hilfe der Einsichten, die Sie dort und durch Übung III in diesem Kapitel gewonnen haben, ein Gespür für das Alter Ihres Kindes bekommen? Für seine Gefühle? Seine übliche Gemütsverfassung? Bedürfnisse? Forderungen? Schreiben Sie sämtliche Anhaltspunkte für Ihr inneres Kind in eine Liste. Dann entwerfen Sie einen Elternplan, der seinem Alter und seinen Bedürfnissen entspricht. Denken Sie an diese wichtigen Details, wenn das Kind sich meldet. Sie können ein dreijähriges Kind nicht genauso behandeln wie ein achtjähriges. Auch wenn Ihnen diese Aktivitäten und Übungen manchmal unangenehm oder etwas übertrieben vorkommen, ist Eltern spielen ein entscheidender Aspekt für die Selbstheilung, der Ihren ganzen und verbindlichen Einsatz erfordert, wenn Sie in zukünftigen Beziehungen Intimität erleben möchten. Immer wenn Sie Ihr inneres Kind vernachlässigen, erwarten Sie, daß andere sich um Ihre Bedürfnisse kümmern. Die Vernachlässigung Ihres inneren Kindes beeinträchtigt nicht nur Ihre Liebesbeziehungen, (Kapitel 5) sondern auch die weiterreichende Unterstützung, wie Sie sie durch Freundschaften erfahren können (Kapitel 6).

# Teil II
# Der Weg ins Licht

# 5 Schritt um Schritt: Beziehungen aufbauen

»Ein unerforschtes Leben ist nicht lebenswert.« Sollte es eine Maxime geben, die uns beim Aufbauen von gesünderen Beziehungen leiten kann, dann ist diese Aussage von Sokrates am vielversprechendsten. In Teil I dieses Buches wurde die Macht der Familie erhellt sowie deren Auswirkungen auf die Erfahrungen eines Kindes. Jetzt können Sie mit Hilfe des tieferen Selbstverständnisses, das Sie gewonnen haben, die unzähligen Wege erforschen, auf denen Ihre Vergangenheit Sie in der Gegenwart gefangenhält.

Das Verstehen der eigenen Vergangenheit ist natürlich nur der erste Schritt. Die tatsächliche Arbeit, den Bann des Zauberwaldes der Selbsttäuschung und Begrenztheit zu brechen, liegt noch vor uns. Teil II stellt Ihnen einige Werkzeuge und Rohmaterialien für den Aufbau von Beziehungen zur Verfügung, die Sie auf dieser ganz persönlichen Reise brauchen werden. Dieser Teil ist als Hilfe dafür gedacht, Ihre alten, unhinterfragten oder unerforschten Annahmen über Beziehungen in Frage zu stellen. Daß Annahmen über Liebe, Verbindlichkeit und Intimität, an denen wir lange Zeit festhalten, ihren Ursprung in gestörten Vorbildern haben können, ist nur ein Grund dafür, daß sie neu überprüft werden müssen. In diesem Jahrzehnt sind wir Zeuge für rasche und drastische soziale Veränderungen sowie für eine veränderte Bewußtseinshaltung hinsichtlich der Möglichkeiten, uns so aufeinander zu beziehen, daß jeder dabei gewinnt, wächst und unversehrt bleibt. Der Versuch, den Erfordernissen zeitgenössischer Beziehungen mit Hilfe der Maßstäbe unserer Eltern und Großeltern entsprechen zu wollen, gleicht dem, uns unseren Weg in einem neuen Großstadtvorort mit Hilfe eines fünf Jahre alten Stadtplans zu bahnen.

## Der lebenslange Prozeß der Selbstdefinition

Uns selbst zu definieren, ist ein lebenslanger Prozeß, der in gewisser Hinsicht dem sprichwörtlichen Schälen einer Zwiebel gleicht: immer, wenn wir ein neues Verständnis von uns selbst gewonnen haben, werden wir wahrscheinlich feststellen, daß neue Aspekte unserer grundsätzlichen Verhaltensmuster auf unsere jeweilige Bewußtseinsebene nachdrängen und darauf warten, daß wir sie entdekken, uns damit auseinandersetzen und sie in ein Selbstverständnis integrieren, das noch tiefgreifender ist. Dieser Kreislauf wiederholt sich unendlich. Wenn wir dafür offen sind, bietet er uns immer wieder neue Perspektiven für unser Leben und unsere Beziehungen an. Es ist notwendig, daß wir wach bleiben, unser Selbstgefühl ständig im Auge haben und unserer Intuition Beachtung schenken. Es ist wichtig zu beobachten und Zeuge zu sein, um die Unterdrückung unerfreulicher Tatsachen und Wahrheiten zu vermeiden.

## Partnerschaft

Was immer wir über uns erkannt haben – unser ständiger Test und die letzte Überprüfung finden im Hier und Jetzt unserer Intimbeziehungen statt. Freundschaften können uns helfen, unsere Werte, Bedürfnisse und Forderungen zu klären und praktisch umzusetzen. Aber der wirkliche Test für unsere introspektive Basisarbeit sind unsere Liebesbeziehungen.

In der Partnerschaft werden unsere Grenzen, unsere Motive und unsere Vorstellung von Liebe ständig herausgefordert – wie auch unsere Fähigkeit, mitzuteilen, was wir wirklich meinen. Aber unsere Botschaften können nur dann deutlich sein, wenn wir Klarheit darüber haben, wer wir sind, und was uns in Bewegung bringt. Computerprogrammierer haben dieses Prinzip schon lange erkannt. Das Akronym GIGO (im Amerikan. »garbage in, garbage out«, was soviel heißt wie: »gebe ich Müll rein, kommt auch Müll raus«, Anm.d.Ü.), das aussagt, daß der Computer beim Eingeben von un-

genauen Daten auch ungenaue Daten ausgibt, ist vielleicht ein etwas grober Vergleich, trifft aber genau den Punkt.
Auch wenn Kommunikation bei praktisch jeder Untersuchung und Meinungsumfrage an der Spitze steht, wo es darum geht, den gemeinsamen Nenner für gute, dauerhafte Partnerschaften herauszufinden, ist für gesunde Liebesbeziehungen offensichtlich mehr erforderlich als Selbstwahrnehmung und Kommunikation. Selbst wenn wir unerfreuliche Wahrheiten vor uns selbst verleugnen, wissen wir in gewisser Weise meistens genau, wann unsere Liebesbeziehung uns nicht unterstützt und befriedigt.
Gesunde, dauerhafte Beziehungen haben einen Schwung und eine Vitalität, die sich sowohl bei den einzelnen Partnern als auch in ihrem Zusammenspiel als Paar zeigen. Zwischen den beiden existiert ein Gefühl von Offenheit und Verbundenheit. Sie scheinen ihr Leben gegenseitig in einer Weise zu bereichern, die jeden einlädt, sich auch außerhalb der Beziehung auszudehnen, um seine höchsten Bestrebungen und sein ganzes Potential zu erforschen. Und jede gute Beziehung ist so einzigartig wie ein Fingerabdruck. Es ist auch richtig, daß für eine gute Beziehung bestimmte Eigenschaften, Einstellungen und Fähigkeiten entscheidend sind. So wie wir im zweiten Kapitel die zehn Schlüsselfaktoren für eine gesunde Familie besprochen haben, werden wir uns in diesem Kapitel die wichtigsten Schritte auf dem Weg zu liebevollen Beziehungen anschauen: Ähnlichkeiten, die Fähigkeit, mit Veränderungen umzugehen, zusammenpassende Werte, effektive und offene Kommunikation, die Fähigkeit, Konflikte zu lösen und mit Ärger umzugehen, effektives Verhandeln, feste persönliche Grenzen, gesunder sexueller Ausdruck, Zeit zu zweit und Freundschaft.

### *Ähnlichkeiten*

Die Fähigkeiten zu Selbstbeobachtung und Kommunikation sind in Beziehungen von großem Wert. Selbstbeobachtung hilft uns herauszufinden, was wir aus unserer gestörten Kindheit mitbringen; gute Kommunikation ermöglicht uns, klar auszudrücken, was wir wollen oder brauchen.

Obgleich Ähnlichkeiten im Temperament und gemeinsame Interessen bei Partnern sicherlich wünschenswert, wichtig und erfreulich sind, beschäftigen wir uns hier mit primären, wesensverwandten Ähnlichkeiten von Werten, Bedürfnissen und Wünschen, von denen einige, wie zum Beispiel unrealistische Bedürfnisse nach ständiger Aufmerksamkeit oder bedingungsloser Zustimmung, »erstarrt« sein können. Erstarrte Bedürfnisse können niemals befriedigt werden, weil sie eine unbewußte Strategie sind, an unerfüllten frühen Kindheitsbedürfnissen nach Liebe und Aufmerksamkeit von unseren Eltern festzuhalten. Da sie nicht in der Gegenwart verankert sind, können solche erstarrten Bedürfnisse in der Gegenwart auch nicht befriedigt werden – ganz gleich, wie aufmerksam und zugewandt der augenblickliche Partner sein mag. Es können auch erstarrte Ängste vorhanden sein: am meisten verbreitet sind die Angst vor dem Verlassenwerden und die Angst vor dem Verschlungenwerden. Auch Emotionen wie Depression, Kummer oder das Gefühl, abgewiesen oder ausgeschlossen zu sein, können aus der Vergangenheit in eine gegenwärtige Beziehung übertragen werden.
*Inwieweit wir in der Lage sind, die erstarrten Aspekte unserer eigenen Persönlichkeit festzumachen und anzunehmen, und inwieweit die von uns augenblicklich gezeigten legitimen Bedürfnisse und Wünsche mit denen unseres Partners zusammenpassen, kann als Indikator dafür gelten, welche Aussichten für die Beziehung bestehen.* Im dritten Kapitel sprachen wir von Projektion und projektiver Identifikation: wenn wir unsere unerkannten und nicht geheilten Wunden aus der Vergangenheit auf unseren Partner projizieren oder zulassen, daß er das mit uns tut, ist keine wirkliche Kommunikation möglich, weil zumindest einer von beiden sich nicht mit der gegenwärtigen Realität auseinandersetzt. Und so können wir auch sicher sein, daß wir in Schwierigkeiten geraten, wenn wir wissen, daß wir uns nur in einer verbindlichen, traditionellen Ehe wohlfühlen, unser Partner hingegen in einer unverbindlichen, offenen Beziehung.
In Gershwins Musical *Porgy und Bess* sind beide Hauptdarsteller vom Leben verletzt worden. Porgys Körper ist verkrüppelt, aber seine wirklichen Wunden sind seelisch bedingt. Auch wenn er in seiner Gemeinschaft geliebt wird, ist er doch – bevor er Bess trifft

und sich in sie verliebt – sehr einsam und ohne den einen Menschen, mit dem er sein Leben teilt. Als die Liebe zwischen den beiden aufblüht, möchte Porgy gern, daß Bess mit ihm in Catfish Row als seine Frau lebt. Bess' attraktive Figur, voller Vitalität und von ihr stolz vorgezeigt, steht in starkem Kontrast zu Porgys gebrochenem Körper. Aber sie täuscht über Bess' inneren Aufruhr hinweg, denn auch sie ist aufgrund eines chaotischen Lebens, das sie früher mit Crown, einem harten und gewalttätigen Mann, geführt hat, zutiefst verletzt. Selbst jetzt befinden Porgy und sie sich immer noch auf sehr verschiedenen Wegen.

Das erste Mal in seinem Leben schimmert für Porgy kurz die Möglichkeit durch, daß seine verletzten Gefühle durch die Liebe erlöst werden, und obgleich ein Teil von Bess verzweifelt daran glauben möchte, daß das auch für sie zutreffen könnte, wird deutlich, daß es in Catfish Row nicht dazu kommen wird. Schließlich geht sie und entflieht erneut in eine Welt voller Drogen und äußerem Glanz, da ihr immer noch die innere Kraft fehlt, diesem Reiz zu widerstehen.

Porgy und Bess befinden sich unausweichlich auf Kollisionskurs. Jeder der beiden sucht die Rettung verzweifelt außerhalb von sich – Porgy durch Bess, und Bess durch sinnlichen Genuß –, so daß das letztendliche Fehlschlagen ihrer Beziehung voraussehbar ist. Obgleich ihre Liebe real und stark war, konnte sie weder ihre grundsätzlich verschiedenen Lebensweisen überbrücken, noch den Funken für Selbstbeobachtung zünden, durch die die beiden hätten umgewandelt werden können.

Weil Sie mit Ihren Freundinnen und Freunden wahrscheinlich nicht versuchen, erneut die Kindheitsbeziehung zu Ihren Eltern herzustellen – wie Sie es vielleicht unbewußt mit Ihrem Liebsten oder Ihrer Familie tun –, können Ihre Freundinnen und Freunde, Ihr Liebster, Ihr Ehemann und Ihre Kinder Sie sehr unterschiedlich erleben. Das kann vielleicht auch erklären helfen, warum Freunde und Freundinnen imstande sind, sich so gut zu akzeptieren. Wieder und wieder sprechen Klienten in der Therapie voller Ärger und Verwirrung über ihre Eltern, von denen sie mißhandelt wurden, außerstande zu verstehen, wie das dieselben Individuen sein können, die zu den

Säulen des Gemeindelebens gehörten, von einer großen Anzahl von Freunden und Nachbarn geliebt und geachtet.
Selbst wenn es Ihnen gelingt, sich wichtige Kindheitserinnerungen ins Bewußtsein zu rufen, kann es lange dauern, bis sich die Gefühle verändern, die durch diese Erinnerungen hervorgerufen werden. Aber zumindest können Sie anfangen, Ihr Verhalten zu ändern und die Erwartungen, die Sie an Ihren Partner haben, klarer und gerechter einzuschätzen. Ähnlichkeit in diesem Bereich hieße ein Partner, der ebenfalls bereit ist, die Störungen, die er oder sie aufgrund von Kindheitsverletzungen in die Gegenwart überträgt, zu erkennen und zu bearbeiten. Eine andere, sogar noch wichtigere Ähnlichkeit betrifft die Wünsche an eine liebevolle Beziehung. Fragen Sie sich

- Stimmen wir bei Themen wie Ehe, Verbindlichkeit und Monogamie sowie in unserer Sichtweise von Beziehungen überein?
- Haben wir ähnliche Ansichten über die *Bedeutung*, die Beziehungen für unser Leben haben?
- Ist die Beziehung ein Endzweck?
- Ist sie eine Einrichtung, um Kinder großzuziehen?
- Ist sie eine Gelegenheit für persönliches Wachstum?
- Ist sie eine Chance, zu üben, wie wir uns am besten in all unseren Beziehungen verhielten?
- Fördert Sie unser seelisches Wachstum sowie unser Dasein als produktive Mitglieder der Gemeinschaft wesentlich?

*Wenn nur mein Partner sich ändern würde...*

Das Leben verändert sich ständig und fordert auch uns auf, uns entsprechend zu verändern und anzupassen. Weil Menschen sich verändern, müssen sich im Laufe der Zeit zwangsläufig auch ihre Bedürfnisse und ihre Lebensperspektiven ändern. In Liebesbeziehungen kann es zu einer grundsätzlichen Krise kommen, wenn einer der beiden Partner neue Bedürfnisse entwickelt. Aus diesem Grund ist die Fähigkeit, effektiv mit Veränderungen umgehen zu können, für Beziehungen von entscheidender Wichtigkeit. Wie Familien, sind auch Paare ein Minisystem, das kontinuierlich danach strebt, sein Gleichgewicht zu halten. Erinnern Sie sich an die Analogie des Mobiles in Kapitel zwei: Wenn ein Teil des Mobiles (oder ein Partner) sich verändert, müssen die anderen unweigerlich Angleichungen vornehmen, um die Balance des Systems aufrechtzuerhalten oder wieder herzustellen. Fast ausnahmslos besteht die unmittelbare Reaktion des gleichbleibenden Partners darin, daß er mit sehr viel Energie versucht, die sich ändernde Person dahinzubringen, sich zurückzuverändern – das heißt, den Status quo beizubehalten.[1] Gelingt ihm dies nicht, muß er sich wahrscheinlich umstellen, was oft eine bedrohliche Vorstellung ist.

Die Ironie ist, daß der sich nicht verändernde Partner den Anstoß zur Veränderung gegeben haben kann. Menschen, die in gestörten Familien aufgewachsen sind, können als Erwachsene eine Vorwurfshaltung entwickeln und immer andere für ihr Unglück verantwortlich machen, was oft ein erfolgreicher Trick ist, um von der eigenen Person abzulenken. »Wenn sie nur nicht soviel arbeiten würde …«, »Wenn er nur nicht so distanziert wäre…«; Menschen, die voller Vorwürfe sind, beklagen sich sehr oft, denken aber selten an die Folgen, die es für sie hätte, wenn der Partner sich wirklich verändern würde. Mit ihrem »wenn doch nur« betrachten sie Veränderungen als eine Einbahnstraße, auf der der einzige, der sich verändern muß, ihr Partner ist. Aber von dem uns bekannten Modellsystem wissen wir, daß es keine Aktion ohne Reaktion gibt. Wenn Sie auf Veränderungen drängen, haben Sie dann bedacht, wie es aussähe, wenn Ihr Partner sich tatsächlich verändern würde? Was, wenn Jane wirklich häufiger zu Hause bliebe? Sind Sie darauf gefaßt, etwas von Ihrer eigenen Freizeit zu opfern? Oder eventuell mit weniger Gehalt auszukommen? Mit Janes Unzufriedenheit zurechtzukommen, wenn ihre neue Arbeit ihr weniger Ansehen verschafft? Sich mit ihrem Gefühl von Langeweile und Unruhe auseinanderzusetzen – oder vielleicht sogar mit Ihrer eigenen Langeweile, wenn Janes Leben weniger interessant wird? Können Sie bei dem Maß an Intimität, das Sie selbst vertragen, damit umgehen, wenn Georg wirklich seine Distanziertheit aufgibt? Wenn er mit Ihnen zusammensein möchte, ganz gleich, wohin Sie gehen? Wenn er immer schmollt, falls Sie einmal ohne ihn etwas unternehmen wollen? Sollten Sie auf Veränderungen aus sein, müssen Sie sich vergewissern, daß Sie nicht Kräfte in Bewegung setzen, die Ihnen fremd sind und deren längerfristige Folgen Sie nicht bedacht haben.

Weil Menschen in gesunden Beziehungen Veränderungen durchmachen und sich zugestehen, sind Krisen und Konflikte ihnen geläufig – im Gegensatz zu dem Mythos, mit dem einige von uns aufwuchsen. In Wirklichkeit ist nämlich die Beziehung suspekt, von der die Partner behaupten, sie sei ohne Konflikte oder Krisen. Vielleicht stopfen die Partner ihre Gefühle weg, oder die Beziehung stagniert – aus welchem Grund auch immer, es finden keine bedeutsamen Veränderungen innerhalb der Beziehung statt.

Konflikte sind natürlich; Schwierigkeiten entstehen, wenn sie nicht offen und mit der Haltung angegangen werden, daß beide gewinnen sollen, oder wenn unbewußte Beweggründe mit ins Spiel kommen. Ebenso richtig ist, daß die Partner wahrscheinlich weniger Konflikte erleben, wenn sie in vielen wichtigen Lebensbereichen übereinstimmen. Die Auffassung, daß alle Beziehungen schwierig sind und sehr viel Beziehungsarbeit erfordern, ist ein weiterer Mythos.

### *Ihre Werte kennen und miteinander teilen*

Einige Paare, die wegen Beziehungsstörungen in die Therapie kommen, haben bei ihrer Begegnung niemals über ihre Werte gesprochen oder ihnen Beachtung geschenkt. Das geschieht zum einen, weil ihnen nicht klar ist, daß das wichtig ist, oder weil sie gar nicht erwartet haben, daß die Beziehung tiefer gehen würde, zum anderen aber auch, weil keines der beiden Individuen sein eigenes Wertsystem definiert hat. Meistens werden solche Paare durch gemeinsame Interessen oder Leidenschaft (oder beides) zusammengebracht. Aber man kann nicht vierundzwanzig Stunden am Tag tanzen, segeln oder einander in die Augen schauen.

Wenn eine Beziehung in irgendeiner Form tiefer geht, kommen unweigerlich auch die Werte ins Spiel. Politische Zugehörigkeit, Einstellung zur Abtreibung, zur Friedensbewegung, die Meinung darüber, wie, wo und wann man Geld ausgibt, Lebensstil, religiöse Aktivitäten – Debatten über Werte sind unumgänglich. Wenn ein Paar Kinder haben möchte, wird es besonders notwendig, vorher über Werte zu sprechen, weil sonst Wertkonflikte mit Sicherheit zur Ursache für sehr viel Reibung in der Elternschaft werden. Stimmen die Partner in ihrem Erziehungsstil überein? Im Teilen der elterlichen Verantwortlichkeiten? In bezug auf die Einteilung der Arbeit von Mutter und Vater außer Haus und dem Übernehmen und Aufziehen der Kinder? In der religiösen Erziehung der Kinder? Der Größe der Familie, die sie möchten und sich leisten können? Manchmal tritt das eigentliche Thema in verkleideter Form auf, und ein Wert kann für einen anderen, tieferliegenden stehen. Zum Beispiel kann das heftig verteidigte Bedürfnis nach sexueller Freiheit in einer Beziehung ein noch tiefer empfundenes Bedürfnis nach genereller uneingeschränkter Selbstbestimmung, Einzigartigkeit oder Individualität in sich bergen.

Für all das ist das Gespräch über Werte nicht genug. Es reicht nicht aus, sich auf das zu verlassen, was Menschen über ihre Werte sagen, denn zwischen dem, was Menschen glauben zu glauben, und dem, was ihre Handlungen und Verhaltensweisen über ihre tatsächlichen Überzeugungen aussagen, kann ein tiefer Abgrund klaffen. Die wirklichen Werte eines Menschen spiegeln sich darin wider, wie er lebt und was er tut, und weniger in dem, was er sagt. Es braucht Zeit, wenn wir durch Beobachtung etwas über die Werte eines Menschen erfahren wollen, und das ist ein wichtiger Grund dafür, daß man jemanden gut kennen sollte, bevor man entscheidet, ob eine Beziehung ein längerfristiges, verbindliches Eingehen wert ist. Wenn in einer Liebesbeziehung die Werte nicht sehr ähnlich sind, oder zumindest die Fähigkeit vorhanden ist, Unterschiedlichkeiten zu akzeptieren, ohne daß Ihr eigener Wesenskern Schaden nimmt, kann der Mangel an Übereinstimmung zur Ursache von tiefsitzenden und vielleicht unlösbaren Konflikten werden.

*Sagen, was Sie* wirklich *meinen*

Gute Kommunikation ist grundlegend für sämtliche menschlichen Beziehungen. Die Klarheit der Absicht hinter der Botschaft ist ein Schlüssel, um verstanden zu werden. Menschen haben ein Bedürfnis nach Kommunikation. Wir müssen unsere Gedanken, Hoffnungen und Bedürfnisse mit den Menschen teilen, an denen uns etwas liegt, weil wir mit anderen hauptsächlich durch Kommunikation in Verbindung treten. Wir können nicht *nicht* kommunizieren; selbst unser Schweigen erzählt seine eigene Geschichte, weil Kommunikation in verschiedenen Formen stattfindet, nicht nur durch Worte. Untersuchungen zeigen, daß Worte nur 7 Prozent der gesamten Botschaft ausmachen; 38 Prozent werden durch die Eigenschaften der Stimme und 55 Prozent durch Körpersprache übermittelt.[2]

Wenn ein Sprecher seine unbewußten Motive nicht kennt oder sich beim Sprechen über seine Absichten nicht im klaren ist, wenn die Worte mit der Körpersprache oder den inneren Gefühlen nicht übereinstimmen, und wenn die Worte oder die Körpersprache nicht in den Gesamtzusammenhang passen, ist das Ergebnis eine verwirrende Botschaft. Die verschiedenen Ebenen der Kommunikation passen nicht zusammen. Für eine klare und direkte Kommunikation müssen sämtliche Ebenen miteinander übereinstimmen oder dekkungsgleich sein.

Die meisten von uns neigen dazu, sich auf den Inhalt einer Botschaft zu konzentrieren, obwohl Kommunikation in Wirklichkeit – wie durch die oben beschriebenen Zusammenhänge illustriert wurde – ein *Prozeß* ist. Bei der Auseinandersetzung mit Beziehungen ist es oft informativer und produktiver zu beobachten, *wie* zwei Menschen miteinander kommunizieren, als der Blah-Blah-Blah-Beschreibung der Abläufe zwischen den beiden zuzuhören.

Kinder, die in gestörten Familie aufwuchsen, haben im allgemeinen kaum Vorbilder für gute Kommunikation gehabt. Verleugnung, Heimlichkeiten, Unberechenbarkeit, Unzuverlässigkeit, Ärger, Aggression, mangelnde Selbstwahrnehmung – das alles sind Kommunikationsblockaden, »Lärm«. Frühere Erfahrungen und Einstellun-

gen können zusätzlichen Lärm veranstalten, indem sie die empfangenen Botschaften verzerren.
Um die Aufgabe noch weiter zu erschweren, besteht eine Diskrepanz zwischen der Geschwindigkeit, mit der wir sprechen (durchschnittlich 125 Worte pro Minute) und mit der wir das Gehörte verarbeiten können (400 bis 600 Worte pro Minute). Was machen die meisten von uns in den 275 bis 475 Wort-Intervallen? Oft preschen wir vor, um schon unsere Antwort vorzubereiten, und verlieren dadurch die Spur des Geschehens oder des Gesagten in diesem bestimmen Augenblick.[3] Das wiederum schränkt unsere Fähigkeit ein zu antworten, denn die Situation wird so verallgemeinert, als wäre sie das exakte Ebenbild eines früher bereits stattgefundenen Dialoges.
In gestörten Familien neigt man zu Vorwürfen und Verallgemeinerungen. Das typische Sprachmuster besteht aus »Du«- Botschaften. (»Du kommst immer zu spät zum Essen, ohne anzurufen.« »Wozu hast du mich jetzt wieder gebracht!«) Diese Botschaften rufen bei anderen Schuldgefühle hervor und beeinträchtigen die Selbstachtung junger Menschen. Aber vor allem schneiden Du-Botschaften eine weiterführende wirksame Kommunikation ab, weil sie den Angesprochenen in eine Verteidigungsposition bringen.
»Ich«-Botschaften hingegen machen hauptsächlich eine Aussage über die Gefühle, die der Sprecher in einer bestimmten Situation empfindet. Weil solche Botschaften beschreibend sind, werden dem Angesprochenen weder Verallgemeinerungen übergestülpt, noch wird er angegriffen, und das fördert eine offene Kommunikation. (»Ich mache mir Sorgen, wenn du zu spät kommst.« »Ich rege mich auf, weil dein Bett immer noch nicht gemacht ist.«)
Gute, klare Kommunikation kann Konflikte bedeutend verringern, indem sie unnötige Mißverständnisse aus dem Weg räumt und vermeiden hilft, daß sich Groll aufstaut. Aber zu bestimmten Zeiten sind Konflikte unumgänglich, und der effektive Umgang mit ihnen ist eine wichtige Fähigkeit für Beziehungen. Einer der schwierigsten und herausforderndsten Aspekte gekonnter Kommunikation ist die Fähigkeit, das Gefühl der eigenen Macht mit Mitgefühl einhergehen zu lassen. Das heißt, imstande sein, seine Gefühle und Be-

dürfnisse zu behaupten und dem anderen gleichzeitig aufrichtige Anteilnahme entgegenzubringen und sich in ihn einzufühlen.

### *Konfliktbewältigung und der Umgang mit Ärger*

Je enger die Liebesbeziehung ist, desto offensichtlicher werden die individuellen Unterschiede – und desto größer die Möglichkeiten für Konflikte. Trotzdem müssen individuelle Unterschiede nicht unbedingt ein Grund für Konflikte sein. Unterschiede sind nicht nur zu erwarten, sondern sie können auch wertvoll für eine Beziehung sein, die dadurch abwechslungsreicher, lebendiger und aufgeschlossener werden kann. Individuelle Unterschiede können der Hauptgrund dafür sein, daß zwei Menschen sich zueinander hingezogen fühlen, und in vielen Beziehungen führen sie zu guten Gesprächen, werden geachtet und begrüßt. Unterschiede können auch zur Herausforderung werden, vor allem für erwachsene Kinder aus gestörten Familien, denen die Fähigkeit meistens fehlt, effektiv mit den Konflikten umzugehen, die durch Unterschiede hervorgerufen werden können. In ihren Ursprungsfamilien wurden Konflikte wahrscheinlich selten offen besprochen oder so angegangen, daß es für alle Beteiligten akzeptabel war. Selten wurde Übereinstimmung gesucht. Engpässen begegnete man, indem man den Ereignissen einfach ihren Gang ließ – das heißt, Entscheidungen durch Unentschiedenheit traf – oder durch einseitige elterliche Anordnungen.

Kinder aus einem solchen Zuhause haben wenig oder gar nicht gelernt, *wirklich* beide Seiten anzuhören, gerecht zu sein oder Kompromisse zu schließen. Gerade sie haben nichts über Verhandeln oder das Konzept des quid pro quo (die elegantere lateinische Version von »Kratzt du mir den Rücken, kratz' ich dir den Rücken.«) gelernt, die das Fundament für Gegenseitigkeit bilden – das genaue Gegenteil von einseitiger, autoritätsorientierter Entscheidungsfindung.[4]

Gestörte Familien verleugnen Ärger oft; diese Verleugnung beruht zum Teil darauf, daß Konflikte als Gefahr betrachtet werden – und das aus gutem Grund. Wenn Menschen mit geringer Selbstachtung und kaum ausgebildeten kommunikativen und problemlösenden

Fähigkeiten versuchen, mit Konflikten umzugehen, ist das gefährlich; die Alternative für vernünftige Gespräche sind Eskalation, Gefühlsausbrüche, zugeschlagene Türen und familiäre Gewalt.
Ärger muß nicht negativ sein, solange er klar zutage tritt – das heißt, trotz seiner Vehemenz oder Intensität im wesentlichen auf eine »Ich«-Aussage beschränkt wird, durch die das Individuum seine Frustrationsgefühle ausdrückt, und keine Androhung von Gewalt enthält. Andererseits ist Ärger zerstörerisch, wenn er in irgendeiner Form unkontrolliert ausbricht, ein Klima von Gewalt erzeugt oder einen anderen Menschen emotional oder körperlich angreift. In intimen Beziehungen ist Ärger oft ein Anzeichen für einen Konflikt, der beschönigt wurde, und ein Hinweis dafür, daß man etwas verändern oder sich damit auseinandersetzen muß. In gestörten Beziehungen löst Ärger viele »Du«-Aussagen und Vorwürfe aus – es ist immer der andere, der falsch liegt und sich ändern muß. In einigen Beziehungen kann viel Ärger vorhanden sein, der durch das Rühren an frühe Kindheitsverletzungen ausgelöst wird. Solange die Ursache nicht gefunden und durchgearbeitet wird, kann ein Paar durch diesen Ärger entmutigt und erschöpft werden und dabei das Gefühl haben, sich in einer endlosen Tretmühle zu befinden, die ihnen kaum verständlich ist.
Aufgrund der Auswirkungen von unbewußten Motiven in Beziehungen ist es wichtig, die primäre Ursache für Konflikte herauszufinden, bevor man irgendwelche Versuche unternimmt, sich damit auseinanderzusetzen. Geht es um ein *zwischenmenschliches* Thema oder hauptsächlich um das Innenleben eines der beiden Partner? Solange diese Festlegung des Problems bzw. Aussortierungsphase dem Problemlösungsversuch nicht vorangeht, wird der Konflikt trotz der besten Absichten beider Partner wahrscheinlich fortdauern.

## Rolf und Andrea

Rolf und Andrea wuchsen beide in Alkoholikerfamilien auf. Zwei Jahre lang war ihre Ehe höchst konfliktreich, und sie hatten viel

Streit miteinander. Obwohl ihnen viel aneinander lag, und keiner von beiden die Scheidung wirklich wollte, begannen sie zu denken, daß das die einzige mögliche Alternative sei, weil nichts anderes zu funktionieren schien. Sie hatten mehrere Sitzungen bei einer Paarberatung, ohne dadurch sehr viel weiterzukommen. Sie konnten ihr Interaktionsmuster scheinbar nicht ändern; ihre Konflikte traten weiterhin häufig auf, waren destruktiv und ermüdend. Dann brachten sie eines Tages ein »Drehbuch« ihres jüngsten Streits mit. Beide arbeiteten bei einer Videoproduktion und hatten sich überlegt, den Vorfall so zu beschreiben, als wäre er tatsächlich ein Videoskript, das aufgeführt und gefilmt werden sollte, damit die Therapeutin sich alle Einzelheiten plastisch vorstellen konnte. Hier eine Zusammenfassung des einführenden Abschnitts ihres Konflikt-Skripts:

R (Rolf) kommt nach Hause und seine Begrüßung ist ziemlich steif. Er ist ärgerlich auf Andrea (A), will aber keinen weiteren Streit, deswegen versucht er, sich normal zu verhalten.
A. kennt ihn einfach zu gut. Sie läßt sich nicht an der Nase herumführen. Sie hat Angst vor einer neuen Auseinandersetzung und möchte sie am liebsten vermeiden. Sie stichelt ihn wegen seiner kühlen Zurückhaltung.
R. leugnet anfangs, daß irgend etwas nicht stimmt. Dann, als A. nicht nachläßt, erinnert er sie an einige sehr grausame Dinge, die sie am Abend zuvor zu ihm gesagt hat, wobei er sehr schnell und heftig spricht.
A. hat ihre negativen Äußerungen vergessen und erinnert sich nur an einige positive Dinge, die sie gesagt hat. Deswegen fühlt sie sich im Recht und bösartig angegriffen. Gleichzeitig fallen ihr einige Dinge ein, die R. zu ihr vor zwei Tagen gesagt hat, und die auch nicht gerade schön waren; diese bringt sie jetzt auf den Tisch.
R., der diesem Köder geschickt ausweicht, erkennt sein Versäumnis bereitwillig an und entschuldigt sich, ist jetzt aber noch ärgerlicher auf A. Er hat das Gefühl, daß sie ihm durch ihre Verleugnung ihrer eigenen verbalen Grausamkeit seine Erfahrung abspricht und sagt ihr das. Er erinnert A. an ganz bestimmte Dinge, die sie gesagt hat.
A. krampft sich vor lauter ängstlicher Besorgnis der Magen zusam-

men. Plötzlich erinnert sie sich und erkennt, daß R. mit seiner Klage im Recht ist. Ihr altes Gefühl von Unzulänglichkeit und Unsicherheit ist ausgelöst und überfällt sie. Sie hat Angst, daß R. sie verläßt, und verspürt eine Woge von Kummer und Verzagtheit, weil sie so »schlecht« ist und auch nicht weiß, wie sie damit aufhören kann, dem Menschen weh zu tun, an dem ihr am meisten liegt. Total frustriert und hilflos steht sie auf, nimmt ihr Portemonnaie und will gehen.

Aber R. hat ihre Schlüssel an sich genommen und versperrt ihr den Ausgang zur Garage. Er sagt ihr, sie solle bleiben, damit sie alles durchsprechen können. Sie kämpft, um an die Schlüssel zu gelangen und an ihm vorbeizukommen. Er besteht darauf, daß sie bleiben soll. Das Originalmanuskript geht hier noch mehrere Seiten so weiter. Schließlich bleibt Andrea. Rolf und sie sprechen alles durch, und das erste Mal verändert sich etwas: sie sind beide einverstanden, sich hinzusetzen und Schritt für Schritt durchzugehen, wie sie sich verhalten haben, was emotional mit ihnen passiert ist, und welche Bedeutung jeder von ihnen den stattgefundenen Ereignissen beigemessen hat.

Durch die nachträgliche Rekonstruktion der Ereignisse an diesem Abend erkannte Andrea zum ersten Mal, daß sie immer dann, wenn sie bei einer Auseinandersetzung mit Rolf seelischen Schmerz oder Angst verspürte, diesen Schmerz in Ärger umwandelte und das Bedürfnis hatte, Rolf anzugreifen. Sie hatte sich ihren Ärger immer eingestehen können – aber sie hatte niemals dahinter geschaut und sich deutlich gemacht, wie destruktiv dieser Ärger sich ausdrückte. Jetzt konnte auch Rolf verstehen, daß Andreas Verleugnung, und vor allem ihre verbalen Übergriffe, der Grund dafür waren, daß er auf sie so oft ärgerlich und voller Groll war.

Schließlich konnten sie auch zusammen lachen, als sie über die Kabbelei um die Wagenschlüssel sprachen, ein Spiel, das sie schon früher sehr oft durchgespielt hatten, von dem sie sich aber bis jetzt hatten täuschen lassen. Wenn Andrea sich frustriert und schuldbewußt fühlte sowie Angst bekam, Rolf zu verlieren, schlug sie den einzigen Weg ein, den sie kannte, sich unbewußt seine Bestätigung zu holen: sie drohte wegzugehen und hoffte dabei, er würde sie bitten zu bleiben. Er trug zur Fortsetzung ihres gestörten Verhaltens bei, indem er das Spiel unbewußt mitspielte. Jetzt, wo diese Aktionen und Reaktionen offen zutage traten, wurde deutlich, daß ein großer Teil des destruktiven Musters ihres Konflikts seine Wurzeln in Andreas schmerzlicher früher Kindheit und den erstarrten Gefühlen hatte, die ausgelöst wurden, wenn etwas zwischen ihr und dem Menschen nicht stimmte, an dem ihr am meisten lag. Eine Einzeltherapie wurde jetzt vordringlich; die Paarberatung würde sehr viel eher Erfolg haben, wenn sie einige der Schmerzen aus früheren Verletzungen durchgearbeitet hatte.

### *Wann ist etwas zu bearbeiten?*

In Situationen wie der von Rolf und Andrea müssen die Partner, wenn sie erst einmal erkannt haben, daß ihre Beziehung frühe Kindheitstraumata auslöst, entscheiden, wo ihre eigenen Grenzen liegen, wie wichtig ihnen die Beziehung und wie groß ihre Bereitschaft ist, Zeit und Energie für das Durcharbeiten solch tiefsitzender Verhaltensmuster aufzubringen. Sie brauchen einen Plan, um festlegen zu können, an welchem Punkt die negative Seite die positive überwiegt. Wenn die Beziehung nur von kurzer Dauer und nicht verbindlich ist, können einige Menschen sehr wohl beschließen, daß es leichter ist, einen anderen Partner zu finden, der nicht diese Echos der Vergangenheit in ihnen wachruft; nicht alle Beziehungen bringen im gleichen Umfang Material aus der frühen Kindheit hoch. Wenn die Beziehung hingegen in anderen Aspekten grundsätzlich gesund ist, die Partner zusammenpassen und sich sehr mögen, können sie beschließen, daß die Beziehung es wert ist, erhalten und verbessert zu werden.
Wieviel persönliches Unbehagen Menschen zu akzeptieren bereit sind, hängt auch von ihren grundsätzlichen Einstellungen zu Beziehungen ab. Einige sehen den Hauptzweck von Beziehungen vielleicht in Gemeinsamkeit, andere wiederum in Sicherheit, Liebesabenteuer oder dem Anstoß zum persönlichen Wachstum. Jede individuelle Sichtweise ist solange akzeptabel, wie sie auf einem ge-

sunden Selbstgefühl und einer Vorstellung von gesunden Beziehungen beruht; es gibt Beziehungssüchtige, die rechtfertigen ihr Verbleiben in destruktiven Situationen mit ihrem »persönlichen Wachstum«. Erwachsene Kinder aus gestörten Familien können der grundsätzlichen Meinung sein, daß man an Beziehungen »arbeiten« muß; wirklich erforderlich ist, daß man eine Beziehung pflegt – so wie man einen Obstgarten pflegen würde.

Eine mögliche Neudefinition, die oft bei chronischen Konfliktsituationen weiterhilft, ist, zwischen Problemen und Schwierigkeiten zu unterscheiden.[5] Haben Sie erst einmal etwas als Problem definiert, dann können Sie zum nächsten Schritt übergehen, nämlich realisieren, daß Probleme da sind, um gelöst zu werden. Einige Schwierigkeiten widersetzen sich einer sofortigen Lösung – auch wenn Sie vielleicht dem Mythos erliegen, daß es für alles eine Lösung gibt, die nur gefunden werden muß. Dieser Mythos hat vor allem für Familienhelden seinen Reiz, die Menschen, die meinen, alles in Ordnung bringen zu können, und die mit der übersteigerten Vorstellung aufwuchsen, alles im Griff zu haben. Aber welche Lösung sollte es geben, wenn zum Beispiel berufliche Veränderungen, die Ihrer Kontrolle nicht unterliegen, plötzlich nachhaltige Unterschiede im persönlichen, beruflichen oder finanziellen Status beider Partner heraufbeschwören? Welche Lösung könnte es geben, wenn ein Unfall nachdrückliche Unterschiede im Gesundheitszustand und der Aktions- oder Bewegungsfreiheit nach sich zieht? Wenn beide Partner die Schwierigkeiten unvoreingenommen betrachten und sich ihre Verletzlichkeit mitteilen, können sie ihre Kräfte auch zusammentun, um das Leben während der Krise für sich selbst und für einander erträglicher zu machen und dabei die Beziehung zu festigen statt zu untergraben. Werden solche Schwierigkeiten chronisch, können sie auch einen oder beide Partner zwingen, sich das Ende utopischer Träume einzugestehen und zu betrauern.

## Lore und Bernd

Lore, eine gescheite und erfolgreiche Grundstücksmaklerin, begriff allmählich, daß ihr Verlobter, Bernd, niemals Furore machen würde. Seine berufliche Stellung war immer wackelig, und er hatte anscheinend ständig finanzielle Schwierigkeiten. Aber sie dachte, daß sie helfen könne, die Situation in Ordnung zu bringen, wenn sie erst einmal verheiratet wären, und fuhr also mit ihren gemeinsamen Plänen fort. Bernds finanzielle Unsicherheit führte jedoch zu ständigen Reibungen. Eine Zeitlang investierte Lore viel Energie in den Versuch, ihm beim Aufbau eines neuen Geschäftes zu helfen, indem sie ihm die Büroarbeit abnahm, ihm sagte, wie er seine Dienste vermarkten könne und anderes mehr. Sie betrachtete die Situation als ein Problem, für das sie die Lösung hatte, statt sie als chronische Schwierigkeit zu sehen, die sich ihren handlungsorientierten Lösungen widersetzte. Nach und nach erkannte sie, daß ihr dieses Vorgehen nichts als Ärger und Frustration sowie eine Menge Groll und Widerstand von Bernd einbrachte. Sie hörte sofort mit dem Versuch auf, die Dinge für ihn regeln zu wollen. In der Therapie erkannte sie dann, daß ihrer besessenen Hilfe für Bernd ein Traum zugrundelag, den sie immer gehabt hatte: eines Tages würde sich ein starker, fähiger Mann um sie kümmern. Sie hätte Bernd aufgeben und diesem Traum weiter hinterherjagen können. Oder sie konnte ihren Märchentraum aus der Kindheit aufgeben, seinen Verlust betrauern und den Mann akzeptieren, den sie sehr liebte und der in vieler Hinsicht ein sehr guter Partner und Gefährte für sie war. Dabei würde sie auch die erwachsene Realität akzeptieren müssen, daß – ganz gleich mit wem sie eine Beziehung hatte – sie sich letztendlich um sich selbst kümmern mußte. Und schließlich würde sie anfangen müssen, ihr eigenes Verhalten, andere zu versorgen, sowie die dahinterstehenden Motive zu erforschen.

Im Gegensatz zu Schwierigkeiten sind Probleme Situationen, für die Lösungen gefunden werden *können.* Aber viele Probleme können auch neu betrachtet werden. In diesem Fall kommt es statt zu einer Problem*lösung* zu einem *Neubeschluß* hinsichtlich des Problems. An der äußeren Situation hat sich nichts geändert, aber durch eine veränderte Perspektive (oder Neufassung) wurde das frühere Unbehagen zerstreut.

### Monika

Monika, eine Krankenschwesternschülerin Ende zwanzig, hatte in den letzten Jahren schwere Gewichtsprobleme bekommen. Sie hatte alle möglichen Diäten, Zusatzernährungen und Gymnastikprogramme ausprobiert, aber die Schwierigkeiten blieben bestehen; nichts schien zu wirken. Sie wußte, daß ihre Fettleibigkeit Suchtqualität hatte, und begann schließlich, die Treffen der Anonymen Eßsüchtigen zu besuchen. Die Neufassung ihres Problems von: »Ich muß mein Gewicht kontrollieren und kann das auch«, zu: »Ich bin machtlos, was Essen betrifft, und kann mein Leben nicht mehr bewältigen« machte schließlich den entscheidenden Unterschied aus. Das Paradoxon, daß Sie aufgeben müssen, bevor Sie von Ihrer Sucht genesen können, ist zentral für alle Zwölf-Schritte-Programme und geht mit einem weiteren Paradoxon einher, daß nämlich Selbstermächtigung eine Folge von Aufgeben ist. Aufgeben ist eine effektive Form der Neufassung von Problemen; *Aufgeben beinhaltet, daß Sie die Dinge so akzeptieren, wie sie wirklich sind.* Ein Leben mit der Verleugnung schließt die Möglichkeit wirklicher Veränderungen aus. Paradoxerweise finden Sie Zugang zu Ihrer eigenen persönlichen Macht, wenn Sie die Kontrolle über Menschen, Orte und Dinge aufgeben.

### *Liebe und achte Deinen Nächsten – und verhandle*

In einigen zeitgenössischen Familien hat die wohlbekannte altmodische Kreuzstichstickerei mit Spruchweisheiten einen neuen Dreh gefunden. Dort steht heutzutage geschrieben: »Liebe und achte Deinen Nächsten – und verhandle.« Verhandeln ist der Kern von Konfliktlösung durch Problembewältigung. Das moderne Konzept einer Verhandlungsform, bei der beide Seiten gewinnen und es keine Verlierer gibt, hat die Auffassung vom Gewinnen als Wettbewerb, bei dem zum Gewinnen unweigerlich auch ein Verlieren gehört, auf den Kopf gestellt. Immer wenn Sie von einer Gewinn- Situation für beide sprechen, machen Sie eine kluge Aussage. Sie sagen, daß niemand gewinnt, solange nicht jeder gewinnt. Das gilt sowohl für die Friedensbemühungen auf diesem Planeten als auch für die Verhandlungen zwischen Partnern.

## Rita und Daniel

Rita und Daniel sind seit zweiundzwanzig Jahren miteinander verheiratet. Trotz periodisch auftretender schwerer Zeiten und der üblichen Prüfungen und Leiden in längerfristigen Beziehungen freuen die beiden sich weiterhin aneinander, unterstützen sich gegenseitig und leben ein erfülltes und aktives gemeinsames Leben in der Kleinstadt, in der sie wohnen. Seit ihr jüngerer Sohn das Haus verlassen hat, um auf das College zu gehen, verbringen sie mehr Zeit zusammen und genießen ihre gemeinsame Leidenschaft für Bootfahren und das Meer.

Rita ist eine kluge, kompetente Geschäftsführerin bei einer großen Gesellschaft. Sie liebt ihre Arbeit, die ihr leicht von der Hand geht. Vor sechs Jahren wurde sie zur Personalchefin befördert. Aber während der darauffolgenden Jahre fühlte sie sich frustriert, weil sie in ihrer Firma und ihrer Heimatstadt die Spitze ihrer Karrieremöglichkeiten erklommen hatte. Durch eine Freundin aus einer anderen Stadt erfuhr sie, daß eine große internationale Gesellschaft dort eine Vizepräsidentin für ein Entwicklungsprojekt für menschliche Hilfsquellen suchte. Die Freundin überredete sie, sich für die Position zu bewerben – »einfach nur aus Spaß«. Aus Spaß wurde ernst, als der Direktionsausschuß Rita unter zwei weiteren Endbewerbern für die Stellung aussuchte und ihr ein sehr verlockendes Angebot machte. Rita war begeistert. Die einzige Schwierigkeit lag bei Daniel, der,

obwohl er sich für sie freute, bei der Vorstellung streikte, 400 km weit wegzuziehen. Er war in der Stadt, in der sie lebten, geboren und aufgewachsen und liebte sein Zuhause, wo auch seine Eltern und deren Eltern ihr ganzes Leben verbracht hatten. Und der Familienname hatte Daniel geholfen, eine erfolgreiche Finanzberatungsfirma in seiner Gemeinde aufzubauen.
Für Daniel war ein Umzug völlig ausgeschlossen. Seiner Ansicht nach würden durch einen Umzug zwei grundsätzliche Bereiche seines Lebens gefährdet: sein Gefühl von persönlicher Geschichte und sein Geschäftserfolg. Er hatte Angst, sich zu verlieren. Für Rita war es völlig ausgeschlossen, daß sie nicht umzogen. Ihrer Meinung nach würde das Bleiben ihre Chance gefährden, an einer neuen Aufgabe zu wachsen, sich privat und beruflich weiter zu entwickeln und ihre Grenzen auszuprobieren. Sie befürchtete stehenzubleiben, wenn sie dem nicht nachging.
Sie waren wirklich in eine Sackgasse geraten, denn es ging für beide um ein ganz zentrales Thema. Sie stritten sich viel. Ihre Konflikte und der Streß nahmen erheblich zu. Rita beklagte sich, daß Daniel ungerecht sei. Sie hatte ihm viele Jahre lang bei seinen geschäftlichen Anstrengungen beigestanden und eine Familie großgezogen. Sie war die hilfreiche Ehefrau gewesen. Was war mit der Vorstellung vom quid pro quo – war es nicht an der Zeit, daß er jetzt ihr den Vortritt ließ? Sie beschwor ihn, sie zu unterstützen, damit sie diese einmalige Gelegenheit in ihrem Leben ergreifen konnte.
Daniel beschwerte sich darüber, daß Rita auf dem Wege war, ihre Gelübde zu brechen. Als sie heirateten, hatte sie gewußt, daß er seine Heimatstadt liebte und plante, dort sein Geschäft aufzubauen und seine Kinder großzuziehen. Er hatte ihre beruflichen Aktivitäten immer unterstützt. Was war mit der Verbindlichkeit – war es nicht an der Zeit, daß sie sich auf ihre Verantwortung für die Familie besann und nicht das Vertrauen verletzte, daß sie in all den Jahren aufgebaut hatten? Er beschwor sie, nicht alles zu zerstören, was sie aufgebaut hatten, und ihn nicht dazu zu zwingen, noch einmal ganz von vorne anfangen zu müssen.
Eine Zeitlang fuhren sie fort, sich gegenseitig Schuldgefühle zu machen, bis beide erkannten, daß sie damit nichts erreichten. Zum

ersten Mal fürchteten sie um ihre Ehe; es dämmerte ihnen, daß keiner von ihnen zurückstecken konnte, ohne seinem Selbstgefühl zu schaden. Wenn sie aber weiterhin entgegengesetzte Positionen vertraten, konnte das damit enden, daß jeder seiner eigenen Wege ging.

Daniel und Rita zwangen sich bewußt, damit aufzuhören, ihre mißliche Lage aus der Sicht von entweder/oder, alles oder nichts zu betrachten. Sie machten zusammen ein Brainstorming und schrieben zunächst einmal alles an Möglichkeiten auf, was ihnen in den Sinn kam, ob vernünftig oder nicht, um ihren kreativen Einfällen für die Lösung des Problems Raum zu geben. Schließlich beschränkten sie ihre Liste auf drei realistische Möglichkeiten: Rita konnte in die Stadt ziehen und am Wochenende mit dem Zug nach Hause kommen. Oder Rita zog in die Stadt, und Daniel würde an den Wochenenden zu ihr fahren. Sie blieben schließlich bei der dritten Alternative, die zum Teil durch Ritas höheres Einkommen möglich wurde: Daniel würde seine Arbeit auf eine Halbzeitarbeit reduzieren. Obwohl sie dann immer noch mit einem bescheideneren Lebensstil auskommen mußten, konnten sie durch Daniels reduzierte Arbeitslast vier Tage zusammen in ihrem Hauptwohnsitz in der Stadt verbringen, und Daniel konnte seine persönlichen und beruflichen Beziehungen in seiner Heimatstadt aufrechterhalten. Zwei Haushalte führen hieß auch, daß Daniel und Rita einige Wochenenden in ihrem Familienzuhause verbringen konnten und alte Freundschafts- und Gemeindebande nicht abreißen lassen mußten.

Wenn die Grenzen persönlicher Belastbarkeit auf dem Spiel stehen, können die spontan auftretenden Reaktionen zur Verteidigung des elementaren Selbstgefühls eine ansonsten stabile Beziehung ernsthaft bedrohen. Starke Emotionen können auch die vorhandenen Entscheidungs- und Lösungsmöglichkeiten verdunkeln. In Rita und Daniels Fall schätzten beide ihre Arbeit als einen wesentlichen Teil ihres Lebens; keiner von beiden war bereit, in bezug auf das eigene Wesen und Wachstum Kompromisse einzugehen – auch nicht um des geliebten Partners willen. Hätten Daniel und Rita ihr anfängliches Schwarz-Weiß-Denken nicht durchbrochen, wären sie wahrscheinlich auseinander gegangen.

*Feste Grenzen*

Menschen haben intellektuelle, physische und emotionale Grenzen, die auf unterschiedliche Weise verletzt werden können. Im zweiten Kapitel wurden feste persönliche Grenzen und deren Achtung als ein Schlüsselelement für gesunde Familien beschrieben. Im dritten Kapitel haben wir besprochen, wie wichtig es ist, daß Grenzen feststehen, ohne rigide zu sein. Es wurde darauf hingewiesen, daß extrem durchlässige persönliche Grenzen charakteristisch für Beziehungssüchtige und für Kinder sind, denen emotional, physisch oder sexuell Gewalt angetan wurde.

Für den Aufbau einer tragfähigen Liebesbeziehung ist es nicht nur wichtig, daß jeder weiß, wann und wie er klare Grenzen zieht, sondern daß er auch die Grenzen und Einschränkungen akzeptieren und respektieren kann, die vom Partner gesetzt werden. Wie durch Rita und Daniels Geschichte illustriert wurde, sind diese Grenzlinien ein Ausdruck von wirklicher Selbstkenntnis und können zur Brücke für das Gefühl von Vertrauen, Sicherheit und Akzeptanz werden.

Im besten Falle beruhen persönliche Grenzen auf Ihren eigenen inneren Impulsen, nicht auf Ihrer Reaktion auf äußere Reize. Wie es durch ein Modell sichtbar wird, ist entscheidend, wo sich der Grenz-»Reißverschluß« befindet: außen, wo er durch andere willkürlich betätigt werden kann, oder innen, wo er der Kontrolle des Grenzinhabers unterliegt.[6] (Vergleiche Abbildung 8.)

Es verleiht ein Gefühl von Selbstermächtigung, wenn man die Durchlässigkeit der eigenen Grenzen bestimmt und reguliert. Realistisch gesehen, fällt das nicht immer leicht, weil Situationen auf uns einstürmen, die eine sofortige Stellungnahme von uns fordern. Wenn es uns unvorbereitet trifft, können wir in die Extreme gehen und überhaupt keinen Widerstand gegen die Grenzverletzung durch andere leisten, oder uns emotional total verschließen, wobei wir eher reagieren, als aus dem Spektrum möglicher Antworten bewußt eine auswählen.

Extrem durchlässige Grenzen stellen für die Genesung von Beziehungssüchtigen eine wirkliche Bedrohung dar. Wenn das Selbstgefühl eines Menschen (oder sein Gefühl für persönliche Grenzen)

Der Reißverschluß-Metapher

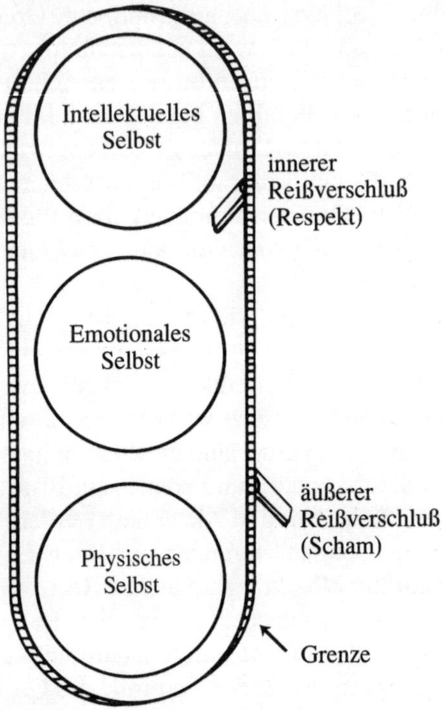


*Abbildung 8*

Quelle: Merle A. Fossum, Marilyn J.Mason: Facing Shame: Families in Revcovery. New York, W.W.Norton, 1986. S.71

anfällig ist, ist die Wahrscheinlichkeit größer, daß einzelne Ausrutscher in das Suchtverhalten zum totalen Rückfall eskalieren. (Auf vorbeugende Maßnahmen gegen Ausrutscher und Rückfälle gehen wir in Übung III am Ende dieses Kapitels genauer ein.)

Wenn Sie feste Grenzen ziehen und aufrechterhalten, liegt es auch in Ihrer Verantwortung, klar mitzuteilen, wo Sie Einschränkungen machen; es ist nur fair, daß Ihre Freundinnen und Freunde und Ihr Partner die Möglichkeit erhalten zu entscheiden, ob sie solche Einschränkungen akzeptieren können.

Bei Inzestopfern zum Beispiel, die als Kinder belästigt wurden, können selbst als Erwachsener noch plötzliche, quälende Erinnerungsbilder auftauchen. Die Erfahrung, auf diese Weise verletzt worden zu sein, kann bei einer Frau in sexuellen Beziehungen zu Einschränkungen führen – auch dann, wenn sie jetzt mit einem Partner zusammen ist, der mit dem sexuellen Mißbrauch in keinster Weise etwas zu tun hatte. Selbst wenn ihr Unbehagen als Reaktion auf einen gegenwärtigen äußeren Stimulus zutage tritt, ist es in Wirklichkeit ein Überbleibsel aus ihrer Vergangenheit. Sie muß ihren Partner klar wissen lassen, wie ihre sexuellen Grenzen aussehen, damit ihr Gefährte wiederum in sich gehen und sich fragen kann, ob die Situation für ihn akzeptabel ist. Das gilt auch für die Opfer einer Vergewaltigung – aber die emotionalen Verletzungen aufgrund von Inzest sind schwerer zu heilen. Leider sind Grenzübertretungen dieser Art nicht so selten, wie wir glauben mögen. Sie können zu schweren Herausforderungen oder Hindernissen werden, je nachdem welchen Stellenwert Sexualität in einer Liebesbeziehung hat.

### *Sexualität in Beziehungen*

Eine gesunde Sexualität ist eine Quelle für sinnliches und körperliches Vergnügen. Sie kann ein Ausdruck von Vertrauen, Liebe, Zärtlichkeit, von Zuneigung, Kreativität und Verspieltheit sein. Sexualität ist eine tiefgreifende Form von Kommunikation – tatsächlich wächst mit zunehmender Verbundenheit in einer Beziehung die Wahrscheinlichkeit, daß der Ausdruck von Sexualität alle möglichen subtilen, vielleicht unausgesprochenen und häufig nicht wahrgenommenen nonverbalen Kommunikationsabsichten verfolgt, die über direkte Äußerungen hinausgehen. Menschen benutzen Sex als körperliche Abfuhr von Streß, Angst oder Wut, um Schlaflosigkeit zu begegnen, als Ersatzphantasie für eine harte Wirklichkeit, um der Einsamkeit oder einem Gefühl von Entfremdung zu entkommen, Gespräche über unerfreuliche oder unangenehme Gefühle zu vermeiden und selbst um unbewußt zu kontrollieren, zu manipulieren oder zu bestrafen.

Unsere Gesellschaft hat die Tendenz, Leistung überzubewerten; deswegen können wir gelegentlichem sexuellen Desinteresse oder mangelnder Erregung bei uns selbst oder unserem Partner zuviel Bedeutung beimessen. Menschliche sexuelle Bedürfnisse und Energien folgen einem natürlichen Rhythmus von Ebbe und Flut, was Veränderungen in Häufigkeit, Tempo und Intensität einschließt. Es ist nicht ungewöhnlich, daß Menschen weniger sexuelles Interesse haben, wenn der Streß bei der Arbeit ungewöhnlich groß ist, oder sie unter dem Einfluß einer Sucht stehen. Partner von Spielern, die auf Rennpferde setzen, berichten, daß das sexuelle Interesse ihres Gefährten in direktem Zusammenhang mit der Rennsaison steht. Solche Schwankungen sind wie das Wetter: im wesentlichen veränderlich. So wie man keine Schlußfolgerungen über das generelle Klima einer Gegend ziehen würde, in der man zwei Wochen sintflutartige Regenfälle oder sengende Hitze erlebt hat, so kann man anhand von unberechenbaren sexuellen Zyklen auch keine Schlußfolgerungen über eine körperliche Partnerschaft ziehen. Die Qualität der Sexualität *insgesamt* stellt das »Klima« und das allgemeine Barometer für die körperliche Beziehung dar.

Selbst wenn eine sexuelle Störung auftritt, ist sie meistens nicht annähernd so schwerwiegend, wie die Betroffenen vielleicht glauben. Und paradoxerweise wächst mit der Besorgnis der Partner über ihre sexuelle Leistungsfähigkeit die Wahrscheinlichkeit, daß sich die Schwierigkeiten verstärken. Viele sexuelle Störungen sprechen auf die Behandlung durch eine kurzfristige Sexualtherapie an. Tritt die Störung hingegen nur mit einem bestimmten Partner auf, kann das ein Hinweis darauf sein, daß mit der Beziehung etwas nicht stimmt.

In einer sexuellen Beziehung ist es für die Partner wichtig herauszufinden, was sie sich gegenseitig über Sexualität mitteilen oder – was verbreiteter ist – nicht mitteilen. Sind ihre Botschaften generell positiv oder negativ? Stimmen ihre Kommunikationsebenen überein – das heißt, ist die Botschaft als verbale die gleiche wie als nonverbale, oder ist sie vermischt? (Auf Nachfrage würden die meisten Menschen, die in Beziehungen leben, sagen, daß Sexualität zu ihren Prioritäten gehört. Und doch verbannen dieselben Menschen

Sexualität auf den späten Abend, wo sie nach einem langen Tag müde sind – und ihnen nicht einfallen würde, irgendein anderes wichtiges Unternehmen anzufangen!) Welche Themen werden aufgrund von Angst oder Scham vermieden? Manchmal kann man mehr Licht in potentiell schwierige Bereiche bringen, wenn man darauf achtet, was nicht besprochen wird, statt auf das, worüber man redet.

Kinder aus gestörten Familien gewinnen oft verzerrte Ansichten über Sexualität. Die Eltern können ihnen völlig distanziert und asexuell vorgekommen sein, oder Sexualität wurde mit Konflikten und Gewalttätigkeiten assoziiert, mit betrunkener Nacktheit und sogenannten »versehentlichen« Berührungen. Solche Familien versagen fast alle, wenn es darum geht, sexuelle Offenheit und Ehrlichkeit oder eine sexuelle Erziehung überhaupt zu vermitteln.

Menschen können auf ähnliche sexuelle Erfahrungen unterschiedlich reagieren. Im Verlauf der Zeit und mit Hilfe von Zärtlichkeit und Geduld sowie der Bereitschaft, den anderen besser kennenzulernen, können Partner die sexuelle Harmonie zwischen sich verbessern und ein intimes Klima herstellen, in dem sich beide total frei fühlen, ihre Sexualität und Sinnlichkeit miteinander auszudrücken. Weil Vertrauen Hingabe ermöglicht, die für die sexuelle Begegnung so wichtig ist, ist Vertrauen auch das Aphrodisiakum für zwei Menschen – und nicht Drogen, Alkohol oder Liebesabenteuer.

### *Zeit zu zweit*

Die Zeit, die Menschen ihrer Hauptbeziehung in Relation zur Gesamtzeit, die sie zur Verfügung haben, widmen, wird oft als Maßstab für ihr verbindliches Engagement und die Wichtigkeit gesehen, die die Beziehung – oder Beziehungen im allgemeinen – in ihrem Leben haben. Trotzdem kann die Zeitrechnung nicht auf eine simple Formel gebracht werden. In unserer fordernden Welt gibt es große Unterschiede in der Zeit, die, sagen wir, ein Kassierer und der leitenden Direktor einer Bank, eine alleinstehende Krankenschwester auf einer Entbindungsstation und eine verheiratete Hebamme mit Ehemann und zwei kleinen Kindern zur Verfügung haben.

Und weil bei Paaren immer häufiger beide berufstätig sind, wächst auch die Diskrepanz zwischen den Zeitbedürfnissen und der verfügbaren Zeit zweier Partner. Die Zeit der Hebamme wird sehr begrenzt sein. Und ob die Zeit, die sie für die Beziehung hat, mit den Wünschen und Bedürfnissen ihres Ehemanns zusammentrifft, hängt zum Teil wiederum von dessen Verfügbarkeit und Verpflichtungen ab. Wenn er ein Lehrer ist, der die Abende gern mit seiner Familie zu Hause verbringt, jeden Sommer frei sowie weitere Schulferien im Jahr hat, kann er mit den zeitlichen Verpflichtungen seiner Frau weniger glücklich sein, als wenn er selbst Geburtshelfer ist oder ein Lehrer, der sich leidenschaftlich für die örtliche Agrarpolitik engagiert, im Chor mitsingt und die Fußballmannschaft trainiert.

So wie Sexualität ist auch Zeit in Beziehungen ein zweischneidiges Kommunikationsmittel. Sie kann als eine Möglichkeit benutzt werden, Anteilnahme und Fürsorge auszudrücken, oder als Machtinstrument und Verteidigungsschild gegen Intimität. In Suchtbeziehungen kann Zeit zum Zankapfel zwischen Distanzierer und Verfolger werden. In gleichgelagerten oder ausgewogenen Beziehungen wird Zeit oft ausgehandelt, in den Interaktionen einer Suchtbeziehung oder anderen gestörten Bindungen hingegen kontrolliert der Distanzierer die Beziehung, indem er die Zeit kontrolliert. Diese Dynamik ist in Isaak Dinesens Erinnerungen an ihre berühmte Beziehung mit dem Forscher Denys Finch-Hatton gut beschrieben, die in dem Film *Jenseits von Afrika* so prägnant wiedergegeben wird. Nach einem Besuch von wenigen Tagen auf ihrer Farm sagte Denys routinemäßig, daß er aufgrund dringender anderweitiger Verpflichtungen gehen müsse. Weder Isaaks Schmeicheleien noch ihre offen geäußerte Enttäuschung konnten irgend etwas ausrichten; manchmal waren seine Verpflichtungen einfach ein Vorwand für sein Bedürfnis, allein zu sein. Nach Denys' Ansicht konnte man Zeit einfach nicht aushandeln. Dahinter verbarg sich sein tiefes Mißtrauen gegenüber fortlaufender Routine und Tradition, die er als Falle betrachtete, die eine Gefahr für seine heftig verteidigte Freiheit darstellte. Isaak hingegen sah die Situation aus dem Blickwinkel ihrer eigenen Bedürfnisse – als Zurückweisung ihrer Person und als Angst vor Intimität und Verbindlichkeit auf Seiten ihres Liebhabers. *Heutzutage hören wir bei Paaren oft von dem Bedürfnis nach sinnvoll verbrachter Zeit zu zweit, und es heißt, daß das verheiratete amerikanische Durchschnittspaar aus der Mittelklasse sich in der Woche nur zwanzig Minuten Zeit für seine Beziehung nimmt.* Diese Zeit zu zweit ist für die Gesundheit einer Beziehung wichtig, weil sie nicht mit Gesprächen über Routinedinge, den Tages- oder Wochenablauf sondern damit verbracht wird, sich seine Gedanken, Sorgen und Gefühle mitzuteilen.

Im besten Falle ist die Zeit zu zweit unbegrenzte Mußezeit ohne eingebaute Termine, in der sich Ereignisse, Kommunikation und Aktivitäten ohne eine feste Struktur oder Tagesordnung in ihrem eigenen Rhythmus entfalten dürfen. Das erfordert nichts weiter als die Bereitschaft des Paares, offen und akzeptierend zusammenzusein und alles zuzulassen, was entsteht. Auch wenn unbegrenzte Zeit heute etwas seltenes sein mag, ist es für das Wohl einer wichtigen Beziehung doch ganz wesentlich, gelegentlich Mußezeit einzulegen. Für ein Paar mit Kindern im Haus kann das heißen, ein Wochenende auswärts zu verbringen, ohne die üblichen Sehenswürdigkeiten und Veranstaltungen absolvieren zu müssen, ohne Telefon oder Wecker, ohne liegengebliebene Büroarbeit, einen Stapel Sonntagszeitungen oder Kopfhörer, hinter denen man sich verstekken kann, ohne einen Haufen gegenseitiger Erwartungen, außer der, offen miteinander zu kommunizieren und sich seine Gefühle mitzuteilen. Sicher ist auch ein solches Wochenende begrenzt, aber innerhalb dieser Tage kann die Zeit in ihrem eigenen Rhythmus ohne Unterbrechung durch irgendwelche äußeren Zwänge dahinfließen. Andere Paare können vielleicht ihre Mußezeit besser zu Hause verbringen und beschließen, sich einen Samstagabend oder den folgenden Sonntag (oder beide) von Verpflichtungen oder Terminen freizuhalten und nur das zu tun, zu sagen und zu sein, was den Aktivitäten, Gedanken oder Gefühlen entspricht, die im Augenblick auftauchen.

## Rachel und Jochen

Als sie eine Paarberatung anfingen, konnte Rachel sich nicht daran erinnern, während ihrer elfjährigen Ehe jemals Zeit für die Beziehung – oder Mußezeit – mit Jochen zusammen verbracht zu haben. Rachel war genesende Kokainsüchtige, und Jochen war während der ganzen Zeit ihrer Ehe arbeitssüchtig gewesen. Sie verbrachten sehr wenig Zeit zusammen. Sogar zum Abendessen kam Jochen selten rechtzeitig nach Hause, und die meisten Wochenenden verbrachte er im Büro. Das Resultat war, daß sie eine distanzierte, sehr konfliktreiche Ehe führten, die nur aus Arbeit ohne Spiel bestand. Jochen und Rachel hatten niemals gelernt, offen miteinander zu kommunizieren, und ihre beiden Kinder fingen an, Symptome für ihre gestörte Erziehung wie ausagierendes Verhalten und schlechte Noten zu zeigen. Rachel fühlte sich als Opfer, hilflos und ohnmächtig; ihr Ärger, der sich nach innen richtete, manifestierte sich als Depression. Jochen stand ständig unter selbst produzierter Spannung, die er nonverbal an die Kinder weitergab, wenn er zu Hause war. War er in der Nähe, zankten sich die beiden ständig. Jochen schrie sie an, sie seien Störenfriede, und Rachel, weil sie nicht dafür sorgte, daß sie sich benahmen, und dann benutzte er das Gezanke der Kinder als Vorwand, um aufzustehen, die Tür zuzuknallen und sich in sein Büro zurückzuziehen, wo er lediglich mit einem Computer auskommen mußte, dessen Reaktionen voraussagbar waren.

In der Paarberatung wurden Rachel und Jochen für ihre erste Aufgabe gebeten, jeder für sich eine Liste mit drei Dingen aufzustellen, die sie gerne miteinander getan hatten, als sie sich kennenlernten, und eine zweite Liste, in der sie drei Dinge aufführen sollten, die sie heute gern miteinander tun würden. Dann wurden sie aufgefordert, ihre Listen miteinander zu vergleichen. Auf diese Weise begannen sich positive Seiten herauszuschälen, die sie miteinander geteilt und beinahe vergessen hatten, da sie sich schon so lange auf die konfliktbeladenen, negativen Aspekte ihrer Beziehung konzentriert hatten. Indem ihnen die positiven Gemeinsamkeiten zu Beginn ihrer Beziehung neu vor Augen geführt wurden, konnte die Übung zugleich zum Ausgangspunkt für eine neue gegenwärtige Verbindung werden.

Obwohl gemeinsame Interessen zum Vorschein kamen, mußten Jochen und Rachel sich fast völlig neu kennenlernen. Trotz ihrer gemeinsamen elf Jahre hatte es praktisch keinerlei Intimität zwischen ihnen gegeben – teilweise, weil Jochen emotionaler Nähe ausgewichen war, zum Teil auch, weil Rachel aufgrund ihres Drogenkonsums zu Beginn ihrer Ehe gefühlsmäßig dicht gemacht hatte. Ihre Therapeutin erkannte, daß die beiden langsam, in sich ganz allmählich steigernden Zeitabschnitten lernen mußten, zusammenzusein.

Ihre erste »Übung«, Zeit zu zweit zu verbringen, sollte auf anderthalb Stunden begrenzt sein. Die aktive Person würde etwas planen, und der andere sich einverstanden erklären, daran innerhalb der zugemessenen Zeit teilzunehmen. Sie warfen eine Münze. Rachel bekam die Leitung, und weil sie meinte, das würde beiden Spaß machen, entschied sie sich für einen Besuch in einem vornehmen chinesischen Restaurant, das in ihrer Nachbarschaft erst kürzlich eröffnet hatte.

Dieses erste Experiment verlief von Anfang an am Rande einer Katastrophe. Jochen machte den Abend schlecht, wo er nur konnte. Er schmollte und sprach auf dem ganzen Weg zum Restaurant kein einziges Wort. Er machte eine Szene, weil der Tisch, den sie reserviert hatten, bei ihrer Ankunft noch nicht ganz freigeräumt war. Er beschwerte sich darüber, daß die Preise zu hoch, das Essen zu stark gewürzt und die Bedienung zu langsam sei. Mit ihrem spontanen Lachen über den albernen Spruch, der in ihren »Glückskuchen« eingebacken war, durchbrachen sie schließlich ihre Isolation und ihr Unbehagen. Beim Verlassen des Restaurants legte Jochen seinen Arm um Rachels Schulter, und sie gingen still nach Hause.

Die Woche darauf war Jochen an der Reihe, etwas zu planen. Auch diesmal lautete die Anleitung, einen gemeinsamen Abend mit etwas Erfreulichem zu verbringen. Und wieder wurde der Anfang der Übung beinahe zur Katastrophe. Jochen, der das Zeitlimit außer acht ließ, hatte heimlich für das ganze Wochenende einen Babysitter organisiert. Als er und Rachel ein Zeitlang gefahren und sich in einiger Entfernung vom Haus befanden, verkündete er stolz, daß er

Pläne für beide gemacht hatte, das ganze Wochenende wegzubleiben. Rachel wurde sehr ärgerlich, weil sie für Sonntag bereits etwas vorhatte. Ihr Ärger steigerte sich zu Wut, als Jochen ihr erzählte, er dachte, es sei nett, seine Familie in der nächsten Stadt zu besuchen, »solange sie von zu Hause weg waren.« Er hatte vorher angerufen, und seine Mutter freute sich schon darauf, daß sie zum Abendessen kämen und die Nacht dort verbrächten. Rachel fühlte sich mißachtet und entmutigt, weil Jochen die Zeit, die nur ihnen beiden gehören sollte, für den üblichen Besuch bei seiner Familie nutzen wollte. Sie war auch im Zwiespalt; sie dachte, sie müsse imstande sein, Jochens Plänen Beifall zu spenden. Statt dessen hatte sie Schuldgefühle, weil sie wegen seiner einseitigen Entschlußfassung, durch die wieder einmal ihre Hilflosigkeit und Ohnmacht hervorgerufen wurden, ärgerlich auf ihn war. Aber als sie versuchte, mit ihm darüber zu sprechen, war er an der Reihe, überrascht zu sein. »Aber so erledige ich nun einmal meine Geschäfte!« rief er aus. Rachel begriff zum ersten Mal, daß Jochen nur eine Form kannte, sich zu beziehen, nämlich die, mit der er durch seine Arbeit als Ingenieur für Elektroniksysteme vertraut war. All die Jahre hatten sie zwei verschiedene »Sprachen« gesprochen, und keiner hatte verstanden, was der andere sagte.

Trotz all dieser Fehlstarte fangen Rachels und Jochens Experimente zu zweit allmählich an, für beide befriedigender zu werden. Sie haben noch keine gemeinsame Sprache entwickelt, auf deren Basis sie unstrukturierte intime Zeit miteinander verbringen könnten, aber sie sind in der Lage, länger als nur ein paar Minuten und Stunden hintereinanderweg etwas zusammen zu machen.

### *Freundschaft*

Sollten Jochen und Rachel in der Zeit zu zweit zu Intimität gelangen, kann vielleicht auch Freundschaft zwischen ihnen blühen. Kahlil Gibran fragt: »Denn solltet ihr euren Freund suchen um Stunden totzuschlagen? Suchet ihn nur um Stunden mit ihm zu leben. Denn sein ist, euer Bedürfnis zu erfüllen, nicht aber eure Leere.«[7]

Freundschaft ist eine Hauptstütze für intime Beziehungen. Im sechsten Kapitel werden wir uns die vielen Gewänder anschauen, in denen Freundschaft auftritt, einschließlich der Geliebten, die zu Freunden werden, und der Freunde, die zu Geliebten werden. Freundschaft ist sicherlich keine Voraussetzung für das Eingehen einer intimen Liebesbeziehung. Und trotzdem kann man sich nur schwer vorstellen, daß eine solche Beziehung sich zu einer gesunden, guten, liebevollen Partnerschaft entfaltet, wenn sie auf ihrem Weg nicht ein starkes Element von Freundschaft entwickelt. Denn in Freundschaften finden wir die Essenz der selbstlosen, bedingungslosen gegenseitigen Anteilnahme, die die Stärke und das Wachstum der Freundschaft – und der Befreundeten – nährt.

## Übungen: Beziehungen in Ihrem Leben

Beim Lesen dieses Kapitels sowie der Beispiele haben Sie vielleicht gelegentlich eine flüchtige Ahnung von unerledigten Dingen oder unbekanntem Gebiet in den früheren und gegenwärtigen Beziehungen Ihres eigenen Lebens gehabt. In diesem Abschnitt haben Sie Gelegenheit, Ihre eigenen Forschungen zu betreiben. Immer wenn wir in der Lage sind, die Schritte zurückzuverfolgen, mit denen wir uns in den Wald verirrt haben, können wir das nächste Mal auch den Weg leichter finden, der wieder hinausführt.

### *Übung 1: Frühere und augenblickliche Geliebte*

Fertigen Sie eine Kopie der Beziehungsgeschichtskarte aus dem zweiten Kapitel an. In das obere Kästchen von Spalte 3 schreiben Sie den Namen Ihres gegenwärtigen oder letzten Partners. Über Spalte 4 setzen Sie den Namen eines für Sie wichtigen, intim vertrauten Menschen aus Ihrer Vergangenheit. Stellen Sie sich außer den in dieser Karte vorgegebenen Fragen folgende Zusatzfragen (wenden Sie diese sowohl auf die frühere als auch auf Ihre gegenwärtige Beziehung an, auch wenn die Fragen in der Gegenwartsform formuliert sind):

1.

a. Welche Eigenschaften und Charakterzüge schätze ich an meinem Partner am meisten?
b. Welche Eigenschaften und Charakterzüge schätzt mein Partner meiner Meinung nach an mir am meisten?
c. Welche Eigenschaften und Charakterzüge schätze ich an mir selbst am meisten?
d. Welche Eigenschaften und Charakterzüge schätzt mein Partner meiner Meinung nach an sich am meisten?
e. Gibt es in meiner augenblicklichen Beziehung eine Diskrepanz zwischen dem, was ich an unserer Art des Zusammenseins schätze und dem, was jeder von uns an sich selbst schätzt?

Wenn Ja, beruht diese Diskrepanz auf dem Suchtcharakter der Beziehung?
Wenn die Antwort Ja lautet – welche(n) konkrete(n) Schritt(e) kann ich unternehmen, um die Sucht zu durchbrechen? Wenn die Antwort Nein lautet – welche(n) konkrete(n) Schritt(e) kann ich unternehmen, um diese Kluft zu verringern?

2.
a. In welcher ganz konkreten Form fördere ich diese Beziehung bewußt?
b. In welcher ganz konkreten Form fördert mein Partner diese Beziehung bewußt?
c. Sind von meiner Seite irgendwelche Veränderungen erforderlich? Wenn ja, zu welchem(n) konkreten Schritt(en) bin ich in den nächsten Monaten bereit, um die Situation zu verbessern?

3.
a. Wie sehen die drei Verhaltensweisen oder Äußerungen aus, durch die ich meinen Partner mit *übereinstimmenden* Botschaften habe wissen lassen, daß er oder sie für mich wichtig ist (in den letzten Monaten, für Ihre augenblickliche Beziehung)?
b. Wie sehen die drei Verhaltensweisen oder Äußerungen aus, durch die mein Partner mich mit *übereinstimmenden* Botschaften hat wissen lassen, daß ich für ihn oder sie wichtig bin (in den letzten Monaten, für Ihre augenblickliche Beziehung)?

### *Übung II: Der Kommunikationsinhalt*

An früherer Stelle haben wir über Kommunikation hauptsächlich als Prozeß gesprochen. Wir haben die verbale und die nonverbale Kommunikation erwähnt, und daß übereinstimmende Kommunikationsstile erforderlich sind. Der *Inhalt* der Kommunikation zwischen zwei Menschen kann ebenfalls Aufschluß darüber geben, wie offen oder intim sie miteinander sind. Welcher der sechs angegebenen Kommunikationsinhalte ist für Ihre augenblickliche Beziehung am typischsten (diejenige, die Sie für Übung I festgelegt haben)? Beachten Sie, daß Sie diese Übung auch gut auf Freundschaften anwenden können.

*Klischee-Kommunikation*

Bei dieser Art der Kommunikation ist die Selbstmitteilung am geringsten. Sie reden über triviale Angelegenheiten und wiederholen entweder Dinge, die beide bereits wissen, oder beschreiben langatmig unbedeutende Einzelheiten aus Ihrem äußeren Leben, die weder über Sie Aufschluß geben, noch für den Zuhörer etwas erhellen. »Gestern habe ich mir einen falschen Fingernagel abgebrochen, und du kannst dir nicht vorstellen, wie schwer es war, jemanden zu finden, der ihn mir noch rechtzeitig für den Abend wieder in Ordnung bringen konnte, der wirklich wichtig für mich war, weil...« (Schnitt – hier kommen fünf Minuten Beschreibung, was an dem gestrigen Abend wichtig war). »Zuerst habe ich bei... angerufen...« (Zehn Minuten Geplapper über die Terminschwierigkeiten bei verschiedenen Manikürsalons.)

*Förmliche Kommunikation*

Dies ist der typische, fast automatisch ablaufende Austausch über das Wetter (»Solche Stürme sind für diese Jahreszeit ganz ungewöhnlich!«), das Schwelgen in der Vergangenheit (»Ich weiß noch, daß man 1963 ein Pfund Hackfleisch für... kaufen konnte.«) oder die rein formale Nachfrage nach der Gesundheit: »Wie geht's?« – »Danke, gut. Und Ihnen?« Auch wenn der Inhalt scheinbar genauso oberflächlich ist wie der von Klischee- Kommunikationen, erfüllt doch diese Form von Interaktion die sozial anerkannte Funktion, Verbindungen – wenn auch flüchtige – mit Fremden oder fast Fremden wie dem Postboten, dem Ladeninhaber nebenan, dem Bekannten an der Bushaltestelle herzustellen.

*»Tatsachen«-Bericht über andere*

Mit dieser Gesprächsform vermitteln Sie nichts über sich und laden auch andere nicht ein, etwas von sich mitzuteilen. Sie geben Klatsch, Gesprächsfetzen und kleine Geschichten über andere wieder: »Hast du schon das neueste von Sally und Robert gehört?« »Du kannst dir nicht vorstellen, was Peter gestern passiert ist!«

*Ihre Vorstellungen und Meinungen*

Auf dieser inhaltlichen Ebene beginnen Sie, etwas von sich mitzuteilen. Sie riskieren es, Ihrem Zuhörer Ihre Vorstellungen zu erzählen und Ihre Meinungen und Entscheidungen darzulegen. »Ich möchte dir gern meine Meinung zu diesem Thema mitteilen.« »Nun, ich sehe das anders. Laß es mich erklären.« »Wenn es nicht um Martin Luther King gegangen wäre...«

*Ihre Gedanken und innersten Gefühle*

Wenn Sie wirklich möchten, daß andere erfahren, wer Sie sind, müssen Sie ihnen vom Flattern in der Magengrube, vom starken Herzklopfen und der zugeschnürten Kehle erzählen, nicht nur von den Gedanken, die Ihnen durch den Kopf gehen. »Ich fahre heute nach Hause und habe wirklich Angst.« »Wenn ich mit dir zusammen bin, fühle ich mich sehr wohl.« »Ich werde ärgerlich, wenn ich das Gefühl habe, daß du mir nicht zuhörst.«

*Kommunikation auf höchster Ebene*

Diese Kommunikationsform ist durch absolute Offenheit und Ehrlichkeit gekennzeichnet. Sie ist zentral für die an früherer Stelle erwähnte Übereinstimmung von verbalen und nonverbalen Botschaften. »Als ich das erste Mal hierherkam, habe ich mich so unwohl gefühlt, wie ein Fisch auf dem Trockenen.« »Genauso habe ich mich auch gefühlt! Ich hatte keine Ahnung, daß es anderen auch so ging. Ich bin dir sehr dankbar dafür, daß du mir das sagst.«

Es gelingt oft, die inhaltliche Ebene von Kommunikation zu vertiefen und auf eine intimere Ebene zu heben, wenn zumindest einer der Partner bereit ist, das Risiko einzugehen, sich offener und verletzlicher zu zeigen. Sind Sie dazu bereit?

### *Übung III: Ausrutschern und Rückfällen vorbeugen*

Im Verlauf der Genesung erleben Beziehungssüchtige oft das Gefühl, alles selbst in der Hand zu haben, eine »Ich-kann- alles«-Haltung – bis sie mit einer hochriskanten Situation konfrontiert sind. Für Beziehungssüchtige umfassen solche Situationen (1) den Umgang mit negativen Emotionen; (2) gesellschaftlichen Druck und (3) den Umgang mit zwischenmenschlichen Konflikten. Wenn die Person auf dem Weg zur Genesung die nötigen Fähigkeiten entwickelt, mit hochriskanten Situationen zurechtzukommen, wird ihr Gefühl von persönlicher Effektivität ihre Abwehrkräfte gegen Ausrutscher stärken. Darum ist es für Sie wichtig, daß Sie für jeden der vier folgenden Bereiche das Gebiet bestimmen, auf dem Sie persönlich anfällig sind:

#### *Suchtauslösende Personen*

Wie sehen Menschen aus, die Ihre Sucht auslösen könnten? Welche persönlichen Charakterzüge, Eigenschaften und welchen Lebensstil haben sie?

#### *Äußere Anhaltspunkte*

Wie sehen die konkreten Situationen aus, mit denen Sie unmittelbar vor, während oder nach einem Vorfall schwer zurechtkamen, der Ihre ungesunde Abhängigkeit oder den Verlust Ihrer Persönlichkeitsgrenzen auslöste?

*Mini-Entscheidungen*

Führen Sie zwei Wochen lang Tagebuch, um die subtilen Verhaltensweisen zu überwachen, mit denen Sie Ihre eigene Genesung möglicherweise sabotieren. Fahren Sie zum Beispiel seine Straße entlang, obwohl sie nicht auf Ihrem Weg liegt? Finden Sie fadenscheinige Gründe, sie anzurufen, obwohl Sie sich geschworen hatten, es nicht zu tun? Wieviel Energie bringen Sie für den Versuch auf, sich zurückzuhalten oder abzuwägen, ob Sie anrufen sollen oder nicht?

*Veränderungen des körperlichen Zustands*

Welche Gefühle führen zu Ihrer Besessenheit von der suchtauslösenden Person? Was macht Sie bedürftig? In welchen Zeiten sind Sie bedürftig? Wenn Sie sich einsam, unsicher, depressiv, besorgt oder … fühlen? Verspüren Sie das Bedürfnis zu kontrollieren? Zu beeindrucken? Zu manipulieren?
Auch wenn allein durch das Herausfinden Ihrer individuellen, situationsbedingten Risikomuster – was Alkoholiker schlüpfrige Orte nennen – Ihr Gefühl von persönlicher Effektivität gestärkt werden kann, ist die psychologische Schutzimpfung gegen Ausrutscher erst dann komplett, wenn Sie auf Ihre Einsichten eine problemlösende Haltung anwenden: finden Sie neue Alternativen zu alten Verhaltensweisen; hören Sie auf zu reagieren, und handeln Sie erst, nachdem Sie sich Zeit genommen haben, Ihre Entschlüsse zu durchdenken und reifen zu lassen.[8]

*Übung IV: Der Beziehungsweg*

Die folgende Skala führt noch einmal die Schritte für Beziehungen auf, die in diesem Kapitel festgelegt wurden. In wieweit sind diese in Ihrer augenblicklichen oder letzten Liebesbeziehung vorhanden?

1. Kreisen Sie die Zahl auf der Skala ein, die angibt, wo Sie Ihre Beziehung im Augenblick einstufen; Ihre Einschätzung sollte auf *konkreten* Verhaltensweisen oder Situationen beruhen.
2. Kennzeichnen Sie mit einem Pfeil den Platz auf der Skala, den Sie sich für Ihre Beziehung wünschen. Markieren Sie mit einem zweiten Pfeil den Platz auf der Skala, den diese Beziehung – realistisch eingeschätzt – erreichen kann.
3. Zum Schluß wählen Sie einen Punkt von der Liste, der für Sie vorrangige Bedeutung hat. Denken Sie darüber nach, was Sie tun könnten, um ihn in Ihre Beziehung zu integrieren, und erwägen Sie, mit Ihrem Partner über Ihren Wunsch zu sprechen.

Die Schritte zu gesunden Beziehungen, die in diesem Kapitel festgelegt wurden, gelten keinesfalls nur für Liebespartnerschaften. Sie bilden die Grundlage für jede Beziehung, die Offenheit und Intimität verspricht – einschließlich Freundschaft, die Thema des nächsten Kapitels ist.

Mindestwert Höchster Wert

1. Ähnlichkeiten

1 2 3 4 5 6 7 8 9 10

2. Fähigkeit, mit Veränderungen umzugehen

1 2 3 4 5 6 7 8 9 10

3. Zusammenpassende Werte

1 2 3 4 5 6 7 8 9 10

4. Effektive, offene Kommunikation

1 2 3 4 5 6 7 8 9 10

5. Effektive Bewältigung von Konflikten und Ärger

1 2 3 4 5 6 7 8 9 10

6. Effektives Verhandeln

1 2 3 4 5 6 7 8 9 10

7. Feste Persönlichkeitsgrenzen

1 2 3 4 5 6 7 8 9 10

8. Gesunder sexueller Ausdruck

1 2 3 4 5 6 7 8 9 10

9. Zeit zu zweit

1 2 3 4 5 6 7 8 9 10

10. Freundschaft

1 2 3 4 5 6 7 8 9 10

# 6 Der erste Meilenstein: Freundschaft

Von sämtlichen zwischenmenschlichen Beziehungsformen kann Freundschaft als die rätselhafteste gelten – und die Bedingungen für ihr Entstehen sind am schwersten zu fassen. Es gibt Freundschaften, die sind heldenhaft. Die Trauer des Achilles über den Tod seines Freundes Patroklus änderte den Verlauf des Trojanischen Krieges; das Umschlagen von Feindschaft in Freundschaft bei der Begegnung des mesopotamischen Regenten Gilgamesch und des wilden Bergmenschen Enikdu wurde zum weltumfassenden Ereignis; die Freundschaft zwischen Eleanor Roosevelt und der Journalistin Lorraine Hickock überlebte mehrere Jahrzehnte, lange Zeiträume sowie tausende von Kilometern der Trennung und die Unterschiedlichkeiten in Klassenherkunft, gesellschaftlichem Status und Wohlstand. Eine Dichterin beschrieb Freundschaft einmal als

den Trost, den unsagbaren Trost, sich mit einem Menschen sicher zu fühlen / ohne die eigenen Gedanken abzuwägen / noch die Worte zu berechnen, sondern sie so, wie sie uns kommen, unmittelbar auszubreiten, / Weizen und Spreu zusammen / gewiß, daß eine ehrliche Hand sie nimmt und aussiebt / behält, was wert ist, behalten zu werden / und mit dem Atem der Freundlichkeit / den Rest hinwegbläst.[1]

Obwohl Freundschaften zu den wichtigen Beziehungen in unserem Leben gehören, werden sie oft am stärksten vernachlässigt. Sie werden am wenigsten anerkannt, über sie wird am wenigsten geschrieben und nachgedacht. In dieser hektischen Zeit sind das oft die Beziehungen, um die wir uns am wenigsten kümmern und die für uns am selbstverständlichsten sind.

Was ist das Besondere an Freundschaften? Aristoteles, der vor fast zweieinhalbtausend Jahren schrieb, unterschied drei Arten von Freundschaft: Freundschaft, die auf Nutzen beruht, Freundschaft, die auf Lust beruht, und Freundschaft, die auf Tugend beruht – der Tugend beider Menschen, die befreundet sind. In dieser dritten und ganz besonderen Form der Freundschaft »liebt jeder den anderen für das, was er ist« und wünscht dem Freund alles Gute – ihm zuliebe und ohne versteckte Beweggründe oder Erwartungen, eine Beschreibung, die auch in der christlichen Idee von Agape oder bedingungsloser Liebe wieder auftaucht. Aristoteles glaubte, daß bedingungslose Freundschaft auch ein Element von Lust einschließt, »denn jede Freundschaft existiert wegen des Guten oder wegen der Lust«. Er schrieb:

Es ist freilich anzunehmen, daß solche Freundschaften selten sind. Denn wenige Menschen sind derart. Außerdem bedarf es langer Zeit und Gewöhnung. Denn wie das Sprichwort sagt, kann man einander nicht kennenlernen, bevor man nicht jenes bekannte Salz miteinander gegessen hat. So kann man auch nicht einander näherkommen und Freund werden, bevor nicht jeder dem anderen sich zuverlässig als liebenswert erwiesen hat. ... Denn Wille zur Freundschaft kann rasch entstehen, Freundschaft aber nicht.[2]

Die Qualitäten, die eine besondere, enge Freundschaft ausmachen, sind so zeitlos wie Aristoteles Worte. In diesen Tagen der rapiden Veränderungen und existentiellen Ungewißheit kann es kaum eine lohnenswertere Erfahrung geben als eine Freundschaft, die wir schätzen und die eine lange Geschichte hat – eine, die das Auf und Ab im Leben und Lieben der Befreundeten sowie deren Freuden und Sorgen, Unterschiedlichkeiten und Empfindlichkeiten überlebt hat. Barbara Ehrenreich beschreibt die Freundschaft mit ihrer besten Freundin »Joan« folgendermaßen:

Wir haben unsere Triumphe zusammen gefeiert, uns in Zeiten katastrophaler Trennungen von den verschiedenen Männern in unserem Leben liebevoll unterstützt, die großen Themen unserer Zeit miteinander diskutiert und wie verrückt über Dinge gegackert, die objektiv gesehen überhaupt nicht witzig waren. Wir haben uns gestritten und wieder zusammengetan; wir haben im selben Haus zusammengewohnt und tausende von Kilometern auseinander gelebt. Wir haben gelernt, uns harte Dinge zu sagen wie: »Du regst mich wirklich auf, wenn du...« und sogar: »Ich liebe dich.«[3]

Wer das große Glück hat, diese Art Freundschaft zu erleben, macht die starke Erfahrung, jemanden bedingungslos zu akzeptieren sowie selbst bedingungslos akzeptiert zu werden. Denn wirkliche Freundinnen und Freunde bieten uns zu den unterschiedlichsten Zeiten unseres Lebens ein sicheres Forum, in dem wir unsere halb ausgereiften Gedanken und zögernd wahrgenommenen Gefühle ausdrükken können, nehmen uns auf, wenn es in anderen Bereichen unseres Lebens stürmisch zugeht, retten unsere sinkende Selbstachtung und richten unsere am Boden zerschmetterte Seele wieder auf.

### *Ein Vorbild für Primärbeziehungen*

Enge Freundschaften sind auch gute Vorbilder für Primärbeziehungen – diese besonders wichtigen sexuellen Beziehungen, an die wir unsere Hoffnungen auf eine dauerhafte, verbindliche Liebespartnerschaft knüpfen. Es fällt uns so leicht, bei unseren engen Freundinnen und Freunden zuzulassen oder sie gar dazu aufzufordern, sich selbst gegenüber ehrlich zu sein, zu wachsen, ihrer persönlichen Suche nachzugehen – so leicht, an sie und an die Wahrheit dessen, was sie uns sagen, zu glauben, so leicht, ihre Schwächen voller Zuneigung zu tolerieren. Wenn wir doch nur imstande wären, unsere eigenen bedrohten Bedürfnisse auch zu bezwingen, wenn es darum geht, diese Art von Unterstützung und Vertrauen auf unsere Partner auszuweiten! Außer uns in guten wie in schlechten Zeiten zu begleiten und darin oft jede Liebesbeziehung zu übertreffen, können sehr gute Freundschaften wie die zwischen Barbara Ehrenreich und »Joan« auch viele der kostbarsten Dinge im Leben wie gemeinsames Spielen und Lachen fördern, die bei unserem Versuch, an »ernsthaften« Beziehungen hart zu arbeiten, so oft verloren gehen. Manchmal nehmen wir die Worte *Arbeit* und *ernsthaft* zu genau und setzen an die Stelle der gesunden Fähigkeit, über uns selbst und die Verrücktheiten unseres Lebens und unserer Beziehungen zu lachen, eine gewisse humorlose Verbissenheit. Diese Verbissenheit, das dringende Bedürfnis, es um jeden Preis »richtig zu machen«, ist aber bei Menschen, die in gestörten Familien aufwuchsen, nicht weiter überraschend. Als Kinder haben sie wahrscheinlich keine andere Möglichkeit gekannt, als ihre belastende Umgebung durch reinen Willensentschluß und das Zurückhalten ihrer Emotionen zu überleben. Genau deswegen ist Verspieltheit, Lachen und Weinen so wichtig, wenn Sie für Ihr inneres Kind erneut die Eltern spielen.

Freundschaft ist auf ihre Weise lohnenswert: für Aristoteles ist enge Freundschaft nicht von Intimität zu trennen – und mit Sicherheit auch nicht von unserem bereitwilligen Einsatz an Zeit, Aufrichtigkeit, Loyalität und Toleranz. Und weil außerdem Vertrauen auf der Basis von Intimität und Verbindlichkeit wächst, ist es auch deswegen lohnenswert, ein guter Freund oder eine gute Freundin zu sein, weil diese Erfahrung uns wahrscheinlich zu einfühlsameren und fürsoglicheren Liebespartnern und Lebensgefährtinnen werden läßt.

Doch obwohl es ähnliche Eigenschaften sind, die sowohl eine anregende Freundschaft als auch eine befriedigende Primärbeziehung ausmachen, gehen wir manchmal sexuelle Beziehungen mit Menschen ein, die wir nicht der Zeit und des Aufwands für wert halten, die es erfordern würde, Freundschaft mit ihnen zu schließen – weder bevor noch nachdem wir uns auf sie eingelassen haben! Und umgekehrt gilt, daß wir an unseren engen Freundinnen und Freunden meistens kein sexuelles Interesse haben.

So wie Vertrauen, Intimität und Verbindlichkeit für enge Freundschaften und für Primärbeziehungen Schlüsselfaktoren sind, ist Freundschaft paradoxerweise ein Schlüsselfaktor für sämtliche gesunden, erfüllten Liebesbeziehungen.

### *Freunde und Geliebte*

Freundschaft bietet uns die Möglichkeit, negative Beziehungsmuster aufzulösen, ohne durch die typischen gesellschaftlichen Vorurteile oder die emotionale Überfrachtung abgelenkt zu werden, die Liebebeziehungen oft belasten und für sie zum Hindernis werden. Immer wenn Sex mit im Spiel ist, kann unbewußte Abwehr ausgelöst werden, zum Beispiel in Form von Projektion oder projektiver Identifikation, – so wie auch in Paulas Fall (Kapitel 3). Da die Hetze und der Druck, sexuell leistungsfähig sein zu müssen, beiseite geräumt sind, vermeiden sexuell neutrale Freundschaften Verwirrungen und Komplikationen in der grundlegenden Interaktion zwischen zwei Individuen.

Kommt zu einer Freundschaft – oder auch zu jeder anderen Beziehung – Sexualität hinzu, verändert sich der Charakter dieser Beziehung unweigerlich – was ein weiteres großes, ungelöstes Beziehungsrätsel darstellt. Diese Verlagerung ist mehr als lediglich ein kulturelles Phänomen; sie scheint eine tiefgehende, archetypische menschliche Reaktion hervorzurufen. Plötzlich können die Erwartungen sich verändern, die Forderungen anwachsen und ein neues besitzergreifendes Verhalten sowie ein Gefühl von Eigentumsrecht sich einschleichen. Wir suchen nicht mehr nur die Unterstützung und Nähe durch Freundschaft, wir erleben diesen mysteriösen, mit Verliebtheit einhergehenden Impuls, uns mit dem anderen zu vereinigen und mit ihm zu verschmelzen. Vielleicht lösen sexuelle Begegnungen eine Reaktion aus, die der undifferenzierten ekstatischen Einheit gleicht, die das Kleinkind mit seiner Mutter erlebt – ein Zustand, den wir möglicherweise unser ganzes Leben lang unbewußt wieder herstellen möchten.

Das soll aber keinesfalls heißen, daß aus Freunden keine Liebenden werden können. Im Gegenteil, Liebende, die Zuneigung den Vorrang vor Lust geben, haben viel bessere Chancen, aus dem Verliebtsein echte Liebe und Intimität zu entwickeln, als Menschen, deren Begegnung vor allem auf »Chemie« beruht. Wenn wir einen Geliebten wirklich mögen und respektieren, lohnt es sich auch, die Freundschaft mit ihm zu retten, wenn deutlich wird, daß eine Ehe oder andere Primärbeziehung vorbei ist. Ganz gleich, wie das Ergebnis aussieht, es ist von großem Wert, diese Beziehung sorgfältig durchzugehen. Durch die Bereitschaft zu dieser Art von Transformation sind wir gezwungen, die zermürbenden Auswirkungen von Vorwürfen und Anklagen hinter uns zu lassen und uns auf Verzeihen, Toleranz und die Erkenntnis zuzubewegen, daß zur Beziehungsdynamik immer *beide* Partner beitragen.

Und darüber hinaus können wir durch die Kommunikation mit ehemaligen Geliebten als vertrauensvollen und vertrauenswürdigen Freunden viel über unser eigenes Verhalten in Primärbeziehungen lernen. Wenn wir erst einmal aus einer Liebesbeziehung aussteigen, und unbewußte Motivationen nicht länger die Wirklichkeit vernebeln, können wir klare Verhaltensmuster erkennen, die früher jeder Erklärung oder Vernunft zu widerstehen schienen. Pam, eine Therapieklientin, die in einem gestörten Zuhause aufwuchs, wo jedes Vertrauen praktisch unmöglich war, beendete vor kurzem eine schmerzliche Suchtbeziehung mit einem Partner, dem sie manchmal ziemlich ambivalente Gefühle entgegengebracht hatte und dessen Liebe sie niemals ganz vertraut hatte. Nach einer gewissen Zeit der Trennung beschlossen sie und Bernd, ihr früherer Partner, ihre Freundschaft und ihre fehlgeschlagene Liebesbeziehung auseinanderzuhalten. In diesem Prozeß war Pam schließlich imstande, daß erste Mal die Wahrheit zu erfahren, die ihr früher entgangen war. An dem Tag, als sie und Bernd die Therapie beendeten, wandte sie sich ihm zu und flüsterte: »Weißt du, ich war mir niemals so sicher wie jetzt, daß uns sehr viel aneinander gelegen ist.« Sie lachten und weinten durcheinander, während sie sich in den Armen hielten – ein begrüßenswertes Loslassen, durch das die Vergangenheit besiegelt und ein neuer Anfang gesetzt wurde.

## Karla

Karla, eine erfolgreiche und energische Geschäftsfrau Anfang dreißig, war dieses Jahr auf dem Gebiet Freundschaft mit sehr verschiedenen Themen konfrontiert. Seit ihren Teenagerjahren hatte Karla zu Männern und zu Frauen Beziehungen. Obwohl sie in geisteswissenschaftlichen Fächern und als Studentenführerin sowohl in der High School als auch auf dem College hervorragend war, ist es ihr immer schwergefallen, mit ihren Gefühlen in Kontakt zu sein. Anderen Menschen ihre Gefühle mitzuteilen, ist ihr noch schwerer gefallen. Weil sie aber entschlossen ist, mit einem anderen Menschen ein gemeinsames Leben aufzubauen, ist ihr sehr bewußt, wie wichtig diese Form von Selbstmitteilung für Beziehungen ist, und sie hat schwer daran gearbeitet, mehr mit sich selbst in Einklang zu kommen und ihre inneren Erfahrungen in Worte zu fassen.

In der Zeit von zwanzig bis dreißig hatte Karla mehrere kurze Beziehungen mit Männern. Dann ließ sie sich vor zwei Jahren auf eine Suchtbeziehung mit einer Frau ein, die mehrmals beendet wurde und wieder von neuem anfing. Kurz nachdem sie zusammengezogen waren, tauchte im Leben ihrer Geliebten, Catherine, eine alte Flamme auf. Catherine fühlte sich zwischen ihren beiden Liebhaberinnen hin und her gerissen und konnte sich nicht entscheiden. Nach einem Jahr belastender Unklarheit zog Karla aus und fing an, Grenzen zu setzen. Jedes Mal machte Catherine neue Versprechungen. Aber nach und nach verstrichen die Fristen, auf die sie sich geeinigt hatten, und wurden verlängert, ohne daß jemals etwas gelöst wurde.

Nachdem sie sich schließlich eingestehen mußte, daß sich nichts veränderte, begann Karla sich zurückzuziehen. In den letzten Monaten hatte sie nur gelegentlich Kontakt zu Catherine. Es ist ihr gelungen, sich aus der Situation zu lösen, indem sie sich emotional freigemacht hat. Sie hat gelernt, nicht auf die ambivalenten Botschaften ihrer ehemaligen Geliebten zu reagieren, die darauf abzielten, sie erneut in die alten Spiele zu verwickeln. Sie hat die Stärke entwickelt, keinen Kontakt zu initiieren und auf Catherines Anrufe nur einzugehen, wenn es sich angemessen und emotional sicher anfühlt.

Ihr Rückzug aus einer Beziehung, der sie zwei Jahre lang praktisch ihre ganze Zeit und Energie gewidmet hatte, zwang Karla, sich der Leere in ihrem Leben zu stellen. In einer Zeit, in der sie mehr denn je Unterstützung, Anteilnahme und ein Gefühl von Zugehörigkeit bräuchte, hat Karla keinen verläßlichen Freundeskreis. Statt daß Catherine und sie sich in den zwei Jahren ihres Zusammenseins für weitere Freundschaften geöffnet hätten, lebten sie eine Primärbeziehung, in der beide sich aufgrund ihrer engen und ausschließlichen Ausrichtung aufeinander von tiefergehenden Kontakten zu anderen Menschen abschnitten.

Glücklicherweise hat Karla eine gute Beziehung zu ihren Eltern. Als sie auf dem College anfing, beschloß sie, ihnen und ihren beiden Schwestern zu erzählen, daß sie sich nicht nur zu Männern sondern auch zu Frauen hingezogen fühlt. Ihre Familie lag ihr am Herzen, und sie wollte nicht eine wichtige Seite ihrer Persönlichkeit vor ihr verborgen halten. Die Familie hatte mit diesem neuen Wissen mehrere Monate lang zu kämpfen. Am Ende versicherten sie Karla erneut ihre Liebe, indem sie sie so akzeptierten, wie sie war, und ihren Kampf um Aufrichtigkeit sich selbst gegenüber respektierten. Trotz dieser Unterstützung litt Karlas Selbstachtung während der College-Jahre (und auch schon einige Jahre davor) stark. Sexualität ist ein wichtiger Aspekt unserer Identität als menschliche Wesen. Aber viele Menschen, die schwul, lesbisch oder bisexuell sind, wachsen mit geringem Selbstwertgefühl und mit Scham auf, weil sie das Gefühl haben, von allen Menschen, an denen ihnen liegt, bestraft und zurückgewiesen zu werden, wenn sie es riskieren, über diesen Aspekt ihrer Person offen zu sprechen.

In Karlas Fall waren die geringe Selbstachtung und ihr lebenslanger Kampf darum, ihre Gefühle herauszufinden, eher eine Reaktion auf den Druck ihrer Umgebung als auf ihre Familie. Unsere Gesellschaft betrachtet einen Menschen, dessen herausbildende Identität sich von der Mehrheit in irgendeiner Hinsicht sichtlich unterscheidet, immer noch als verdächtig und unakzeptabel – besonders wenn dieser Unterschied die sexuelle Orientierung betrifft. Dieser Ausschluß schadet vor allem dem Selbstgefühl von Frauen, die ihr Selbst in Beziehungen entwickeln.

Karlas Freundinnen auf der High School fühlten sich ausschließlich zu Jungen hingezogen und gaben ihre Vernarrtheiten lautstark kund, aber sie sah sich mit der unangenehmen Tatsache konfrontiert, daß sie sich von Zeit zu Zeit auch zu Menschen ihres eigenen Geschlechts hingezogen fühlte. Sich dieser Wahrheit stellen zu müssen, war für Karla beängstigend und verwirrend, und sie fühlte sich alleine – als wäre sie der einzige Mensch auf der Welt, der aus der universellen Ordnung herausfiel. Da sie niemanden hatte, dem sie ihre Gefühle mitteilen konnte, vergrub sie sie und lernte niemals, sie in Worte zu kleiden. Weil es sich so bedrohlich anfühlte, diese Seite von sich preiszugeben, fiel es Karla auch schwer, ähnliche Beziehungen mit Gleichaltrigen einzugehen wie ihre Mitschülerinnen. Sie wollte so gern akzeptiert werden. Sie traf sich mit Jungen und knutschte wie alle anderen Liebespaare auch mit ihnen in abgelegenen Gassen. Aber damit konnte sie nur einen Teil von sich zum Ausdruck bringen. Sie entwickelte das Gefühl, sich selbst und ihren Freunden gegenüber unaufrichtig zu sein. Sie mußte den Schmerz und die Verwirrung isoliert und heimlich ertragen, weil sie glaubte, es gäbe niemanden, dem sie über ihre Beziehungen mit anderen jungen Frauen etwas anvertrauen konnte.

Karlas Beziehungsschwierigkeiten als Erwachsene sind ein direktes Resultat dieses Rückzugs. Um zu überleben, lernte sie, ihre Gefühle abzuschalten und zu betäuben. Das Ergebnis ist, daß sie Probleme hat, sie auszudrücken. Es überrascht nicht, daß es Karla schwerfällt, ihre Bedürfnisse und Wünsche in Beziehungen herauszufinden und zu äußern.

Sämtliche Beziehungen Karlas wurden durch ihr Bedürfnis, sich zu schützen, beeinträchtigt. Ein Teil von ihr hat »dichtgemacht«, und sie ist nicht in der Lage, ihn offen und spontan auszudrücken. Bei heterosexuellen Freunden und Liebhabern war sie verschwiegen; es widerstrebte ihr, das Risiko einzugehen, ihnen ihre sexuellen Neigungen mitzuteilen. Ihre beiden sexuellen Begegnungen mit Frauen auf dem College verliefen heimlich, und im Anschluß daran folgte schuldbeladen ein kurzer Wirbel an männlichen Partnern. Weder sie noch die jungen Frauen, auf die sie sich eingelassen hatte, sprachen die Nachwirkungen der Ereignisse zwischen ihnen jemals an. Selbst ihre Familie, die Karla im allgemeinen unterstützte, hatte sie auf indirektem Wege wissen lassen, daß es ihr unangenehm war, über diese Seite von Karlas Identität Einzelheiten zu erfahren. Obwohl Karla inzwischen gelernt hat, sich mit ihrer sexuellen Identität wohler zu fühlen, hat sie in ihrer Kindheit sowohl Anerkennung für die Person vermißt, die sie wirklich war, als auch die Intimität, die durch das Teilen von Geheimnissen mit Freundinnen entsteht und die zum normalen Entwicklungsprozeß gehört. Bis auf den heutigen Tag wird ihre Selbstachtung durch diese tiefen Narben negativ beeinflußt.

Als sie nach dem Ende ihrer Beziehung mit Catherine anfing, über Freundschaft nachzudenken, kam Karla zu der Erkenntnis, daß sie enge Freundschaften nur über ihre sexuellen Verbindungen aufzubauen wußte; alle ihre wichtigen Freundinnen und Freunde waren ehemalige Geliebte gewesen. Sex schien für Karla – wie auch für viele andere Menschen – der leichteste und vertrauteste Weg zu sein, um eine enge Verbindung herzustellen. Für sie lag ein weiterer starker Anreiz, Liebhaberinnen zu Freundinnen werden zu lassen, darin, daß diese sicher waren. Karla mußte sie nicht anlügen oder das Risiko der Selbstenthüllung mit einkalkulieren und bekämpfen. Seit sie das alles entdeckt hat, ist Karla sehr darauf bedacht, sich nicht in eine neue sexuelle Beziehung zu stürzen, nur um die Leere auszufüllen, die die letzte hinterlassen hat, und sie ist sich dabei bewußt, wie anfällig sie dafür aufgrund ihrer gelegentlichen Einsamkeit ist. Sie hat beschlossen, ihrer Fähigkeit zu vertrauen, Beziehungen zu entwickeln, die potentiell zu engen Freundschaften werden können.

Wenn sie sich ihr gegenwärtiges soziales Leben noch einmal genau anschaut, erkennt Karla auch, wie schnell sie früher bereit war, Menschen als ihre Freunde zu bezeichnen. In einer ihrer Tagebucheintragungen fragt sie sich: »War ich so gierig nach Anerkennung, nach der Wärme menschlichen Kontaktes, daß ich mit einem einzigen riesigen, sprichwörtlichen Sprung versuchte, die Kluft zwischen bloßer Bekanntschaft und Freundschaft sofort zu überbrükken? War das eine weitere Variation des ›Alles-oder- Nichts-Denkens‹, das ich in der Vergangenheit betrieben habe? Sexpartner, Liebhaber, Nachbar, Gönner, Alter Ego, Begleiter, Spielkamerad, Mitwisserin, Verbündete, Ratgeber, Kollegin, Partner, Gefährtin, Kumpel, Schwester – wo ward Ihr alle, als ich Euch brauchte? ›Freund, Freundin‹ – das sind für mich ganz besondere Worte, die ich mir für die Handvoll ganz besonderer Menschen vorbehalte, deren Anwesenheit in meinem Leben ich auf ganz besondere Weise feiern und fördern kann, indem ich ihnen selbst eine wahre Freundin bin. Jetzt endlich verstehe ich den Bindestrich, den die Autorin Mary Daly in dem Wort ›be-freunden‹ verwendet: er steht für das Paradoxe der Freundschaft – etwas verläßlich festes und trotzdem ständig im Wandel, im Werden, sich selbst und die Befreundeten transformierend.«

Karla war sich immer darüber im klaren, daß Freundinnen und Freunde ihr Leben auf wichtige Weise beeinflußt haben. Sie weiß auch, daß sie Freundinnen und Freunde jetzt anders auswählen will. In mehreren ihrer früheren Beziehungen süchtig, war sie sehr abhängig und unterwürfig und versuchte ständig, so zu sein, daß sie den vermeintlichen Erwartungen ihrer Geliebten entsprach. Wenn dann frühere Geliebte zu »Freundinnen« oder »Freunden« wurden, erkannte Karla zum ersten Mal, daß sie beide wenig Gesprächsstoff hatten, wenn das müßige Geplauder über den Film oder die Pläne für das Abendessen erst einmal beendet war. Manchmal stellte sich heraus, daß ihre Werte – die Prinzipien, nach denen wir bei wichtigen Alternativen, Entscheidungen, Handlungen und Beziehungen im Leben Prioritäten setzen, die uns leiten und unser Verhalten vereinheitlichen – diametral entgegengesetzt waren. Keiner der beiden konnte die Ziele und Träume der anderen verstehen noch den Weg gutheißen und unterstützen, auf dem sie versuchte, sie zu verwirklichen. Oft war es so, daß Karla sich vor allem darüber bewußt war, was sie an der Lebensweise und den Werten ihrer oder ihres Ex-Geliebten *nicht* guthieß, aber nicht sagen konnte, womit sie denn übereinstimmte, wo sie zustimmte oder begeistert unterstützte, denn sie hatte sich weder Klarheit darüber verschafft, wie sie selbst zu wichtigen Lebensthemen stand, noch diese für sich formuliert. Da sie versäumt hatte, ihre eigenen Werte für ihr Leben festzulegen, war sie auch nicht imstande, diese sowie sich selbst in Beziehungen zu definieren. Erst während der langsamen und schmerzhaften Trennung von Catherine und im darauffolgenden Genesungsprozeß hat Karla sich gut genug kennengelernt, um ihre Werte – sowie ihre absoluten Grenzen – in Worte fassen zu können. Und ihre Werte wiederum leiten sie bei der Festlegung ihrer *Bedürfnisse* und *Wünsche* an. Karla definiert ihre Bedürfnisse als die Qualitäten und Werte, die so wesentlich für sie sind, daß sie keine neue Beziehung eingehen würde, die diesen keinen Raum läßt. Ihre Wünsche betrachtet sie als nachdrückliche Präferenzen, über die sie unter bestimmten Umständen vielleicht auch mal mit sich reden ließe.

Wenn sie die Jahre zurückverfolgt, denkt Karla liebevoll an eine bestimmte Freundschaft, die sie mehr schätzt als alle anderen und die trotz der zweitausend Kilometer, einem Ehemann, drei Kindern und dem vorstädtischen Familienleben, die sie von ihrer Freundin Margot trennen, erhalten geblieben ist. Seit den College-Tagen hat Margot offensichtlich immer das beste in Karla zutage gefördert, und Karla sah sich imstande, das gleiche zu tun. Außer daß sie Margots bloße Gesellschaft genießt, schätzt Karla auch, daß diese ihren Lebensstil vollkommen akzeptiert, ihre beruflichen Entscheidungen unterstützt und ihr eine fürsorgliche Zuneigung entgegenbringt sowie die Intimität, die zwischen beiden im Laufe der Jahre entstanden ist. Zu bestimmten Zeiten haben sie auch gewagt, in wichtigen Punkten unterschiedlicher Meinung zu sein, weil Aufrichtigkeit ihnen immer wichtiger war als unkritische Zustimmung. Wenn Karla an Margots gelegentliche Kritik zum richtigen Zeitpunkt denkt, seufzt sie gutgelaunt: »Sie gibt mir nicht immer, was ich glaube zu wollen, aber sie gibt mir ganz bestimmt immer das, was ich brauche!«

Karla und Margot stimmen in den meisten Werten überein. Und trotz der Kluft, die zwischen ihren Lebensweisen besteht, war ihnen wohl dabei, sich ihre am besten gehüteten Geheimnisse und Lebenskämpfe mitzuteilen, und sie haben im Laufe der Jahre gemeinsam einen geschützten Raum voll gegenseitigen Vertrauens aufgebaut.

Karla hat sich gefragt, was – außer gemeinsamen Werten – dafür ausschlaggebend ist, daß ihre Freundschaft zu Margot so besonders, so anders als alle anderen ist. Außer daß in dieser Frauenfreundschaft Sex niemals eine Rolle spielte, liegt – so erkannte sie – der Grund dafür vielleicht darin, daß sie diese Freundschaft aufgrund des geographischen Abstands und der unterschiedlichen Lebensweisen niemals mit großen Erwartungen belastet hat. Und trotzdem ist diese Freundschaft ihren emotionalen Bedürfnissen paradoxerweise mehr entgegengekommen als jede andere. Sie hat sich immer vollkommen akzeptiert gefühlt, und Margot und sie waren in Notfällen beide füreinander da – spontan und aus freiem Willen. »Vielleicht ist Akzeptanz noch mehr als gemeinsame Werte das wirklich Entscheidende für besonders gute Freundschaften«, sinniert sie. »Ab und zu weiß ich jetzt gleich beim ersten Treffen, ob ich mit jemandem befreundet sein möchte – lange bevor ich irgend etwas über den Geschmack oder die Werte dieses Menschen erfahre. Vielleicht geschieht das, wenn wir Offenheit in den Augen des anderen lesen und das stumme Versprechen, so akzeptiert zu werden, wie wir sind.«

## Unseren Bedürfnissen und Wünschen selbst nachkommen

Wie Karla bemüht sich jeder von uns an irgendeinem Punkt darum, ein ausgeglicheneres Leben zu führen, ein Leben, das unser eigenes Wachstum fördert und unsere privaten Beziehungen ebenso festigt wie unsere Gemeinschaftsbande. Für die Befriedigung dieser Bedürfnisse wenden wir uns oft an die Menschen, die uns in unserem Leben am nächsten stehen. Jeder von uns hat an diese Menschen Erwartungen. Zumindest erwarten wir, uns sicher zu fühlen; wir alle möchten gerecht, respektvoll und mit Rücksichtnahme auf unser innerstes Wesen behandelt werden. Im allgemeinen möchten wir auch die Träume und Interessen mitteilen können, die unser Leben lebenswert machen. Zu gewissen Zeiten tendieren wir jedoch dazu, über diesen Punkt hinauszuschießen. Zum einen können Kindheitsrollen im Wege stehen. »Helden« möchten vielleicht, daß ihre Beziehungen und damit auch ihre Partner perfekt sind, daß diese niemals aufbrausen, die Geduld verlieren oder schlechte Laune haben. »Schwarze Schafe« können durch ihr Ausagieren die Geduld des tolerantesten Liebhabers auf die Probe stellen. »Stille Kinder« erwarten oft, daß ihre Liebsten ihre Gedanken lesen. Und »Clowns« möchten vielleicht, daß ihr Partner ebenso über alles seine Witze reißt, wie sie selbst es tun. Es gibt aber außer diesen Rollen viele weitere Ebenen, auf denen wir Erwartungen an unsere Partner haben – nämlich die unrealistische Erwartung, daß diese die meisten oder sämtliche emotionalen, sozialen, intellektuellen, ökonomischen, sexuellen und spirituellen Bedürfnisse erfüllen, die wir haben. Tun sie das nicht, sind wir verletzt oder werden ärgerlich und geben ihnen die Schuld an unserem Unglücklichsein. Und immer fungieren unser Schmerz und unser Ärger als Köder, durch den die

Aufmerksamkeit von der wirklichen Ursache für unsere Schwierigkeiten abgelenkt wird – von uns selbst. Nur durch den Blick nach innen statt nach außen finden und transformieren wir die Blockaden, die unsere persönliche Macht einschränken.

### *Wie Sie Ihre eigene Reise planen können*

In bezug auf Bedürfnisse und Wünsche sind wir für dreierlei verantwortlich: erstens müssen wir unsere Bedürfnisse und unsere Wünsche herausfinden und zwischen beiden unterscheiden lernen. Dann können wir ermitteln, wie wir vielen Bedürfnissen und Wünschen selbst nachkommen können – ganz unabhängig davon, wie unser Partner sich zu verhalten beschließt. Und letztlich müssen wir auch unsere legitimen, augenblicklichen Bedürfnisse aus den blinden, erstarrten Bedürfnissen aussortieren, die uns seit den Tagen unserer frühen Kindheit immer noch verfolgen.

In einem ihrer Workshops lud die kathartische Therapeutin Annette Goodheart eine Freiwillige aus dem Publikum ein, über ihr erstarrtes Bedürfnis nach Aufmerksamkeit zu sprechen. Mit großer Entschiedenheit teilte Dr. Goodheart der Frau mit, sie müsse jede Hoffnung aufgeben, dieses Bedürfnis jemals erfüllt zu bekommen. Sie fuhr mit der Frage fort: »Wenn ich Ihnen jetzt die Garantie gäbe, daß Sie niemals die Aufmerksamkeit bekommen, die Sie brauchen, inwiefern wäre Ihr Leben dann anders?« Nach einer langen Pause antwortete die Frau leise: »Ich nehme an, ich müßte mich entscheiden, das selbst zu ändern. Ich würde mich entscheiden, glücklich statt traurig zu sein.«[4] Sie erkannte, daß sie die Wahl hatte und es allein in ihrer Macht stand, sich anders zu fühlen. Wir sind vielleicht machtlos, unsere *Lebensumstände* zu verändern, aber die Qualität unserer Lebensreise liegt ganz in unseren Händen.

### *Ihr Leben ausgeglichen gestalten*

Die meisten Menschen auf der Reise zu Selbstwahrnehmung und Veränderung haben das Ziel, ein ausgeglichenes Leben zu führen.

Für einen Menschen, der in einer gestörten Familie aufwuchs und besonders für Beziehungssüchtige bedeutete das, bewußt mit dem Aufbau eines Lebens anzufangen, das reich und vielfältig ist, während er sich zugleich von Situationen und Beziehungen fernhält, die die Achterbahnfahrt der polaren Gegensätze, das Auf und Ab emotionaler Unstabilität und Ausschweifungen fördern. Sämtliche großen kulturellen und religiösen Traditionen der Welt haben ein ausgeglichenes Leben befürwortet. Im heiligen Werk der Hindi, *Der Bhagavad Gita*, rät der Wagenlenker/Gott Krishna dem spirituellen Krieger Arjuna, nach *Samaduhkasukham* zu streben, der Stärke, sowohl im Schmerz als auch im Vergnügen Gleichmut zu zeigen – was soviel heißt wie Gelassenheit und gleichbleibend heitere Laune. Ähnlich sprach sich der römische Dichter Horaz für den goldenen Mittelweg im Leben aus, den sicheren, besonnenen Weg zwischen den Extremen. Ausschweifung war auch für die Alten Griechen ein zentrales Thema. »Mäßige Dich selbst«, lautete das Motto, das über dem Eingangstor zum Orakel von Delphi gemeißelt stand. Der Griechischen Tragödie und unbescheidenen Helden, wie zum Beispiel König Ödipus, lag im Innersten Hybris zugrunde, die Überheblichkeit gegenüber den Göttern und den Gesetzen der Natur, die das Ergebnis von anmaßendem Stolz und Leidenschaft ist.

Für ein ausgeglichenes Leben ist an erster Stelle erforderlich, daß Sie die wichtigsten Bereiche festlegen, in denen Sie Bedürfnisse haben, und dann die Mittel wählen, mit deren Hilfe Sie diese Bedürfnisse befriedigen können. Dazu müssen Sie imstande sein, Ihre Bedürfnisse benennen und von ihren Wünschen unterscheiden zu können. Es verlangt auch, daß Sie Ihr innerstes Wesen gut genug kennen, um Ihre Talente, Fähigkeiten und Vorlieben so einzusetzen, daß es für Sie befriedigend ist.

Dieses Aussortieren kann uns zunächst wie eine ungeheure und beängstigende Aufgabe vorkommen. Karla zum Beispiel begann mit einer nur vagen Ahnung davon, wer sie war, was ihr *wirklich* wichtig war, was sie gut konnte und was sie sehr gerne tat – erst einmal ganz beiseite lassend, wie sie ihre Bedürfnisse und ihre Wünsche voneinander unterscheiden könnte. Langsam begann sie durch ihre Therapie und das Tagebuchschreiben, indem Sie zusammen mit ihrem Al-Anon Mentor nach dem »Vierten Schritt« eine Inventur ihrer früheren Beziehungen durchführte, mit Hilfe von Übung III (»Ihr innerstes Wesen«) am Ende des dritten Kapitels und Übung III (»Gedanken und Gefühle zu Freundschaft«) am Ende dieses Kapitels und indem sie sich auf ihre Träume und inneren Visionen einstellte, ein deutlicheres Gespür für sich selbst, für ihre Interessen und Begabungen und für die Dinge, die sie im Leben am meisten schätzte, zu bekommen. Immer wenn sie sich entmutigt fühlte, rief sie sich ein Zitat ins Gedächtnis, das einen tiefen Eindruck auf sie gemacht hatte:

> Es gibt nur zwei Wege, dem Leben zu begegnen – als Opfer oder als prächtiger Kämpfer –, und Sie müssen entscheiden, ob Sie agieren oder reagieren, Ihre Karten offenlegen oder mit versteckten Karten spielen wollen. Und wenn Sie sich nicht entscheiden, wie Sie mit dem Leben spielen wollen, spielt es immer mit Ihnen.[5]

Karla gelangte zu der Einsicht, daß sie zwei verschiedene absolute Grenzen hatte – eine in ihren Beziehungen und eine, die ihr Leben als ganzes leitete. Während in Beziehungen Akzeptanz ihr fundamentalstes Bedürfnis war, stellten ihre Werte ihre generelle absolute Grenze dar. Sie waren Prioritäten in ihrem Leben, an die sie so tief glaubte, daß sie zu einheitlichen Prinzipien wurden, von denen sie sich in ihren Auswahlmöglichkeiten, ihrem Verhalten, ihren Entscheidungen und in ihrem Austausch mit anderen leiten ließ. Für Karla beinhalteten diese Werte den verbindlichen Einsatz für ihre Arbeit, für Integrität, persönliches und spirituelles Wachstum, für die Gemeinschaft, die Familie, Freundinnen, Freunde und andere wichtige Menschen in ihrem Leben – und für Ausgeglichenheit.

### *Ihre Bedürfnisse und Wünsche bestimmen*

Persönliche Bedürfnisse und Wünsche fallen – grob gesehen – in sechs Bereiche: den ökonomischen, sinnlichen/sexuellen, emotionalen, sozialen, intellektuellen und spirituellen. Wer kommt diesen

Bedürfnissen nach? Wieviele erfüllen wir uns selbst? Wo erwarten wir, daß andere unsere Bedürfnisse erfüllen? Was ist angemessen? Karla nahm sich ihr geschäftliches Leben vor und beschloß, einmal ihre augenblicklichen Lebensbedürfnisse in diesem Bereich durchzugehen.

*Ökonomische Bedürfnisse*

Karla bezog in diese Kategorie ihre Grundbedürfnisse für ihr Leben ein (Lebensmittel, Unterkunft, Kleidung) sowie auch die finanziellen Mittel zur Bestreitung des von ihr gewählten Lebensstils – Haushalt, Sparen, Ausgehen, Ausbildung, Reisen, Beiträge für Projekte, die ihr am Herzen liegen, und anderes mehr. In dieser Hinsicht konnte sie sich glücklich schätzen. Ihre Bedürfnisse und Wünsche stimmten mit ihrem Einkommen gut überein, und sie hat – anders als viele andere Frauen – niemals das Gefühl gehabt, aus Gründen der ökonomischen Abhängigkeit in einer Beziehung bleiben zu müssen. In diesem Bereich kam Karla ihren Bedürfnissen tatsächlich hundertprozentig nach. (Siehe Abbildung 9.)

Ökonomische Bedürfnisse

*Abbildung 9*

*Sinnliche/sexuelle Bedürfnisse*

Karlas kürzlich beendete Beziehung war den meisten ihrer sexuellen und sinnlichen Bedürfnissen nachgekommen. Da beide ein herzliches Wesen hatten, waren sie mit körperlichen Berührungen und liebevollen Umarmungen sehr freigiebig gewesen. Jetzt, da die Beziehung vorbei war, vermißte Karla die Zärtlichkeit und das sinnliche Vergnügen körperlicher Berührungen ebenso – und manchmal noch mehr – wie den Sex. Dies war ein Bereich, in dem sie sich sehr verletzlich fühlte. Selbst wenn es ihr offenstand, einen Teil ihrer sexuellen Bedürfnisse selbst zu befriedigen, schien Karla Masturbation oft nur ein ärmlicher Ersatz für den menschlichen Kontakt zu sein, der bei einer tiefergehenden sexuellen Begegnung entstand. Auch ihr Bedürfnis nach körperlicher Berührung, nach Sinnlichkeit, wurde nicht befriedigt – obwohl hier zwei Massagen pro Monat und weitere Körperarbeit etwas Abhilfe schufen. Ein bißchen traurig gestand Karla sich ein, daß im Bereich von Sinnlichkeit und Sexualität nichts an Selbstbefriedigung dem angenehmen Gefühl gleichkam, an den warmen, vertrauten Körper der Geliebten gekuschelt zu schlafen. (Siehe Abbildung 10.)

Sinnliche/Sexuelle Bedürfnisse

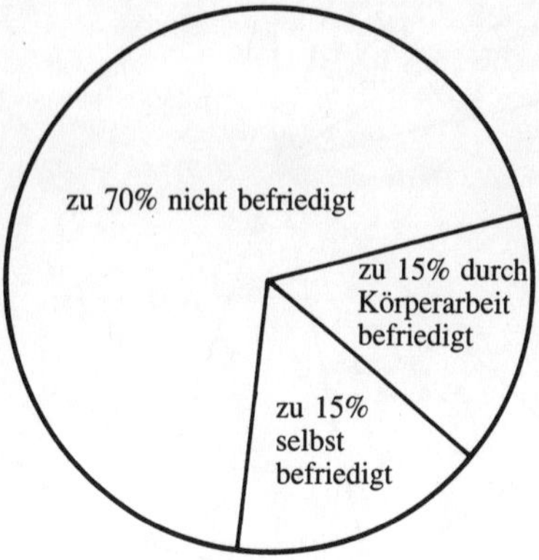


*Abbildung 10*

*Emotionale Bedürfnisse*

Einige dieser Bedürfnisse wurden augenblicklich von Berufskollegen und –kolleginnen und Nachbarn befriedigt, sowie von ihrer Familie und – wie Karla mit einem Lächeln dachte – selbst von ihrer Katze! Die Schüler der kaufmännischen Klasse, die sie an einem örtlichen Erwachsenenbildungsinstitut unterrichtete, waren eine weitere Quelle für emotionale Befriedigung, wie auch ihre Therapeutin und ihr Al-Anon Mentor. Aber die fehlende Liebesbeziehung und der Mangel an engen Freundschaften ließen in diesem Bereich eine große Lücke klaffen. Karla hoffte, daß die Menschen, denen sie sich freundschaftlich näherte, mit der Zeit ihr emotionales Leben bereichern würden – ganz unabhängig davon, was die Zukunft in Hinsicht auf eine Liebespartnerschaft für sie brachte. (Siehe Abbildung 11.)

Emotionale Bedürfnisse

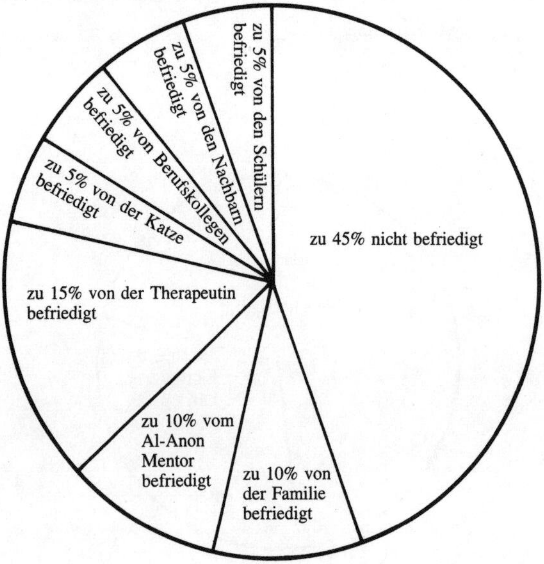


*Abbildung 11*

*Soziale Bedürfnisse*

Auf diesem Gebiet hatte Karla keine wesentlichen Schwierigkeiten, ihren Bedürfnissen weitgehend nachzukommen. Sie hatte viele soziale Kontakte zu Bekannten, Kolleginnen, Kollegen und Kumpels. Sie ging auch gern alleine Essen, ins Kino und zu anderen öffentlichen Veranstaltungen. Auch wenn es sicher sehr viel mehr Spaß machte, diese Dinge mit einem engen Freund oder einer Geliebten zu unternehmen, war Karla doch im Augenblick mit diesem Bereich ihres Lebens ganz zufrieden. (Siehe Abbildung 12.)

Soziale Bedürfnisse

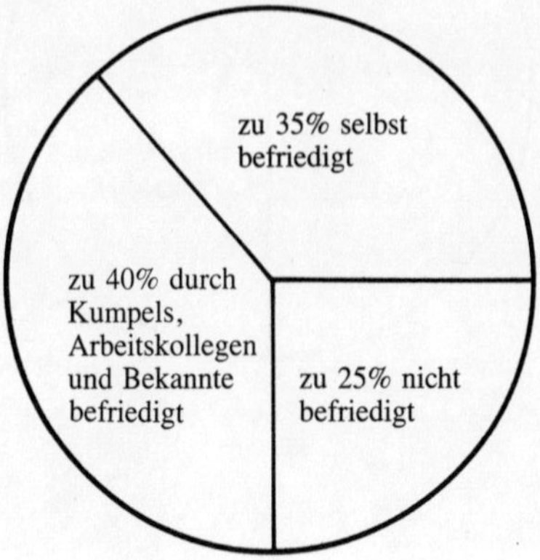


*Abbildung 12*

*Intellektuelle Bedürfnisse*

Auch wenn Karla ihre intellektuellen Bedürfnisse in weiten Teilen befriedigen konnte und das auch immer getan hatte, vermißte sie trotzdem die intensiven Gespräche, die – wie sie wußte – mit einer engen Freundin wie Margot oder einer Partnerin wie Catherine möglich waren. Obwohl sie Seminare und Vorträge besuchte und eine leidenschaftliche Leserin war, erkannte sie, daß anregende, spekulative Zwiegespräche für sie sehr viel wichtiger waren. Und dafür brauchte sie entsprechende Gelegenheiten, sehr viel Zeit sowie intellektuell Gleichgesinnte, bei denen sie ohne Bedenken alle Vorsicht fallen lassen konnte. Augenblicklich hatte Karla solche Beziehungen nicht, obwohl sich bei einigen anbahnte, daß sie sich in diese Richtung entwickelten. (Siehe Abbildung 13.)

Intellektuelle Bedürfnisse

*Abbildung 13*

*Spirituelle Bedürfnisse*

In jüngster Zeit hat Karla ihre spirituellen Bedürfnisse vor allem durch regelmäßige Teilnahme an zwei Zwölf-Schritte-Programmen und durch Anwendung der Zwölf-Schritte-Philosophie auf ihr tägliches Leben erfüllt. (Karla definiert *spirituell* als ein Gefühl von Verbundenheit ihres innersten Selbst mit anderen und dem Universum, den Glauben an etwas, das größer ist als sie selbst – an ein größeres Ganzes.)
Sowohl die therapeutische Arbeit als auch die Zwölf-Schritte- Programme haben sie außerdem dazu geführt, ihr spirituelles Zentrum durch Gebet und Meditation in sich selbst zu suchen. Gelegentlich spürt Karla innerlich immer noch eine große Leere klaffen. Sie

weiß, daß es ihr helfen würde, enge Freundinnen und Freunde zu haben. Gleichzeitig weiß sie aber auch, daß kein anderes menschliches Wesen – weder ein spiritueller Lehrer noch eine Partnerin oder ein Freund – ihre spirituellen Bedürfnisse jemals befriedigen kann. Andere konnten sie bei ihrer Reise vielleicht unterstützen oder ihr sogar den Weg weisen, wie Kahlil Gibran nahelegte, als er schrieb: »Und sei kein Ziel in der Freundschaft, es sei denn die Vertiefung des Geistes.«[6] Letztendlich jedoch war Spiritualität für Karla eine Reise nach innen. (Siehe Abbildung 14.)

Spirituelle Bedürfnisse

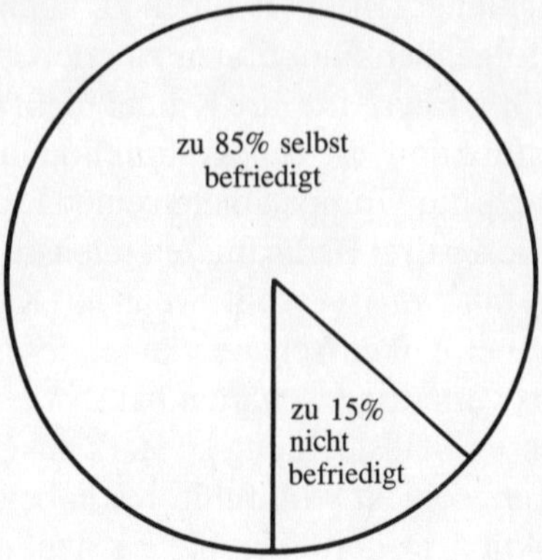


*Abbildung 14*

## Der Beginn von Freundschaften

Als sie diesen Überblick beendet hatte, wurde Karla noch deutlicher, wie sehr Freundinnen und Freunde ihr Leben in jeder Hinsicht zusätzlich bereichern würden. Darüber hinaus erkannte sie, daß der beste Ort für die Anbahnung von Freundschaften augenblicklich in jeder Hinsicht ihre Zwölf-Schritte-Gruppen, ACA und Al-Anon, sein würden, und zwar deswegen, weil die Mitglieder dort gleiche

Werte vertraten. Dadurch wurde ein starkes, verbindendes Prinzip geschaffen, das über viele persönliche Differenzen hinausging. Und ganz gleich, wie diese Freundschaften sich entfalteten, sie würden auf der Basis gemeinsamer Spiritualität beruhen.

Die Teilnahme an Zwölf-Schritte-Gruppen kann in mehrfacher Hinsicht zu einer tiefgehenden Heilungserfahrung werden. Weil Menschen aus einem gestörten Zuhause ihre Bedürfnisse in ihrer Ursprungsfamilie nicht erfüllt bekommen haben, wird die Ausrichtung dieser Programme darauf, sich um die eigene Person und die eigenen Bedürfnisse besser zu kümmern, zur nachhaltigen Unterstützung für die selbst übernommene erneute Elternfunktion. Einige Psychologen glauben auch, daß Menschen, um Verletzungen aus der frühen Entwicklungszeit überwinden zu können, Wege finden müssen, die drei folgenden Funktionen zu erleben und zu integrieren, die viele gestörte Eltern für ihre Kinder nicht erfüllen konnten: die Idealisierungsfunktion, die Spiegelfunktion und die Zwillingsfunktion. Zwölf-Schritte-Gruppen bieten einen Rahmen, in dem die Teilnehmer sich diesen drei Bedürfnissen intensiv widmen können.

Die *Idealisierungsfunktion* ist erfüllt, wenn ein Kind schon früh im Leben zu einem Elternteil aufschauen kann, der in den Augen des Kindes bewunderswerte Eigenschaften hat sowie das Kind beruhigen kann, und dessen Selbstachtung so stark ausgeprägt ist, daß er sich als Idealisierungsobjekt wohlfühlt. Karla begann die fehlende Idealisierungsfunktion in der Therapie nachzuholen, wo sie ihre Therapeutin in einem sicheren Rahmen bewundern (und manchmal auch in Wut über sie geraten) konnte. Als sie anfing, die Al-Anon Treffen zu besuchen, konnte sie dort auch die älteren, klügeren Mitglieder bewundern, die den anderen ihre Erfahrungen, ihre Stärke und Hoffnung mitteilten; sie wurden für Karla zum Vorbild und zur Quelle ihrer eigenen wachsenden Stärke und Hoffnung.

Der *Spiegelfunktion* wird in der Kindheit nachgekommen, wenn ein Elternteil die Gefühle des Kindes widerspiegelt – ob es um die Angst und den Schmerz beim Hinfallen geht oder die Freude über eine glänzende Note für eine Schularbeit. Es gibt für die Teilnehmer an einer Zwölf-Schritte-Gruppe keine stärkere Spiegelung, als wenn sie beim Mitteilen ihrer Erfahrungen im Raum umherschauen und dabei sehen, wie ein halbes Dutzend Köpfe stumm nickt, um frühere Erlebnisse von Schmerz zu bestätigen oder neue Einsichten zu bestärken. Bei der Beschreibung eines solchen ACA- Treffens erinnerte sich Karla daran, daß sie sich plötzlich nicht mehr alleine fühlte, sondern verstanden und stark verbunden – als lebendiges Element der Einheit aller Anwesenden.

Zwölf-Schritte-Gruppen sind auch einzigartig hinsichtlich der Hilfestellung, die sie Menschen bei der Integration ihrer unbefriedigten Sehnsucht nach Spiegelung bieten. Diese Sehnsucht, wenn ein Kind stolz sagt: »Mammi (oder Vati), ich bin genau wie du!« – ist vielleicht in einer Kindheit am schwersten zu befriedigen, wo die Eltern emotional nicht verfügbar sind oder das Kind mißhandeln.

Zwölf-Schritte-Gruppen sind ein sicheres Forum, in dem wir diese Spiegelung spielerisch zulassen können. Weil sie nach dem Selbsthilfeprinzip strukturiert sind, bei dem die Leitung der Treffen unter den Teilnehmern rotiert, sind alle von Anfang an gleich. Das Zwillingsgefühl unterstützt nicht nur das Wachsen und Lernen der jüngeren Mitglieder, sondern indem ausdrücklich gesagt wird: »Wir sind uns ähnlich«, bekommen die Teilnehmer die Möglichkeit, ihr Isolationsgefühl abzubauen und ihr Ich zu stärken.

## Freundschaften aufbauen

Stellen Sie sich vor, Sie hätten gerade Ihre ersten Tennisstunden genommen und wären das neue Nesthäkchen im Tennisclub am Ort, eifrig darauf bedacht, ihr Spiel zu verbessern. Ihre neuen Tennispartner raten Ihnen, den Ball »zur Seite« oder »nach oben« zu spielen, aber niemals »nach unten!« Durch diesen Ratschlag wird ihnen ein interessantes Dilemma bewußt: Warum sollte irgendein Spieler, der besser ist als Sie, überhaupt mit *Ihnen* spielen wollen? Auf den Gegenschlag kommt es an! Obgleich es zwei zum Spielen braucht, hängt die Qualität Ihrer Tennispartner von der Qualität Ihres Spieles ab.

Und so ist es auch mit Freundschaften. Sollte jemand Sie danach fragen, welche Rolle Freundschaften in Ihrem Leben spielen, kann es sehr gut sein, daß sie sich bei Ihrer Antwort auf die Qualitäten ihrer Freunde konzentrieren – und nicht auf Ihre eigenen. Doch es gibt keine Form der Beziehung, nicht einmal die Liebesbeziehung, in der sich Ähnliches auf die Art und Weise anzieht und Teile des Selbst zurückgespiegelt werden, wie das in Freundschaften geschieht. Immer wenn Sie also unzufrieden sind, weil es so wenig Freundschaften in Ihrem Leben gibt, oder sie mit den vorhandenen unzufrieden sind, muß der Scheinwerfer auf Sie selbst gerichtet werden – nicht auf die anderen. Sie können damit gleich anfangen, indem Sie einen Blick darauf werfen, wie verbindlich *Sie* sich einlassen. Alle wichtigen Beziehungen, ob Freundschaften oder Liebesbeziehungen, verlangen von beiden Seiten einen verbindlichen Einsatz an Zeit, Energie und Loyalität. Einseitige Freundschaften, bei denen eine Person die meiste Aufmerksamkeit und Unterstützung erhält und wenig zurückgibt, sind unter den erwachsenen Kindern aus gestörten Familien verbreitet. In ihren Erwachsenenbeziehungen – und Freundschaften bilden da keine Ausnahme – neigen sie dazu, erneut das Vorbild des gestörten Elternteils aus ihrer Ursprungsfamilie aufleben zu lassen, der viel Aufmerksamkeit und Energie von Seiten des co-abhängigen, entgegenkommenden Partners forderte. Karla hatte sich als Beziehungssüchtige meistens mit Geliebten zusammengetan, bei denen sie das Gefühl hatte, mehr als fünfzigprozentig geben zu müssen. Selbst wenn aus ehemaligen Liebschaften Freundschaften wurden, war sie weiterhin diejenige, die den seelischen Schmerz der anderen auffing, sie in ihren Meinungen zuverlässig bestärkte und ihnen gut zuhörte, wenn sie jemanden brauchten, mit dem sie ihre Probleme besprechen konnten. Diese Freundinnen und Freunde waren aber selten zur Stelle, wenn Karla selbst Unterstützung und Fürsorge brauchte. Der verbindliche Aufwand an Zeit, Energie und Treue war gegeben, aber er war einseitig. *Der entscheidende Bestandteil, der fehlte, war das quid pro quo oder die Gegenseitigkeit, die der Schlüssel für sämtliche gesunden Beziehungen unter Gleichen ist.*[7]

Menschen finden es manchmal schwer, für ihre Freundschaften Zeit, Energie oder Loyalität aufzubringen. Aber damit sich Vertrauen entwickeln kann, müssen Freunde sowohl physisch als auch emotional verläßlich sein. Eine aussichtsreiche Bekanntschaft kann sich nur dann zu einer tiefen Freundschaft entwickeln, wenn beiden soviel aneinander liegt, daß sie sich die Zeit nehmen, sich zu treffen, sich emotional soweit freizumachen, daß sie dem anderen wirklich zuhören – den Worten und zwischen den Worten – und spontan und ohne Berechnung auf die jeweiligen augenblicklichen Erfordernisse eingehen können.

Erinnern Sie sich an Sarah aus dem zweiten Kapitel? An einem gewissen Punkt erkannte sie, daß sie mehrere Freunschaften, an denen ihr wirklich lag, verloren hatte, weil sie so unzuverlässig und unansprechbar gewesen war und wegen der Männer, nach denen sie gerade süchtig war, Verabredungen mit Freundinnen immer wieder in letzter Minute abgesagt hatte. Sarahs erneutes Engagement für ihre Freundschaften wurde Teil ihrer Genesung von Beziehungssucht.

## Der Wert von Freundschaft

Freundschaft ist ein Geschenk, das uns die Gelegenheit bietet, in der Sicherheit gegenseitiger, selbstloser Anteilnahme Intimität und Verbindlichkeit zu erfahren. Das kann besonders für Menschen von Wert sein, die in gestörten Familien aufwuchsen, wo Freundschaften nicht geschätzt wurden. In solchen Familien wurden Freundschaften mit »Außenstehenden« oft aus Furcht mißbilligt, diese könnten das Familiengeheimnis entdecken. Außerdem war Freundschaft, die Offenheit erfordert, aufgrund der Verleugnung in der Familie und deren mangelnder Vorbildfunktion für Intimität praktisch unmöglich.

Anders als die romantische Liebe dauern viele Freundschaften ein Leben lang an. Vielleicht weil befreundete Menschen sich gegenseitig soviel großzügiger ihre Freiheit lassen und den beidseitigen Schwächen soviel toleranter gegenüberstehen, als das tendenziell bei vielen Liebespaaren der Fall ist, überstehen Freundschaften Krisen, an denen viele Liebesbeziehungen scheitern würden.

Die sexuelle Neutralität von Freundschaften erlaubt Menschen auch, ganz sensibel miteinander zu kommunizieren, ohne die emotionale Überlagerung und Überfrachtung, die in Liebesbeziehungen oft zum Hindernis wird. Es besteht kein Druck, sich sexuell als leistungsfähig erweisen zu müssen, also kann dadurch der grundsätzliche Austausch zwischen zwei Individuen auch nicht zerstört werden.

Und vor allem bietet Freundschaft uns die Chance für die langsame Entfaltung von Vertrauen; Zuwendung, Unterstützung und Verbindlichkeit erfolgen aus freien Stücken und werden niemals zur Pflicht. Freundschaften bieten einen Rahmen, in dem Menschen die Gelegenheit haben, das wirkliche Selbst eines anderen sowie dessen Werte in Aktion statt lediglich in Worten zu erleben. Freundschaften können uns nicht »retten«, aber sie können uns sicherlich helfen, daß wir uns selbst retten.

## Übungen: Freundschaften in Ihrem Leben

### *Übung I: Frühere und heutige Freundschaften*

Denken Sie an zwei besonders gute Freunde oder Freundinnen. Schreiben Sie deren Namen über die Spalten 5 und 6 der Beziehungsgeschichtskarte in Kapitel 2, und füllen Sie die leeren Felder aus. Stellen Sie sich zusätzlich zu den Fragen in der Karte in bezug auf jeden Freund/jede Freundin folgende Fragen:

1. Welche Eigenschaften und Charakterzüge schätze ich an dieser Freundin/diesem Freund am meisten?
2. Auf welche *konkrete* Weise trage ich bewußt zu dieser Freundschaft bei?
3. Kann ich mindestens zwei Handlungen oder Verhaltensweisen aufzählen, die meinen Einsatz für diese Beziehung belegen?
4. Kann ich mindestens drei Handlungen oder Äußerungen nennen, durch die ich diese Freundin/diesen Freund wissen lasse, wie wichtig sie/er für mich ist?

### *Übung II: Ihre persönlichen Bedürfnisse und Wünsche*

Zeichnen Sie für alle sechs Bereiche von Bedürfnissen und Wünschen, wie sie am Beispiel von Karla in diesem Kapitel beschrieben wurden, Ihre eigene Übersichtstorte. Legen Sie fest, inwieweit ihre Bedürfnisse befriedigt und inwieweit sie nicht befriedigt werden – ganz gleich ob Sie augenblicklich eine Primärbeziehung haben oder nicht. Manchmal bringt diese Übung überraschende Ergebnisse: Menschen stellen fest, daß ihre Bedürfnisse weitaus mehr befriedigt werden, als sie realisiert hatten.
Finden Sie für die Bereiche, in denen Ihre Bedürfnisse nicht befriedigt werden, konstruktive und kreative Möglichkeiten, wie Sie ihnen selbst besser nachkommen können. Überprüfen Sie Ihre Übersichtstorten daraufhin, wo und wie Ihr Freundeskreis Ihre eigenen Anstrengungen unterstützt, bereichert und ausgleicht.

*Übung III: Gedanken und Gefühle zu Freundschaft*

Vervollständigen Sie von den folgenden Sätzen diejenigen, die auf Sie zutreffen. Hören Sie nach zwei oder drei Antworten nicht einfach auf – schreiben Sie solange auf, was Ihnen zuerst einfällt, bis Sie jeden zutreffenden Satz mindestens zwölfmal vervollständigt haben.

1. Es zahlt sich für mich aus, enge Freundschaften zu haben, weil...

2. Es zahlt sich für mich aus, nur wenige oder keine engen Freundschaften zu haben, weil...

3. Als Freundin/Freund schätze ich an mir am meisten, daß ich...

4. Als Freundin/Freund schätze ich an mir am wenigsten, daß ich...

5. Ich hindere mich selbst daran, neue Freundschaften zu schließen, indem ich...

6. Ich hindere mich selbst daran, Bekanntschaften in engere Freundschaften umzuwandeln, indem ich...

7. Ich weise Angebote oder Möglichkeiten, neue Freundschaften zu schließen, zurück, indem ich…

8. Beim Verlust meiner Freundschaft mit (nennen Sie jemanden, mit dem/der Sie nicht mehr eng befreundet sind), übernehme ich die Verantwortung dafür, daß…

Wenn Sie die Sätze vervollständigt haben, überprüfen Sie das Geschriebene noch einmal sorgfältig. Welche Verhaltensmuster schälen sich heraus? Zu welchen Veränderungen sind Sie bereit?
Obwohl es bei diesen drei Übungen um Freundschaft geht, können sie auch für die Erforschung von Liebesbeziehungen eingesetzt werden und sind Schritte auf dem Weg zu Liebe und Intimität – dem Thema des nächsten Kapitels.

# 7 Die Abkehr von der Verzauberung: Liebe und Intimität

Eine Liebesbeziehung erfordert einen ständigen Balanceakt zwischen unseren Bedürfnissen und denen unseres Partners, zwischen unserem Wunsch nach Zweisamkeit und unserem Wunsch nach Eigenständigkeit, unserem Wunsch nach Zusammengehörigkeit und unserem Wunsch nach Unabhängigkeit. Damit dieser Balanceakt möglich wird, müssen wir wissen, was wir fühlen. Noch wichtiger, wir müssen die Basis, die Quelle dieser Gefühle kennen: wir müssen zuerst einmal wissen, wer *wir* sind. Intimität mit einem anderen Menschen erfordert Intimität mit uns selbst. Sollen wir anderen vertrauen, müssen wir vor allem in uns selbst Vertrauen haben – das Vertrauen, daß es uns auch gut gehen kann, wenn wir keine Zweierbeziehung haben, daß wir als Menschen dann in unserem Element sind, *wenn wir lieben*, und nicht, wenn wir nach Liebe Ausschau halten.

## *Ein paar Gedanken über die Liebe*

Über die Jahrhunderte hinweg wurde die Liebe besungen, bedichtet, idealisiert, gepriesen, erotisiert, funktionalisiert und romantisiert, und trotzdem bleibt Liebe eines der großen Mysterien im Leben. Es gibt eine Sichtweise, nach der die Liebe zwischen zwei Beziehungspartnern drei verschiedenen, grundsätzlichen Spielarten zugeordnet werden kann: der instinktiven, der romantischen und der bewußten Liebe. Aus dieser Perspektive gesehen, geht es bei der *instinktiven Liebe* um den biologischen, physischen Ausdruck von Fürsorge für einen anderen Menschen, um Reproduktion und Sexualität. Die *romantische Liebe* ist die Phantasie von der vollkommenen, idealisierten Liebe. *Bewußte Liebe* ist der verbindliche Einsatz für eine Beziehung, die unser Wachsen fördert. Alle drei Arten von Liebe sind in dieser Welt notwendig, aber in dem Maße, wie wir aufmerksamer und wacher werden, bewegen wir uns auf die bewußte Liebe zu.[1] Trotzdem umfassen wirklich gute Liebesbeziehungen mehr als Verbindlichkeit, die lediglich die rationale, bewußte Komponente darstellt. In ihnen schwingt eine spirituelle Suche mit, bei der wir, ohne uns dessen unbedingt bewußt zu sein, wie Robert Johnson geschrieben hat, danach suchen, »von dieser Liebe besessen zu sein, zu den höchsten Höhen aufzusteigen, den letztendlichen Sinn und die Erfüllung im von uns geliebten Menschen zu finden. Wir suchen das Gefühl der Ganzheit... ein Erleben von Seele und Geist in einer anderen Welt.«[2] Diese Erfahrung kommt der Erfahrung von Verschmelzung und Grenzverlust nahe, nach der wir suchen, wenn wir verliebt oder in einer Suchtbeziehung sind. Auch sie erfordert einen fein abgestimmten Balanceakt.

### *Bedingte und bedingungslose Liebe*

Nur wenn Liebe nicht romantisiert wird und nicht süchtig ist, besteht die Chance, daß zwischen der inneren Suche der Seele und der äußeren Verbindung in der Beziehung ein Ausgleich hergestellt werden kann. Dann kann die Liebe sich zu einer bewußten Beziehung entfalten, in der beide Partner sowohl das eigene als auch das Wachstum ihrer Gefährtin oder ihres Gefährten fördern und nähren. Akzeptanz, nicht Anerkennung, ist die Basis für wirkliche Liebe. Und trotzdem haben die meisten von uns auf dem Weg zu bewußten Beziehungen mit ihren Gefährten das Verhaltensmuster der bedingten Liebe wiederholt, das wir in unserer Kindheit gelernt und durch unsere Beziehungssucht noch verstärkt haben. Darüber hinaus mögen wir uns der subtilen Bedingungen, an die wir unsere Liebe knüpfen, noch nicht einmal bewußt sein.
Was sagt zum Beispiel eine Äußerung wie: »Ich bin stolz auf dich« wirklich aus? Für sich genommen ist sie eine Unterstützung, ein Kompliment, eine positive Verstärkung. Aber wenn das die einzige

oder vorherrschende Form ist, in der wir unseren Gefährten (oder auch unsere Kinder) loben, kann das eine sehr bedingte Liebe verraten und übermitteln. Die Botschaft kann lauten: ›Wenn du meinen Maßstäben entsprichst, gebe ich dir Anerkennung, liebe ich dich.‹ Stolz ist ein Produkt unseres Egos und wird gemeinhin mit Besitz assoziiert – mit Eigentumsrecht. Wann immer wir also auf einen anderen Menschen »stolz« sind, ist es der Mühe wert, nach innen zu gehen, um herauszufinden, ob wir glauben, ihn zu besitzen, oder ob unsere Grenzen so verschwommen sind, daß wir diesen Menschen als eine Verlängerung unserer selbst wahrnehmen – ein Objekt, das dazu da ist, unsere Bedürfnisse nach Achtung, Vollkommenheit und Akzeptanz zu befriedigen.

Menschen benutzen bedingte Liebe auch als Auftakt oder Rechtfertigung für Kontrolle oder Aggression. Die drei magischen Worte ›Ich liebe dich‹ können zur Formel werden, unter deren Deckmantel Menschen andere Menschen dahingehend manipulieren, daß diese ihren Willen befolgen. Die unterschwellige Botschaft kann lauten, ›Weil ich dich liebe, möchte ich, daß du dich veränderst.‹- ›Weil ich dich liebe, erwarte ich von dir, daß du die Dinge für mich in Ordnung bringst.‹ Oder sogar: ›Weil ich dich liebe, weiß ich, was für dich am besten ist. Dies alles ist nur zu deinem Guten.‹ Das Wörtchen ›dies‹ steht dabei für die ganze Skala zwischenmenschlicher Gewalttätigkeiten – von der Grenzüberschreitung bis zum emotionalen, körperlichen oder sexuellen Angriff. Der Sprecher dieser Sätze ist in keinem Fall wirklich daran interessiert, die Bedürfnisse des anderen zu befriedigen – sondern hauptsächlich seine eigenen.[3]

Der Mißbrauch des Wortes Liebe zur Auslösung von Pflicht-, Loyalitäts- oder Schuldgefühlen kommt häufig im Schlafzimmer vor. Je ichbezogener jemand ist, desto größer die Wahrscheinlichkeit, daß er das Wörtchen ›Liebe‹ flüstert, um den Partner zu Dingen zu bewegen, die dieser sonst nicht tun würde. Und ähnlich gilt, je abhängiger ein Mensch wird, desto größer kann für ihn auch die Versuchung sein, einem Sexpartner »Ich liebe dich« zu sagen, nur damit dieser es ebenfalls sagt. Die Sätze »Ich liebe dich« oder »Ich liebe ihn« können auch eine Rationalisierung sein, vor allem bei Beziehungssüchtigen, die damit rechtfertigen, daß sie ungesunde Beziehungen fortsetzen. Frauen, die in Beziehungen mit süchtigen oder sie schlagenden Partnern leben, sagen zu verwirrten Freunden und Ärzten wiederholt: »So ist er nicht, wenn er nüchtern ist; und außerdem liebe ich ihn.« Oder: »Ich weiß, daß ich gehen sollte, aber er hat versprochen, mich nie wieder zu schlagen. Er sagt, daß er mich liebt. Er braucht mich.«

Die Unaufrichtigkeit, die das Wort *Liebe* umgibt, bezieht sich nicht nur auf gestörte Vorbildfunktionen und den Wunsch, an Träumen festzuhalten. Der Bedeutungsverlust des Wortes Liebe ist in unserer gesamten Kultur, die doppeldeutige Botschaften unterstützt und ihnen Vorschub leistet, sehr verbreitet. Für einige Ureinwohner Amerikas bedeuten die Worte *Ich liebe dich*, »Ich werde dir keinen Schaden zufügen.« – eine sehr klare und fürsorgliche Botschaft. Andrerseits leben die meisten von uns in einer Kultur und in einer Zeit, in der die Liebe romantisch verklärt wurde, um damit Waren und Institutionen zu verkaufen und den Status quo durch eine fortgesetzte Sozialisation aufrechtzuerhalten, die kindische, ohnmächtige, abhängige Frauen hervorbringt. Wieviel besser wäre es, wenn wir als Individuen und auch als Gemeinschaft die Auffassung der amerikanischen Ureinwohner von Liebe übernähmen und ausweiteten: »Ich werde dir keinen Schaden zufügen. Wenn ich mich dir öffne und mitteile, werde ich dich in Ehren halten, respektieren und dein eigenständiges, einzigartiges Selbst feiern.«

## Das Liebesdreieck

Nach einem existierenden Modell kann Liebe durch ein Dreieck dargestellt werden, bei dem Intimität, Leidenschaft und Verbindlichkeit im Idealfall die drei gleich langen Schenkel bilden. Je stärker diese Qualitäten von dauerhafter Liebe vertreten sind, desto mehr Liebe wird in einer Beziehung wahrscheinlich erlebt. Die Form des Dreiecks charakterisiert die jeweilige Beziehung theoretisch und wirft ein deutliches Licht auf unausgewogene Bereiche.[4]

So kann zum Beispiel ein ungleiches Dreieck, in dem Verbindlichkeit die Oberhand hat, eine eingerostete, müde und vielleicht rigide Beziehung verraten, in der von Leidenschaft und Intimität kaum noch etwas übriggeblieben ist, und die Partner nur aufgrund von gegenseitiger Abhängigkeit und Unsicherheit zusammenbleiben. Andererseits kann ein ungleiches Dreieck, dessen längste Seite die Leidenschaft einnimmt, für ein Verhältnis stehen, das eher einer Affäre als einer Beziehung gleicht. Unter der Voraussetzung, daß Intimität und Verbindlichkeit zu kurz kommen, wird dieses Verhältnis wahrscheinlich nicht sehr wachstumsfördernd sein. (Siehe Abbildung 15.)

Sternbergs Liebesdreiecke

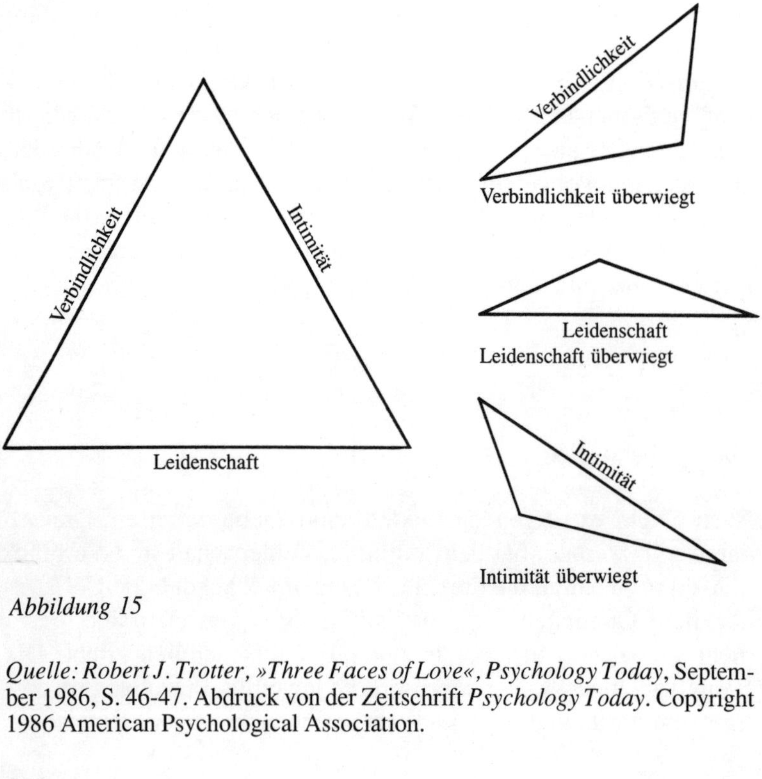


*Abbildung 15*

*Quelle: Robert J. Trotter, »Three Faces of Love«, Psychology Today*, September 1986, S. 46-47. Abdruck von der Zeitschrift *Psychology Today*. Copyright 1986 American Psychological Association.

Intimität – das offene Mitteilen von Gefühlen in einer Atmosphäre von Vertrauen, Akzeptanz, Wechselseitigkeit und gegenseitigem Einfühlungsvermögen unter Gleichen – ist sicherlich die verlokkendste dieser drei Qualitäten von Liebe, die zugleich die größte Herausforderung darstellt. Nicht nur, daß viel innere Arbeit und zwischenmenschliche Erfahrung erforderlich ist, sondern Intimität muß auch, wie ein Keimling im trockenen Boden, in einer gesellschaftlichen Umgebung wachsen und überleben, die die Qualitäten von Intimität kaum oder gar nicht unterstützt. Unser gesellschaftlicher Mangel an Intimität wurzelt in unserer stillschweigenden Hinnahme von Ungleichheiten, dem jahrhundertealten Klima von Herrschaft und Unterwerfung im Mann- Frau-Verhältnis, in unseren Einschätzungen sowie in unseren Vorurteilen von Beziehungen – das heißt, in unserer Unwilligkeit und Unfähigkeit, ein sicheres Klima zu schaffen, in dem Unterschiedlichkeiten akzeptiert und zugelassen werden. Diese Einstellungen führen oft zur Unterdrückung derjenigen, die im allgemeinen Machtspiel entweder als unterlegen wahrgenommen werden oder kulturelle Sitten und Lebensstile haben, die von denen der herrschenden Mehrheit abweichen. Und doch gilt, was ein Psychologe kurz und bündig so ausgedrückt hat: »Nur wenn etwas aus der Reihe tanzt, heißt das noch nicht, daß die Reihe die richtige Richtung eingeschlagen hat.«

Die durch AIDS ausgelöste Krise liefert nützliche Einsichten in den Kampf, den unsere Gesellschaft augenblicklich gegen Intimität führt. In den letzten Jahren haben einige Frauen, die glaubten, in verbindlichen, monogamen Beziehungen zu leben, herausgefunden, daß das nicht der Fall ist, als ihre Ehemänner oder Partner sich AIDS oder ARC (ein AIDS- verwandtes Leiden) durch sexuelle Aktivitäten oder intravenöse Drogeneinnahme zugezogen haben. Zum einen wurde durch diese Situation der Mythos zerstört, daß eine langfristige heterosexuelle Beziehung uns vor AIDS schützt. Dieser Mythos beruht auf der Fehlannahme, daß Heterosexualität und Homosexualität zwei entgegengesetzte Pole darstellen. Tatsächlich drückt sich die sexuelle Vorliebe als Kontinuum aus, wie durch die bekannte Skala, die vom Kinsey-Forschungsteam aufgestellt wurde, gezeigt wird. (Diese Skala wurde für Anhang 11 übernommen.) Vor allem aber spiegelt die Situation, die durch die plötzliche Nachricht von der AIDS-Erkrankung eines heterosexuellen Partners entsteht, einen allgemeinen Mangel an Intimität wider, das Unbehagen, sich in Liebesbeziehungen offen darzustellen, die Angst davor, sich in Anbetracht gesellschaftlicher Tabus die Wahrheit zu sagen und anzuhören, die Unfähigkeit, Gefühle mitzuteilen und in Einklang zu leben – was heißt, Vertrauen aufzubauen, indem man ehrlich ist, zu seinen Handlungen steht und die Verantwortung für persönliche Entscheidungen übernimmt.

## Judith und Mark

Judith und Mark waren fast fünfzehn Jahre verheiratet, als Mark anfing, an chronischen Infektionen der Atemwege und grippalen Schwächeanfällen zu erkranken. Die Tatsache, daß er als Krankenpfleger arbeitete und wußte, was zu tun war, schien nicht weiterzuhelfen. Nach acht Monaten periodisch auftretender Erkrankungen bekam Judith den Verdacht, Mark könne AIDS haben. Als sie ihn fragte, verneinte er kategorisch und wurde sehr ärgerlich auf sie, weil sie diese Möglichkeit überhaupt in Betracht zog. Monate später jedoch, als er so krank geworden war, daß er in die Klinik mußte, gab Mark schließlich zu, daß er im Verlaufe der Jahre drei gleichgeschlechtliche sexuelle Affären gehabt habe. Aus »Angst, sie zu verletzen«, hatte er ihr das niemals erzählt, nicht während die Affären liefen, nicht als sie vorbei waren und auch nicht, als sie ihn fragte. Mark hatte ein starkes persönliches Verleugnungssystem entwickelt. Er war in einer gestörten Familie aufgewachsen, wo Verleugnung selbstverständlich war – sie war angenehmer und leichter als die Wahrheit. Und gerade diese Verleugnung war es, die verhinderte, daß er in seinem Leben tiefe Intimität erlebte. Weil er niemals begriff, wer er war, konnte er Judith auch nicht an seinem wahren Selbst teilhaben lassen. Er ging durch das Leben und durch seine Ehe, indem er zahlreiche verschiedene Rollen spielte und ohne seinen Lebenserfahrungen für sich selbst jemals einen Sinn abgewinnen zu können.

*Verbindlichkeit*

Verbindlichkeit ist eine Zusage, ein Versprechen, das Ihre Absicht bekräftigt. Bei traditionellen Ehegelübden enthalten die Worte »bis daß der Tod uns scheidet« die verbindliche Zusage, ein Leben lang zusammenzubleiben. In der sich schnell verändernden heutigen Gesellschaft stimmt diese verbindliche Beziehungszusage mit der Realität der meisten Menschen nicht mehr überein. Zum einen ist die durchschnittliche Lebenserwartung viel höher als in der Vergangenheit. Die verbindliche Zusage fürs Leben kann heute bedeuten, vierzig Jahre länger zusammenzuleben, als Menschen im Mittelalter, aus dem solche Gelübde stammen. Heute haben sowohl Männer als auch Frauen viel mehr Entscheidungsmöglichkeiten und Gelegenheiten zum Wachsen als noch vor dreißig Jahren. Wenn das auch dazu beiträgt, daß Beziehungen potentiell interessanter und abwechslungsreicher werden, sind sie dadurch andererseits aber zusätzlichen Belastungen wie Zeiten ungleichen Wachstums beider Partner und äußeren Herausforderungen an gemeinsame Interessen und Ziele ausgesetzt. Schließlich hat die traditionelle Ehe »fürs Leben« weniger Überlebenswert in einer städtischen, hoch technologischen Gesellschaft, in der unsere körperlichen Grundbedürfnisse befriedigt sind, reine Körperkraft keinen Hauptanpassungswert mehr darstellt, und zahlreiche Frauen sich dafür entscheiden, außerhalb der Kleinfamilie autonom und erfolgreich zu arbeiten. Daraus folgt, daß in der Umgebung des späten zwanzigsten Jahrhunderts, die durch rapiden Wechsel charakterisiert ist, auch die Beziehungsbedürfnisse der Menschen anders aussehen. Wenn wir die Bedürfnisse an verbindliche Beziehungen auf dem Hintergrund von Maslows Bedürfnishierarchie vergleichen (siehe Abbildung 16), können wir leicht sehen, daß die meiste Zeit der Geschichte über – und für die meisten menschlichen Wesen – diese Beziehungen für die Sicherung der grundsätzlichen Überlebensbedürfnisse (körperliche und Sicherheits-/Schutzbedürfnisse), für den Schutz der Schwachen durch die Starken und für die Arbeitsteilung wesentlich waren.

Maslows Bedürfnishierarchie

*Abbildung 16*

Quelle: Abraham H. Maslow, *Motivation und Persönlichkeit.* Olten & Freiburg i.Br.: Walter-Verlag, 1977, S. 74ff.

Auch wenn diese Umstände bei den meisten von uns noch vorherrschen, sind viele Menschen aus westlichen Industrienationen jetzt in einer Position, über die ersten zwei Bedürfnisebenen hinausgehen zu können. Sie wollen sich verbindlich für die Befriedigung der Bedürfnisse im oberen Bereich der Hierarchie einsetzen – die Bedürfnisse nach sozialer Zugehörigkeit, Achtung und Selbstverwirklichung. Sie sehnen sich danach, sich verbindlich für die Festigung der besonderen Qualitäten einer Beziehung einzusetzen. Einige Menschen beginnen aber auch, die Definition für verbindliche Beziehungen und die Annahmen und Voraussetzungen, auf denen diese beruhen, in Frage zu stellen, nachdem sie so viele feste Beziehungen und Ehen in Familie und Freundeskreis trotz der traditionellen Gelübde haben in die Brüche gehen sehen. Sie stellen sich die Frage, was Verbindlichkeit eigentlich wirklich bedeutet, und versuchen herauszufinden, was es ist, worauf sie sich von ganzem Herzen verbindlich einlassen können. Dieser Prozeß erfordert die Wendung nach innen und die Frage an sich selbst, was Sie wirklich leben und durchführen können.

Eine Schwierigkeit resultiert daraus, daß Absicht und Verbindlichkeit verwechselt werden. Wenn Sie jemanden lieben und Ihr Leben mit diesem Menschen teilen möchten, erfahren Sie das als Absicht, das heißt, Sie können in solchen Momenten wohl beabsichtigen, mit dem oder der Geliebten den Rest Ihres Lebens zu verbringen. Aber Verbindlichkeit ist mehr als Absicht. Sie ist das Versprechen, nach Ihren besten Möglichkeiten selbst in den schwierigsten Zeiten die Werte zu achten, die Intimität hervorbringen. Deswegen geht es bei wahrer Verbindlichkeit nicht um »immer und ewig«, sondern um Ausdauer – um die Entscheidung, sich in guten wie in schlechten Zeiten, in Lust und Leid verantwortungsbewußt zu verhalten und das gegenseitige Vertrauen und die gegenseitige Loyalität die ganze Zeit über zu achten.

*Verbindlichkeit bezieht sich auf einen Prozeß*, sie ist eine Haltung gegenüber und in intimen Beziehungen. Jede andere Form von Verbindlichkeit verrät den unrealistischen Glauben, die eigenen Veränderungen und die des Partners ebenso voraussehen zu können wie die Folgen, die die Auseinandersetzung mit diesen Veränderungen für Ihre Beziehung, Ihre Bedürfnisse und die Ihres Partners hat. Wenn Sie sich »für immer« verbindlich aufeinander einlassen, kommt das der typischen Selbstaufgabe des Beziehungssüchtigen für einen anderen Menschen gleich. Sie bringen sich damit in eine Zwickmühle: wenn die Beziehung Ihnen mit der Zeit keinen Raum zum Wachsen mehr läßt, müssen Sie entweder Ihr Versprechen brechen oder Ihren Lebensfunken absterben lassen.

## Felix und Moni

Als Moni und ihr Verlobter Felix beide zum zweiten Mal heirateten, schrieb jeder von Ihnen eine Verbindlichkeitserklärung. Sie wollte mit Felix für den Rest ihres Lebens zusammenbleiben, hatte aber durch ihre Scheidung einige schmerzliche Lektionen gelernt. Sie wollte nichts versprechen, woran sie sich dann eines Tages vielleicht nicht halten konnte. Statt dessen versprach sie, selbst dann, wenn sie jemals das Gefühl haben sollte, ihr Selbstgefühl in dieser Ehe nicht mehr unversehrt aufrechterhalten zu können, nicht in der Hitze von Ärger, leidenschaftlichem Aufbrausen oder Frustration wegzugehen. Sie versprach, dann noch sechs Monate zu bleiben, ganz gleich, wie schwierig oder schmerzlich das Problem auch sein würde. (Ausnahmen wären Situationen, die sie als Mißbrauch und/oder Gefahr für ihre Sicherheit erlebte.) In diesen sechs Monaten würde sie aufrichtig ihr Bestes versuchen, um mit Felix die Differenzen zu beheben, die ihre Beziehung ernsthaft bedrohten. Für den Fall, daß sie diese Differenzen nicht auflösen konnten, versprach Moni, mit Felix in losem Kontakt zu bleiben, bis sie ihre Beziehung freundlich und mit Anteilnahme beenden konnten, dabei Vorwürfe vermieden, einander verziehen und die guten und schätzenswerten Aspekte ihrer Verbindung bewußt anerkannten.

## Anna und Christoph

Anna und Christoph, ein weiteres Paar, beschlossen ihre Verbindlichkeit als fortlaufenden Prozeß statt in Form von Zeitabsprachen auszudrücken. Jeder der beiden versprach, für den anderen bereitwillig da zu sein, falls sie Schwierigkeiten erleben sollten, die ihr Zusammenleben bedrohten. Sie stimmten überein, ihre Probleme offen zu besprechen und Verleugnung achtsam zu vermeiden, indem sie für die Möglichkeit offenblieben, daß ihre Interpretationen einer Situation Projektionen sein konnten. Sie stimmten überein, sich die ehrliche Meinung vertrauter Freundinnen und Freunde sowie einer Psychotherapeutin anzuhören und nicht nur den Emotionen Gewicht zu geben, sondern auch die faktischen Abläufe fair mit einzubeziehen. Auch wenn das Wort Intimität in diesen Situationen vielleicht niemals auftaucht, wird durch eine aufrichtige und realistische Verbindlichkeit, die auf Vertrauen beruht, Intimität gefördert.

*Monogamie*

Das Thema Monogamie/Polygamie kann in langfristigen Beziehungen zum unversöhnlichen Tauziehen werden. Es stellt einen Konfliktbereich dar, der oft hauptsächlich ein Symptom für viel tiefer sitzende und ungelöste unbewußte Themen wie Intimität, Macht und Kontrolle der einzelnen Partner sowie zwischen den beiden ist. Nach einer Untersuchung berichten zum Beispiel 72 Prozent der Frauen, die außereheliche Affären hatten, daß sie diese aufgrund emotionaler Unzufriedenheit mit ihrem Ehemann eingingen, und 39 Prozent teilten mit, sie glaubten, polygam veranlagt zu sein. Ganze 30 Prozent sagten, sie wüßten nicht, warum sie eine Affäre hatten![5]
Außer daß das Widerstreben mancher Menschen, sich sexuell verbindlich einzulassen, Themen wie persönliche Freiheit, Unabhängigkeit oder Macht beinhaltet, kann es auch einem tiefersitzenden Unbehagen entsprechen, sich überhaupt auf einen anderen Menschen verbindlich einzulassen. Aufgrund der vielen psychologischen Untertöne von Monogamie existiert eine große Kluft zwischen dem tatsächlichen Verhalten von Menschen und dem traditionellen biblischen Maßstab für sexuelle Treue, die sie in ihren Ehegelübden zu halten versprachen.
Nach jüngsten Untersuchungen rangiert zum Beispiel der Prozentsatz verheirateter Frauen, die außerehelichen Sex haben, zwischen 50 und 59 Prozent als höchstem und 21 Prozent als niedrigstem Wert – je nach Untersuchung.[6] Auf jeden Fall liegt der Prozentsatz für außereheliche Affären bei verheirateten Männern immer höher als bei Ehefrauen, ganz gleich welche Untersuchung zitiert wird. Geht man von der Tatsache aus, daß außereheliche Affären ziemlich häufig vorkommen, ist es fraglich, ob das Versprechen absoluter

Treue für die meisten Menschen realistisch ist – mag ihre Absicht auch echt sein. Wie für die Verbindlichkeit in Beziehungen generell gilt auch hier, daß die sexuelle Verbindlichkeit am besten von jedem Paar individuell ausgehandelt wird, damit sie ihren allgemeinen Zielen, ihrer individuellen Selbstachtung und der Bedeutung entspricht, die sie dem Ausleben von Sexualität außerhalb ihrer Beziehung beimessen.
Monogamie wird am besten als Spielraum betrachtet, und die Herausforderung besteht darin, einen Partner zu finden, dessen Ansichten über Monogamie Ihren eigenen ähnlich sind, oder dessen unterschiedliche Meinung Sie tolerieren können, weil Ihr Selbstgefühl davon nicht bedroht ist.

## Josh und Lea

Lea, seit sechs Jahren mit Josh verheiratet, ist sich durchaus darüber im klaren, daß für sie eine Affäre nur eine Form von Rache wäre, sollte sie auf Josh ärgerlich oder in ihrer Ehe über einen längeren Zeitraum wirklich unglücklich sein. Würde sie ihre verbindliche Monogamie durchbrechen, dann wäre das ein Ausdruck ihrer tiefsten Gefühle in bezug auf ihre Beziehung. Gleichzeitig weiß sie, daß das für Josh, der auf einer seiner langen Geschäftsreisen eine kurze Affäre hatte, nicht so ist. Trotz der Verletztheit, die sie in dem Augenblick verspürte, als Josh es ihr erzählte, begriff sie, daß diese sexuelle Begegnung für ihn ein flüchtiger, wenn nicht unvollkommener Ersatz für die Wärme und Nähe war, die sie in ihrer Ehe miteinander teilten. Sein Ausrutscher war keine Bedrohung für ihre Beziehung. In Wirklichkeit stärkte er paradoxerweise ihre Verbindung. Ihre Fähigkeit, diesen einzelnen Vorfall offen zu besprechen, begründete und unterstrich erneut ihr starkes Vertrauen in die gegenseitige Bereitschaft, die Verletzlichkeiten des anderen zu akzeptieren.

Tanja

Tanja, eine Hausfrau Ende zwanzig, liebte ihren Ehemann und wollte Kinder und eine Familie. Nachdem sie aber drei Jahre verheiratet war, traf sie zufällig den Mann, der während ihrer ganzen Collegezeit ihre große Liebe gewesen war. Sie erkannte, daß sie beide liebte, ihn und ihren Mann, und wollte versuchen, diese Anziehung sowie die Wichtigkeit, die beide für sie hatten, zu leben. Tanja war nicht an einer Affäre mit ihrem ehemaligen Geliebten interessiert; sie wollte eine emotional tiefgehende, befriedigende Beziehung sowohl innerhalb als auch außerhalb ihrer Ehe, wovon beide Männer in ihrem Leben volle Kenntnis haben sollten. Ihr Mann war bereit, den Versuch zu machen. Tanja war es, die diesen Traum nach einiger Zeit als unrealistisch aufgab. Ihre Erfahrung lehrte sie, daß ihre Zeit für sinnvolle Begegnungen nicht ausreichte, um die besonderen Qualitäten zu erleben und auszudrücken, auf die sie sowohl beim Ehemann als auch beim Geliebten gehofft hatte. Sie bestätigte erneut ihr ausschließliches verbindliches Einlassen auf ihren Ehemann.

*Leidenschaft*

Im Dreiecksmodell von Liebe wird Leidenschaft als eine Emotion definiert, »die zu körperlicher Erregung und dem intensivem Begehren führt, mit dem geliebten Menschen vereint zu sein.«[7] Obgleich wir Leidenschaft für einen aufregenden, wünschenswerten und reizvollen Bestandteil von Liebe halten, liegt ihre ursprüngliche Bedeutung ironischerweise im Leiden, im Ertragen – ein Gefühl, das dem Zustand von romantischen Geliebten oder Beziehungssüchtigen nicht allzu fern ist. Wenn aber eine gesunde intime Beziehung auch leidenschaftlich ist, ist das in der Tat eine wunderbar bereichernde und lustvolle Erfahrung.
In langfristigen Beziehungen unterliegen Leidenschaft und sexuelle Energie einem natürlichen Wechsel von Ebbe und Flut. Obwohl sie so belebend ist, kann Leidenschaft zu gewissen Zeiten selbst in den besten Beziehungen verschwinden. In solchen Zeiten brauchen Sie

die Fähigkeit und Bereitschaft, sich den Umständen hinzugeben, ohne daß Sie versuchen, ihnen Ihren Willen aufzuzwingen. Der Glaube, sexuelle Leidenschaft könne sich nur durch den Koitus ausdrücken, ist eine sehr enge Sichtweise. Sexuelle Leidenschaft ist sehr viel umfassender. Der Koitus ist nur ein Aspekt von Intimität und nur eine von vielen Möglichkeiten, wie Partner sich gegenseitig Lust verschaffen können, nur ein Teil ihrer umfassenden körperlichen Beziehung. Und auch wenn es hilfreich ist zu akzeptieren, daß Sexualität sich mit der Zeit verändern kann, sollte man doch erwarten, daß Sex und Leidenschaft natürlicher und integraler Bestandteil einer gesunden Liebesbeziehung sind.

## Rita und Daniel

Rita und Daniel, das Paar, das im fünften Kapitel vorgestellt wurde, haben viele Jahre eine leidenschaftliche Beziehung gehabt. Beide wußten von dem Abend an, als sie sich im Haus von Freunden begegneten, daß die Anziehung zwischen ihnen wert war, weiter erforscht zu werden. In den folgenden Wochen trafen sie sich mehrmals zum Essen, lernten einander sowie den jeweiligen Lebenshintergrund des anderen kennen und entdecken ihre gemeinsame Liebe für die freie Natur.

Bei ihrem ersten Ausflug in die Wildnis war es dann auch, daß sie anfingen, sich emotional füreinander zu öffnen, und hier erlebten sie auch das erste Mal, wie stark die sexuelle Energie zwischen ihnen war, die zu einem freudigen Aspekt ihrer zukünftigen Beziehung werden sollte. Obwohl sie sich gegenseitig lachend eingestanden, daß sie sich körperlich zueinander hingezogen fühlten, agierten sie diese Anziehung an diesem Tag nicht aus. Rita war gewohnt darauf zu warten, daß der Mann den ersten Schritt machte. Trotz der großen Anziehung, die Rita auf ihn ausübte, zögerte Daniel, sich sexuell so schnell einzulassen, da ihm erst kürzlich bewußt geworden war, wie destruktiv sein früheres impulsives sexuelles Verhalten war, das zu einer Reihe von kurzen und emotional unbefriedigenden

Affären geführt hatte. Als er Rita traf, hatte er über ein halbes Jahr enthaltsam gelebt.
Schließlich wagte Rita es mehrere Wochen später, als sie eines Abends Kastanien über dem offenen Feuer rösteten, die Initiative zu ergreifen. Inzwischen hatte die Zeit ihre heilende Wirkung auf Daniel getan. Zu ihrer großen Freude fand sie in ihm einen sexuell sensiblen und aufgeschlossenen Partner.
Während sie sich tiefer aufeinander einließen, entdeckten Rita und Daniel, daß es zwischen ihnen eine natürliche sexuelle Übereinstimmung gab. Beide waren frei von sexuellen Schuldgefühlen, und da ihnen nichts daran lag, die gesellschaftlich »richtigen« sexuellen Rollen zu spielen, war zwischen ihnen ein fließender, offener Ausdruck ihrer Sexualität entsprechend der Ebbe und Flut der ganzen Bandbreite von männlichen und weiblichen Energien in jedem von ihnen möglich. Durch ihre Bereitschaft zu experimentieren und den Eifer, mit dem sie gegenseitig ihren Worten und ihrer Körpersprache lauschten, konnten sie sich emotional gut aufeinander einstellen. Diese Qualitäten machten ihre sexuelle Beziehung spielerisch und lustvoll. Das wiederum ermöglichte Rita, ihre eigene Sexualität noch freier und ungehemmter zu erforschen, und sie entdeckte dabei in sich einen Erfindungsreichtum und eine Empfänglichkeit, die ihr und Daniel Zugang zu neuen, bislang unerwarteten Quellen der Lust erschlossen.
Weil Daniel und Rita beide den emotionalen und körperlichen Zustand des anderen so bewußt wahrnahmen, verspürte keiner von beiden das Bedürfnis, auf Sex zu drängen, wenn die sexuelle Energie des einen oder anderen gering oder vorrangig durch die Arbeit, familiäre oder öffentliche Angelegenheiten in Anspruch genommen wurde. Sie lernten, mit solchen Situationen offen umzugehen. Sie lehnten es ab, Interesse vorzutäuschen, und keiner von beiden versuchte, seine tatsächlichen Gefühle zu verstecken. Diese sexuellen Schwankungen erlebte keiner von beiden als bedrohlich; sie wußten, daß die tiefe Befriedigung ihrer sexuellen Beziehung qualitativer Natur war und wenig mit Häufigkeit zu tun hatte.
Während all der Jahre ihrer Ehe hatte Daniel zweimal Erektionsstörungen. Sie nahmen kaum Notiz davon; Daniels Selbstbild von sich

als Mann hing nicht von seiner körperlichen Potenz ab. Sie hatten so viele befriedigende Möglichkeiten gefunden, ihre sexuelle und sinnliche Verspieltheit miteinander auszuleben, daß der Koitus selbst ihnen fast nebensächlich vorkam.
Zu bestimmten Zeiten war es Rita, bei der periodisch sexuelles Desinteresse auftrat, meistens aufgrund von Streß bei der Arbeit. Obwohl sie in solchen Zeiten keinen sexuellen Kontakt hatten, fuhren sie fort, sich ihre Zuneigung durch andere Formen von Körperkontakt zu zeigen. Sie schmusten, umarmten und hielten sich weiterhin. Gelegentliche Konflikte zwischen ihnen wirkten sich auch auf ihr Sexleben störend aus. In solchen Zeiten konnten sie sich gegenseitig die Zeit und den Raum lassen, die sie brauchten, um sich freiwillig wieder aufeinander zuzubewegen.
Ebenso wie ihre Beziehung vertiefte sich auch ihre sexuelle Verbindung im Laufe der Jahre. Von Zeit zu Zeit wurde die sexuelle Beziehung der beiden sowie ihre Liebe füreinander durch einen Moment besonderer Verletzlichkeit oder das plötzliche Aufblitzen einer neuen Facette in der Persönlichkeit des anderen erneuert. Die Offenheit und Intimität, die sich in solchen Momenten entfaltete, ging über das Sexuelle hinaus und erfüllte sie mit einem Gefühl von Ehrfurcht. Sie erlebten eine Kommunion von Körper, Geist und Seele, in der sich beide vereint fühlten, und doch jeder zugleich für sich war. Selbst noch nach vielen Jahren erwuchs aus dieser besonderen Form von Intimität ein Gefühl von Ganzheit, Zärtlichkeit und spiritueller Verbundenheit, das ihre körperliche und emotionale Beziehung ganz durchdrang.

### *Gemeinsame Leidenschaften*

Wenn in einer Liebesbeziehung von Leidenschaft die Rede ist, denken die meisten von uns fast automatisch an Sex. Aber das Wort *Leidenschaft* hat noch weitere Bedeutungen. Eine andere Form von Leidenschaft können neben der Sexualität die verbindenden Interessen sein, die gute Beziehungen wie ein gemeinsamer Strang durchziehen. In diesem Sinne ist Leidenschaft die Art von Schwung, Begeisterung oder Vorliebe, die zwei Menschen in einer

intimen Beziehung gemeinsam für ein fesselndes Projekt, Hobby oder Interesse aufbringen. Bei den zahlreichen sozialen Kräften, durch die viele gegenwärtige Paare tendenziell auseinandergebracht werden, können gemeinsame Leidenschaften eine Beziehung oft auf positive und kreative Weise festigen. Daniels und Ritas gemeinsame Leidenschaft ist ihre Liebe für das Bootfahren.
Evas und Franks gemeinsame Leidenschaft sind ihre Enkelkinder. Die beiden reisen mehrmals im Jahr durch das Land, um die Wachstumsjahre der Kinder in ihrer ganzen Einzigartigkeit mitzubekommen. Liebevoll bewahren sie deren Fingermalereien auf und führen Fotoalben, die mit Schnappschüssen von Geburtstagsfesten und anderen besonderen Anlässen überquellen. Nina und Luises gemeinsame Leidenschaft hat ihre Zwölf-Schritte- Tradition zum Inhalt sowie die spirituellen Aktivitäten, zu denen sie auf diesem Weg hingeführt wurden. In unserer Gesellschaft, die greifbare Vermögenswerte schätzt, können Paare auch eine Sammelleidenschaft teilen – sei es für chinesische Schnupftabakdosen, exotische Rezepte, Kristalle oder Aktien. Und wieder geht es dabei nicht so sehr um das Inhaltliche, sondern um den Prozeß, um die Wirkung des geteilten Interesses – nämlich ein gemeinsames Band zu schaffen und eine Quelle beidseitiger Befriedigung und Erneuerung zu sein.

## Toni und Gabriele

Tonis und Gabrieles ursprüngliche Leidenschaft erwuchs aus der gemeinsamen Freude beim Aufziehen von Klaus, ihrem einzigen Kind, das sechs Jahre nach ihrer Heirat geboren wurde. Zu dem Zeitpunkt hatten sie die Hoffnung beinah aufgegeben, eigene Kinder haben zu können. Dieses gemeinsame Band hielt sie mehrere Jahre lang zusammen, aber als Klaus älter und selbständiger wurde, wurden sich Toni und Gabriele der Leere in ihrem eigenen Leben zunehmend bewußt. Eine Zeitlang ging jeder von ihnen seine eigenen Wege. Nach ein paar Jahren fanden sie aber schließlich zu einer spirituellen Tradition, die ihnen beiden zusagte. Seitdem sind ihre gemeinsamen spirituellen Aktivitäten zum Fundament ihrer liebevollen Beziehung geworden. Die beiden hatten sehr verschiedene Hintergründe mit entsprechend tief verwurzelten unterschiedlichen Einstellungen, Werten und Erwartungen, und zwischen ihnen fließt nur wenig sexuelle Energie. Sie geben freimütig zu, daß ihre Ehe ohne diese gemeinsame Leidenschaft wahrscheinlich nicht überlebt hätte.

### *Liebe*

Was aber ist Liebe zwischen Intimpartnern? Ist sie etwas, das durch Benennung der verschiedenen Ebenen vollständig definiert werden kann? Oder anhand von einzelnen, greifbaren Komponenten? Keine Definition wird diesem Wort gerecht, weil wirkliche Liebe mehr ist, als mit Worten erfaßt werden kann. Das ist wohl auch der Grund dafür, daß die faszinierendsten Definitionen in der Poesie zu finden sind, wo – wie in der Heiligen Schrift – in jedem Wort unzählige Andeutungen, Bezüge und ein lebendiges Verstehen mitschwingen. Ein chinesisches Ideogramm trifft diese synergistische Qualität von Liebe sehr gut: »Liebe ist die Lebenskraft, die dem Herzen und dem Geist harmonischer menschlicher Beziehungen eingehaucht wird.« Und trotzdem muß jeder von uns für sich definieren, was es heißt, zu lieben und geliebt zu werden, damit wir anfangen können, den endlosen Kreis von Sucht, sozialem Mythos und der inhaltsleeren und oft manipulativen Benutzung dieses in unserer Sprache am meisten belasteten Wortes zu durchbrechen. Liebe wird leicht mit anderen flüchtigen Gefühlen wie Lust, Vernarrtheit und selbst Sentimentalität verwechselt – ein paar Tränen, die in einem stark gefühlsbetonten Augenblick vergossen werden, die aber weder dauerhafte Einsichten noch anhaltende Veränderungen bewirken.

Wirkliche Liebe ist stetig, beständig, dauerhaft. Aufgrund der romantischen Mythen und der Ausbeutung, die das Wort *Liebe* umgeben, sowie des verbreiteten Mangels an entsprechenden Vorbildern müssen wir als Erwachsene vielleicht noch einmal ganz neu lernen, wie man liebt. Glücklicherweise steht uns die Möglichkeit offen, die

Dinge anders zu machen. Wirkliche Liebe ist weder das Verhaftetsein an einen anderen Menschen noch die Suche nach jemandem, der uns lieben soll – trotz Tristans Ausruf, »Oh, werde ich niemals jemanden finden, der mein Elend heilt!« Oder, wie ein scharfer Beobachter es einmal geistreich formuliert hat: »Immer wenn mir jemand erzählt, er könne nicht *ohne* einen Menschen leben, weiß ich, daß er nicht *mit* ihm leben kann.«

Liebe kommt nur zu uns zurück, wenn wir sie auch geben. Haben wir sie erst einmal in uns selbst gefunden, dann lebt die Liebe durch uns. »Eure Aufgabe besteht nicht darin, nach Liebe zu suchen, sondern vor allem all die Barrieren in Euch selbst zu suchen und zu finden, die ihr gegen die Liebe errichtet habt.«[8]

Die Liebe zwischen Partnern gleicht in ihrer besten Form der Liebe zwischen »genügend guten Eltern« und deren Kindern sowie der Liebe, die sich in den anregendsten Freundschaften findet. Sie bringt dem innersten Kern des anderen Akzeptanz und Respekt entgegen, zusammen mit dem Wunsch und der Bereitschaft, dessen Leben zu unterstützen und zu bereichern, ohne dafür den eigenen Wesenskern zu opfern. Sie verspricht, die uns am nächsten stehenden Menschen dazu zu ermuntern, all ihre inneren Möglichkeiten zu realisieren – selbst wenn sie dadurch weit von uns weggeführt werden. Kurz gesagt, wir verpflichten uns, nur nach unseren besten Motiven zu handeln, ganz gleich, wie stark unsere eigenen Wünsche dagegenstehen mögen. Liebevolles Verhalten heißt, das spirituelle Wachstum, die Erfüllung und das Wohlergehen eines anderen Menschen ebenso wichtig zu nehmen wie unser eigenes – und den anderen auch auf Kosten unserer eigenen Bequemlichkeit durch Taten und durch Worte zu unterstützen und zu ermutigen. Indem wir die chinesische Definition von Liebe interpretieren und erweitern, können wir vielleicht sagen, daß Liebe der Ausdruck einer harmonischen inneren Schwingung ist, die so tief reicht, daß wir unsere selbstsüchtigen Motive transzendieren und uns anderen gegenüber wirklich liebevoll verhalten können. Diese Art Liebe wird dann wahrhaftig zur heilenden Begegnung zwischen zwei menschlichen Wesen, die in Offenheit, Zuversicht und mit gutem Willen zusammenkommen.

## Übung: Liebe in Ihrem Leben

### *Übung I: Ihr Liebesdreieck*

Zeichnen Sie nach Vorlage von Sternbergs Modell (vgl. S. 222) ein Dreieck, dessen Seiten den Charakter Ihrer augenblicklichen oder letzten Liebesbeziehung wiedergeben. Beschreiben Sie mit konkreten und genauen Worten die Schritte, die Sie und Ihr Partner unternehmen können (oder hätten unternehmen können), um das Dreiecksverhältnis von Verbindlichkeit, Intimität und Leidenschaft ausgewogener zu gestalten.

# 8 Das Geschenk des Weges: Genesung

Das Verlassen des Zauberwaldes der Süchte ist ein Schritt, den wir von jetzt ab immer wieder feiern müssen, damit wir ihn nicht vergessen. Die sich ständig vergrößernde Distanz, die wir, um uns loszulösen, zwischen uns und unserer Sucht errichten müssen, baut sich nur auf, indem wir unseren neu gewählten Weg Tag für Tag, Schritt für Schrittchen beharrlich weitergehen.
Und wie das Leben selbst ist auch die Genesung ein fortlaufender, sich ständig entfaltender, niemals endender Prozeß in Richtung Ganzheit und Verbundenheit mit uns selbst und anderen. Um Liebe und Intimität zu erfahren, müssen wir zuerst unsere Sucht hinter uns lassen und so wach für uns selbst werden, daß wir allmählich entdecken, wer wir sind. Wie Taucher auf der Suche nach versunkenen Schätzen auf dem Meeresboden, müssen wir tief gehen, um zu genesen – das heißt, unser wahres Selbst wiederzugewinnen. Der Philosoph Sam Keen schreibt:

> Ja, ich möchte was trinken, aber ich will auch einen klaren Kopf behalten. Ja, ich würde gerne mit dir ins Bett gehen, aber ich will auch halten, was ich versprochen habe, und muß kilometerweit gehen, bevor ich schlafe. Die Illusion der Sucht beruht darauf, daß die Vielfalt unserer Bedürfnisse unbewußt bleibt. Wenn ich mir all dessen, was ich bin, gewahr werde,stelle ich fest, daß keine einzelne Substanz, Tätigkeit oder Person ausreicht, mich voll zu befriedigen. Ich lasse die Sicherheit der Droge beiseite und stürze mich ins Abenteuer, mich in die Vielfalt des Selbst und der Welt zu verlieben.[1]

*Die Beziehung zu uns selbst und zu anderen ist der Kern der Genesungsreise, denn Liebesbeziehungen bieten uns ein Forschungslabor voller Möglichkeiten, unsere Lebenslektionen einzuüben und uns persönlich auszuweiten und zu wachsen.* In dem Maße, wie wir intimer mit uns selbst werden, verbessern sich auch unsere Beziehungen zu den Menschen, die wir lieben. Umgekehrt lädt die Offenheit, die Anteilnahme und das Vertrauen in einer liebevollen, intimen Partnerschaft uns zur Selbsterforschung ein. Sie kann uns helfen, in die Tat umzusetzen, was wir bereits gelernt haben, unsere Selbstkenntnis zu vertiefen und bietet uns ständig neue Lektionen.

Der Prozeß der Genesung erfordert die Bereitwilligkeit, Dinge zuzulassen – das heißt, zuzulassen, daß Situationen ihren eigenen Verlauf nehmen, ohne daß wir eingreifen und versuchen, sie zu kontrollieren, und ohne daß wir Mauern aus Abwehr und Verleugnung errichten. Er erfordert den Mut, sich anzuschauen, was ist, statt was unserer Meinung nach sein könnte oder sollte.

Und vor allem erfordert die Genesung die Bereitwilligkeit, das vorübergehende Unbehagen zu akzeptieren, das mit Veränderungen einhergeht: das Chaos zu erleben, wenn altvertraute Verhaltensmuster weggefegt werden und neue noch nicht in Sicht sind; die Angst, verlassen und zurückgewiesen zu werden, wenn wir uns verpflichten, uns selbst gegenüber ehrlich zu sein; die Sorge und Panik, die auftauchen, wenn wir riskieren herauszufinden, was es wirklich heißt, allein zu sein; und das neue, breitere Spektrum widerstrebender Emotionen, die wir uns das erste Mal in unserem Leben fühlen lassen.

Und schließlich erfordert sie die Bereitschaft, die Antworten auf unsere Schwierigkeiten innen zu suchen, statt uns außen nach bequemen Sündenböcken umzusehen. Unsere Bereitwilligkeit ist solange unvollständig, wie wir uns selbst nicht fragen können: »Welche Rolle spiele *ich* in dieser Situation? Wie habe *ich* diese Reaktion hervorgerufen? Was hätte *ich* anders machen können? Wie trage *ich* dazu bei, daß ich nicht weiterkomme? Was habe *ich* davon? Welche Charakterzüge und Verhaltensweisen, die ich an ihm oder ihr behaupte abzulehnen, sehe ich in *mir*? Wie könnte *ich* liebevoller sein? Wie hätte *ich* die Lage ändern können?«

Die Technik hat unsere äußeren Grenzen erweitert. Elektronenmikroskope haben unseren Blick auf unser Körperinneres ausgeweitet, raffinierte Antennen verlängern unser Gehör bis zu weit entfernten Galaxien, Computer haben Geschwindigkeit und Reichweite unseres Gehirns beträchtlich gesteigert, mit Hilfe von komplexen Robotersystemen können wir mit unseren Gliedmaßen bis in Meerestiefen und in Sternenräume greifen. *Aber mit der Ausweitung unserer inneren Grenzen stehen wir ganz am Anfang, und das ist die augenblickliche Herausforderung an den menschlichen Geist. Sie allein enthält das Versprechen, daß wir schließlich doch die alten Kreisläufe durchbrechen, generationenalte familiäre und soziale Mythen, Störungen und Konflikte aufheben.* Dann wird jeder von uns seinen eigenen kleinen Beitrag zu dem zahlreicher anderer Menschen leisten, die beschlossen haben, in Harmonie zu leben. Wir können unser Privatleben nicht vom Leben der Gemeinschaft abtrennen. Bevor wir nicht lernen, als Individuen in unseren Beziehungen friedlich zu leben, ist es wenig sinnvoll, auf Frieden für diesen Planeten zu hoffen. Diese Erde ist schließlich keine Abstraktion, sondern ein Ort, den zahlreiche Individuen ausmachen, die in unzähligen, miteinander verbundenen Netzwerken von persönlicher Kommunikation, Beziehungen und anderen Systemen tätig sind.

### *Die frühen Stadien der Genesung*

Unsere Aufmerksamkeit auf uns selbst und nach innen zu richten ist besonders in den frühen Stadien der Genesung wichtig, einer Zeit, in der wir erst beginnen, uns mit unseren Emotionen, Verhaltensmustern, Rollenskripts, Bedürfnissen, persönlichen Qualitäten, Zu- und Abneigungen neu vertraut zu machen. In der aktiven Phase unserer Beziehungssucht haben wir unser wahres Selbst vielleicht gar nicht gekannt oder aufgegeben und wie ein Chamäleon die Vorlieben und Werte des anderen übernommen, in der Hoffnung, uns mit unserer Anpassung Liebe und Sicherheit erkaufen zu können.

Aufgrund des negativen Beiklangs des Wortes *selbstbezogen* fühlen sich manche Menschen bei dieser Wende nach innen am Anfang der Genesung unbehaglich. Doch es besteht ein großer Unterschied zwischen der Selbstbezogenheit einer egozentrischen Person, die – oft auf Kosten von anderen – nur an sich selbst interessiert ist, und der »selbst-erfüllten«, einsichtigen, fördernden Reise eines Menschen nach innen, der sich im frühen Stadium der Genesung befindet. Der Psychologe Abraham Maslow studierte eine Anzahl historischer Persönlichkeiten und großer lebender Individuen, die seiner Meinung nach ihr Potential voll verwirklicht haben. Er fand heraus, daß sie sechzehn charakteristische Merkmale aufwiesen; unter anderem, daß sie eher problemorientiert als selbstbezogen waren. (Die Liste der sechzehn Eigenschaften von Menschen, die sich laut Maslow selbst verwirklicht haben, ist in Anhang 12 wiedergegeben.)

Innerster Kern der aktiven Suchtphase ist eine Störung des Selbst – ein Verlust des wahren Selbst, wodurch oft der Weg für ein aufgeblähtes falsches Selbst gegeben ist, das die Realität nur von seinem eigenen Mittelpunkt aus und in Bezug auf die eigenen Interessen wahrnehmen kann. Problemorientierte Individuen dagegen beurteilen jede Situation als solche und handeln danach, was im jeweiligen Augenblick für alle Beteiligten das Beste zu sein scheint. Ihre Entscheidungen beruhen darauf, was im Östlichen Denken Dharma genannt wird – ein Handeln im Einklang mit den universellen Gesetzen der Realität.

Selbst wenn wir zu gewissen Zeiten vielleicht vorgeben, niemanden zu brauchen, ist es doch eine universelle Wahrheit, daß Menschen Beziehungswesen sind. Um ein gesundes Leben zu führen, das uns hilft, die Wunden der Vergangenheit zu heilen, brauchen wir in unserem Leben andere Menschen, mit denen wir wachsen, denen wir unsere Liebe und Anteilnahme zeigen, und die wir ebenso von ihnen erhalten. Menschen, die zur süchtigen Abhängigkeit von anderen Menschen neigen, können sich von Beziehungen ebensowenig ganz fernhalten, wie Eßsüchtige ganz auf das Essen verzichten können. Aber so wie Eßsüchtige lernen können, »unwiderstehliche« Speisen zu erkennen, die ihren Eßzwang auslösen, können auch Beziehungssüchtige lernen, den Partnertyp zu bestimmen, der ihre »unwiderstehliche« Abhängigkeit tendenziell hervorruft.

Jeder hat Abhängigkeiten; wir alle sind voneinander abhängig. Was Menschen mit ungesunden Abhängigkeiten von anderen unterscheidet, ist, wie sie als Erwachsene damit umgehen, wenn ihre

Abhängigkeitsbedürfnisse nicht erfüllt werden. Beziehungssüchtige müssen zwischen dem menschlichen Bedürfnis nach anderen und einer ungesunden Bedürftigkeit unterscheiden, damit sie lernen können, mit einem gesunden Abstand zu lieben. (Eine vergleichende Liste von typischen Merkmalen für intime Beziehungen und Suchtbeziehungen finden Sie in Anhang 13.)

### *Mit einem gesunden Abstand lieben*

Die Vorstellung von Liebe mit Abstand mag zunächst schwer annehmbar sein. Die beiden Begriffe scheinen sich gegenseitig auszuschließen, und trotzdem liegt heilsamen Beziehungen die Lösung dieses Paradoxons zugrunde. *Abstand* heißt weder Reserviertheit, Desinteresse noch Trennung. Im Zwölf-Schritte- Programm wird darauf hingewiesen, daß Ehrlichkeit, Offenheit und Bereitwilligkeit das »WIE« der Genesung ausmachen.

*Abstand* haben bedeutet, die Realität so zu sehen, wie sie ist, und nicht, wie Sie sie nach Ihren Träumen gern hätten. Das heißt, rigide Pläne, Annahmen und Erwartungen loszulassen. Und heißt schließlich auch, die Verflechtung Ihrer persönlichen Grenzen mit denen eines anderen Menschen zu entwirren und ein klareres Gespür dafür zu entwickeln, wo Ihre Grenzen liegen oder liegen müssen. Das ist eine Möglichkeit, um aufzuhören, andere als narzißtische Verlängerung Ihrer eigenen Person zu benutzen und auch zu erkennen, wann Sie von anderen auf diese Weise benutzt werden. Heilsame Beziehungen, Liebe und persönliche Transformation entfalten sich am Treffpunkt zwischen klar definiertem *Ich* und *Du* – und hier liegt auch die Chance für das Wachsen eines starken *Wir*.

### *Persönlicher Genesungsfortschritt*

Im ersten Kapitel wurde die Metapher der Spirale zum Verständnis der Ausdehnung der Genesung benutzt, die auf die Verengung der Sucht folgt. Aber persönliches Wachstum und Transformation ver-

laufen nicht immer in Form einer einfachen, aufwärtsführenden und sich ständig ausdehnenden Weiterentwicklung.
Das tagtägliche Erleben der Genesung gleicht eher der Erfahrung eines Menschen, der einen Berg besteigt: der Pfad ist schmal, steil und oft durchsetzt von rauhem Gelände, Umwegen und nicht gekennzeichneten Abzweigungen. Trotzdem ist der Kletterer entschlossen, hier zu sein, und entschließt sich in jedem Augenblick aufs neue, vorwärtszugehen, die Augen auf das Gelände für den nächsten Schritt gerichtet. Die Belohnung liegt in der Beinarbeit. Und so ist es auch mit der Genesungsarbeit: die positiven Möglichkeiten für unsere Beziehungen, Visionen und die eigene Transformation sind der Ansporn.
Die aufwärts führende Genesungsspirale ist kein Spiegelbild oder eine exakte Umkehrung der sich verengenden Suchtspirale. *Wir sind in unserem Leben mit bestimmten zentralen Themen konfrontiert, die in unterschiedlichen Umgebungen, mit verschiedenen Menschen und zu verschiedenen Zeiten immer wieder auftauchen. Diese Themen betreffen unsere Beziehung zur Welt, zu uns selbst und zu unserer höheren Macht. Sie sind unsere Lebenslektionen.* Wenn wir festgefahren sind, können wir in der Tat im Kreis laufen. Wenn wir uns aber auf die dynamische Genesungsspirale einlassen, setzen wir uns mit diesen Themen auf einer anderen Ebene auseinander als zuvor. Das ist der Prozeß der Transformation.

### *Bestehende Beziehungen neu aufbauen*

Die Genesung von ungesunden Abhängigkeiten kann generell im Rahmen von bestehenden Beziehungen stattfinden. Aus der Liebe füreinander, die latent vorhanden war, kann eine neue und geduldig aufgebaute Beziehung erwachsen. Aber die vorhandene, fest verwurzelte Dynamik einer ehemaligen Suchtbeziehung abzuändern, kann schwierig sein, wenn die Partner auch zusammenbleiben möchten, nachdem einer von ihnen anfängt, sich in Richtung Genesung zu bewegen. Während der aktiven Phase der Sucht trägt eine Beziehungssüchtige meistens zu einer unausgewogenen Partnerschaft bei, in der sie die Verfolgerin und er den Distanzierer spielt, oder in der sie bei der Aufteilung unterlegener/überlegener, lernender/ratgebender Partner immer den Kürzeren zieht. Durch den unbewußten Prozeß der projektiven Identifikation verleugnet sie dann ihre eigene Stärke und Macht und verzichtet darauf, woraufhin ihr Partner diesen Part mehr oder weniger bereitwillig übernimmt.

In einer solchen Beziehung reicht der Versuch meistens nicht aus, die zwischen beiden Partnern vielleicht latent immer noch vorhandene, tiefe Verbindung zu erneuern. Bei einer ungleichen Beziehung muß meistens die Struktur der Beziehung selbst demontiert und durch einen neuen Aufbau ersetzt werden. Selbst wenn die genesende Partnerin jetzt eine ausgewogene Beziehung zwischen Gleichen will, kann es ihr schwerfallen, nicht in die altvertrauten Rollen zurückzufallen. Ihrem Gefährten kann es trotz bester Absichten mißfallen, daß er die Kontrolle und Macht über die bestehende Struktur aufgeben soll. Nach der Systemtheorie kann sein erster Schritt in dem mehr oder weniger bewußten Versuch bestehen, die Bemühungen der genesenden Partnerin zu sabotieren, um den Status quo wieder herzustellen.

Die Beziehungssüchtige kämpft im frühen Stadium der Genesung darum, sich aus einer festgeschriebenen Unterlegenheitsposition zu befreien und ihre Macht wiederzugewinnen, muß aber vielleicht feststellen, daß ihr nichts anderes übrig bleibt, als ihre Beziehung mit einer Trennung zu beenden. Nicht imstande, das starre System zu beeinflussen, kann der eine oder andere das jetzt nicht mehr funktionierende Arrangement verlassen. Manchmal muß die genesende Beziehungssüchtige dann feststellen, daß ihr früherer Partner jetzt die gut ausgeglichene Beziehung lebt, um die sie sich vergeblich bemüht haben. Das ist für sie vielleicht ärgerlich und rätselhaft, und sie fragt sich wie viele Ex-Geliebte: »Wie kommt es, daß er mit ihr so bereitwillig die Beziehung eingeht, um die ich gebettelt habe, ohne daß er auf mich gehört hat? Warum konnte er nicht so sein, als wir zusammen waren?« Die Antwort lautet, daß es manchmal leichter ist, eine neue Beziehung aufzubauen, die Ihren augenblicklichen Bedürfnissen entspricht, als eine zu erneuern, die auf nicht mehr gültigen Voraussetzungen beruht. Aber Suchtbeziehungen können umgewandelt werden, wenn beide Partner bereit sind, die inneren Veränderungen zu durchlaufen, die meistens zusätzlich zu den äußeren Schritten erforderlich sind. Die besten Erfolgschancen haben solche Veränderungen unter der Anleitung eines Psychotherapeuten, der mit Sucht und der Dynamik von Veränderungen gut vertraut ist.[2]

*Das Ende und ein neuer Anfang*

Nicht alle Paare haben den Wunsch, die Genesung gemeinsam zu erleben. Hört eine Beziehungssüchtige erst einmal damit auf, den größeren Teil an Energie für das Fortbestehen der Partnerschaft aufzubringen, kann der Mangel an gegenseitiger Verbindlichkeit und Anteilnahme offenbar werden, und die Beziehung endet. Oder man hat sich gegenseitig so viele seelische Wunden zugefügt, daß ein neuer Anfang unmöglich ist. In manchen Fällen kann es auch sein, daß Paare nicht wissen, was für die Genesung erforderlich ist; ihnen fehlen die nötigen Informationen, Hilfsmittel oder Kenntnisse, um sich zu verändern.

Die Genesung von Beziehungssucht beginnt manchmal mit dem Ende einer schwierigen, emotional schmerzlichen Beziehung. Das ist der Punkt, an dem einige Beziehungssüchtige den Entschluß fassen, die Geschichte nicht zu wiederholen. Dieser Zeitpunkt hat einen gewissen Vorteil: wenn die Entscheidung, sich zu verändern, mit dem Ende einer Beziehung zusammentrifft, kann der Anfang der Genesung sich ohne die verwirrenden Belastungen durch eine Partnerschaft natürlich entfalten.

In solchen Zeiten ist es von Wert, wenn Sie Ihren eigenen emotionalen Raum haben. Das gibt Ihnen Zeit, den Sinn der Vergangenheit zu begreifen, verpaßte Gelegenheiten, gebrochene Versprechen und verlorene Träume zu betrauern sowie das tiefe Gefühl von Versagen zu spüren, das in Folge der Beendigung einer wichtigen Liebesbeziehung oft auftritt. In unserer Kultur unterstützen wir zwar die Trauer um den Verlust eines geliebten Menschen durch Tod, zeigen jedoch, obwohl der Trauerprozeß der gleiche ist, oft wenig Mitgefühl oder Geduld für andere – und noch weniger für uns selbst –, wenn es um das langsame, natürliche und ganz wesentliche Betrauern einer beendeten Beziehung geht. Die anfängliche Verleugnung, das allmähliche Wachwerden für die Realität, die intensive Trauer, der langsame Prozeß des Loslassens, das Verzeihen, der emotionale Abschluß der Beziehung – das alles muß stattfinden, ob wir nun einen Tod oder das Ende einer engen Beziehung betrauern. Nur indem wir unsere Erinnerungen und unsere Trauer achten, können wir die endgültigen Lektionen aus Beziehungen lernen, die wir beenden müssen, damit wir in Zukunft vermeiden, die gleichen Fehler noch einmal zu machen. Nur durch Verzeihen und das Loslassen von alten Vorwürfen können wir den zermürbenden Effekt abwenden, den Ärger, Groll und Vorwürfe auf uns und andere haben. Und nur durch einen Abschied, bei dem wir dem anderen unseren Segen geben und seinen Segen für uns erbitten, können wir die abschließende Phase des Trauerprozesses durchlaufen: mit unserem eigenen Leben fortzufahren, ohne Unerledigtes hinter uns zu lassen, das unsere zukünftigen Hoffnungen und Lieben verfolgen könnte.

### *Spiritualität*

Beziehungssucht ist – wie sämtliche ungesunden Abhängigkeiten – ein Versuch, die von uns empfundenen Defizite durch etwas uns Äußerliches heilen zu wollen; dabei zeigt unser Gefühl, innerlich unausgefüllt zu sein, eine spirituelle Leere an. Das ist der Grund dafür, daß wir in dieses Buch viele Themen aus der spirituellen Tradition eingewoben haben. Selbstbeobachtung, Offenheit für das, was ist, die Bereitschaft, die Verantwortung für unsere Entscheidungen zu übernehmen, »loszulassen«, aufzugeben, zu erkennen, daß das, was wir wollen, nicht immer das ist, was wir brauchen, sowie der Gedanke, daß Intimität mit anderen nur durch Intimität mit uns selbst möglich wird – das alles sind Mittel, mit deren Hilfe wir anfangen können, uns nach innen zu wenden. Unser Geist ist imstande, die innere Leere dauerhaft auszufüllen, was die Wunden

unserer Seele heilen läßt und unser menschliches Streben nach Selbstumwandlung fördert.
Im Gegensatz zur Religion – bei der menschliche Wesen versuchen, aus dem Glauben an eine höhere Macht durch genaue Definition dieser Macht sowie durch Rituale, Gebote und einen philosophischen Rahmen ein System zu machen – ist Spiritualität ein individueller, subjektiver Ausdruck von Ehrfurcht und Ehrerbietung für etwas, das größer ist als wir. Es gibt viele spirituelle Wege; die authentischen Wege beruhen alle auf den gleichen universellen Wahrheiten. Sie alle führen zu Wahrheit und spiritueller Erleuchtung und weisen die gleichen sieben Entwicklungsstadien für die persönliche Transformation auf:[3]

1. aufgeben
2. sich reinigen
3. die richtige Beziehung zu sich selbst und anderen herstellen
4. im Hier und Jetzt leben
5. beginnendes Verständnis
6. weise leben und lieben
7. authentisch sein

Diese spirituelle Tradition ist es, durch die sich Zwölf- Schritte-Programme von anderen Therapieformen und Selbsthilfegruppen unterscheiden, und die ausschlaggebend für ihre erfolgreiche Hilfe dabei ist, daß Menschen ihre Sucht überwinden. Psychotherapeutische Gruppen konzentrieren sich auf die Persönlichkeit und arbeiten mit dem Material und den Interaktionen der Gruppenmitglieder; Zwölf-Schritte-Gruppen beruhen auf einer Reihe von spirituellen Prinzipien für das praktische Leben. Therapiegruppen zielen darauf ab, den Mitgliedern bei der Entwicklung einer bewußten Selbstwahrnehmung zu helfen, damit sie mit Beziehungen sowie im zwischenmenschlichen Bereich generell besser zurechtkommen; Zwölf-Schritte-Programme bieten ihren Mitgliedern eine Reihe von weitgefaßten, universellen Werten, von denen sie sich immer unterstützen und leiten lassen können, ganz gleich, mit welcher Situation sie konfrontiert sind. (Die Zwölf Schritte der Anonymen Alkoholiker sind in Anhang 14 abgedruckt.) Auch religiöse Gruppen beruhen auf Werten, aber anders als Zwölf-Schritte-Gruppen fordern sie von ihren Anhängern ein einheitliches Verständnis von Gott sowie die Einhaltung gewisser Gebote. Zwölf-Schritte-Gruppen hingegen ermutigen ihre Mitglieder, sich ihr eigenes Bild von Gott oder einer Höheren Macht zu entwerfen und überlassen das »wie« der spirituellen Reise ihnen selbst und ihrer individuellen Art, die Zwölf Schritte in ihr Leben einzuflechten.

Manchen Menschen fällt es schwer, zwischen dem spirituellen Glauben an eine Höhere Macht und dem Gott ihrer Kindheit zu unterscheiden. Aber weil uns die Zwölf-Schritte-Philosophie keine bestimmte Sicht von einer Höheren Macht aufdrängt, kann diese Höhere Macht für einige Gott, für andere Christus, eine weitere göttliche Wesenheit, ein Prophet oder ein spiritueller Führer sein. Für wieder andere kann sie durch die Kraft des Meeres oder der Gruppe verkörpert werden.

Wichtig ist die Bereitschaft zuzugeben, daß es etwas gibt, das größer ist als Sie selbst, daß Sie nicht alles wissen, daß Sie keinen Gesamtplan und keine Kontrolle über Ereignisse und andere Menschen haben. Spiritualität ist sehr viel mehr als die Anbetung und Verehrung einer äußeren Gottheit. Sie zollt dem göttlichen Funken in jedem von uns Anerkennung und Huldigung; sie ist eine Lebensweise, ein Standpunkt, eine Haltung. Sie ist die Hingabe an den Glauben, daß es einen Sinn, einen Plan und eine Weisheit gibt, die größer sind als unsere eigenen Vorstellungen. Sie ist das Vertrauen, daß die Dinge sich so entfalten werden, wie es sein muß, wenn Sie die grundlegenden Schritte machen, sich kontinuierlich bemühen, ohne an Ergebnissen festzuhalten, und an eine göttliche Führung sowie an die Entscheidungsfreiheit glauben, die diese Ihnen bietet.

Spiritualität will beständig gelebt und praktiziert sein, und wir müssen bewußt nach ihr handeln. Die Spiritualität eines Menschen zeigt sich nur zum Teil in seinen Worten und Taten. Weil Spiritualität der verbindliche Einsatz für die persönliche Transformation ist, für den Dienst und dafür, andere nicht zu verletzen, manifestiert sie sich am deutlichsten in der Einstellung eines Menschen zum Leben, zu anderen und zu sich selbst. Der spirituelle Weg ist eine Mischung aus Entschlossenheit und Offenheit in bezug auf unsere Intuition und unsere unbewußten Motive; er ist die Bereitschaft zu vertrauen, tolerant und liebevoll zu sein, die Bereitschaft, aus den Lebenslektionen fortgesetzt zu lernen. Das heißt, sich auf das einstimmen, was in jedem Augenblick, bei jeder Gelegenheit erforderlich ist. Wie durch die taoistische Idee des *Wu-Wei* deutlich wird, hat spirituelle Einstimmung weniger mit Handeln als mit der bewußten Entscheidung zu tun, sich dem, was ist, in seiner spontanen Entfaltung hinzugeben.

*Wu-Wei* als ›nicht zwingen‹ bedeutet also mit dem Strich gehen, mit dem Stoß rollen, mit der Strömung schwimmen, die Segel nach dem Wind richten, die Gezeiten mit der Flut nützen, ›sich erniedrigen um zu erobern‹ …
Dieses Prinzip wird durch die Parabel von der Pinie und der Weide im tiefen Schnee anschaulich gemacht. Der Ast der Pinie ist starr und zerbricht unter der Last, während der Ast der Weide dem Gewicht nachgibt und der Schnee abgleitet. Man beachte, daß die Weide nicht schlaff ist, sondern federnd. *Wu-Wei* ist daher der Lebensstil eines Menschen, der dem Tao folgt, und ist in erster Linie als eine Form von Intelligenz zu verstehen. Das heißt, man kennt die Prinzipien, Strukturen und Neigungen menschlicher und natürlicher Dinge so gut, daß man im Umgang mit ihnen ein Minimum an Energie verbraucht.[4]

Spirituelle Aktivitäten sind die Mittel, um diese Einstimmung, dieses »nicht zwingen« wachsen zu lassen. Meditation, Chanting, Gebete, der Besuch von Zwölf-Schritte-Treffen und die Umsetzung dieser Prinzipien in Ihrem täglichen Leben, Tagebuchschreiben, Dienst für die Gemeinschaft, offenes und liebevolles Verhalten in Ihren Beziehungen – das alles können befriedigende Möglichkeiten sein, um mit Ihrer inneren Stimme in Kontakt zu kommen und auch, um bei den alltäglichen Aktivitäten und Begegnungen wieder ein Gefühl von Freude und Dankbarkeit zu empfinden, das lange verloren gewesen war.
Wenn wir uns für den Weg der persönlichen Transformation statt des Egoismus oder der Maßlosigkeit entscheiden, verändert sich

unsere Wahrnehmung und damit die Art und Weise, wie wir Informationen aufnehmen, arbeiten und uns für eine bestimmte Arbeit entscheiden, wie wir uns auf andere beziehen und nach welchen Kriterien wir unsere Beziehungen auswählen. Kurz, wir bauen einen völlig neuen Rahmen für die Bestimmung von nützlichen und nutzlosen Dingen in unserem Leben auf, und stimmen unsere Entscheidungen darauf ab. Um mit unserem eigenen werdenden Wesen in Einklang zu kommen, müssen wir anfangs vielleicht viele Strukturen und Träume aufgeben, die wir für uns entworfen hatten. Und ebenso können wir auch beschließen, Beziehungen oder Situationen, die uns früher wertlos schienen, fortzusetzen, weil wir jetzt wissen, daß sie uns etwas beibringen können.
Diese Phase des Loslassen mag wehtun, aber das können wir akzeptieren, denn wir haben gelernt, zwischen schmerzlich und schädlich zu unterscheiden. Der Schmerz des Loslassens ist oft nicht mehr als die Lücke, die zwischen Realität und Phantasie klafft. Doch jetzt erkennen wir den Unterschied zwischen diesem Schmerz und dem Schaden, den wir erleiden, wenn wir uns in unserem innersten Kern aufgeben. Wir erfahren, daß nichts uns Schaden zufügen kann – außer dieser Selbstaufgabe, die unsere Sicht der Dinge und unsere Einstellungen mit umfaßt. Wir spielen immer weniger Spiele und machen immer seltener Vorwürfe. Wir treten aus Situationen zurück, lassen den Dingen ihren eigenen Lauf und streben ein Leben ohne Vorschriften an. Und was vielleicht noch wichtiger ist, wir lassen andere los. »In der Liebe schützen und berühren und grüßen sich zwei Alleinheiten« – diese Definition von Liebe des Dichters Rainer Maria Rilke ist so treffend, weil das Wort *Alleinheiten* die Essenz des ganzen menschlichen Dilemmas umfaßt: wir sind Beziehungswesen, und trotzdem ist letzten Endes jeder von uns allein. Und so reisen wir zu gewissen Zeiten sowohl auf dem Weg zur Beziehung als auch auf dem Weg zur Selbstumwandlung allein. Die Intimität mit uns selbst ist der Kompaß, der uns den Weg weist.

Wir werden eine neue Freiheit und ein neues Glück kennenlernen.
Wir werden die Vergangenheit weder beklagen, noch die Tür hinter ihr zuschlagen.
Wir werden verstehen, was das Wort Gelassenheit bedeutet und erfahren, was Frieden ist.
Wie tief wir auch gesunken waren, wir werden merken, daß andere aus unseren Erfahrungen Nutzen ziehen können.
Das Gefühl der Nutzlosigkeit und des Selbstmitleids wird verschwinden.
Unsere Ichbezogenheit wird in den Hintergrund treten, das Interesse an unseren Mitmenschen wachsen.
Unser Egoismus wird dahinschmelzen.
Unsere Einstellung zum Leben und unsere Erwartungen werden sich verändern.
Die Angst vor Menschen und vor wirtschaftlicher Ungewißheit werden schwinden.
Ohne lange nachzudenken, werden wir mit Situationen fertig, die uns sonst umgeworfen haben.
Plötzlich wird uns bewußt, daß Gott für uns erledigt, wozu wir allein nicht in der Lage sind.[5]

# Anhang

# 1 Johnsons Gefühlsskala

Im folgenden finden Sie die Gefühlsskala, die wir von Dr. Vernon Johnson, dem Begründer des Johnson Institutes in Minneapolis, übernommen haben, die die Entwicklung der Alkoholsucht in vier Stadien beschreibt. Auch andere Süchte wie Eßsucht, Beziehungs- und Drogensucht können auf dem Hintergrund dieser vier Stadien betrachtet werden.

1. Den Stimmungsumschwung, den die Suchtsubstanz herbeiführt, erleben: in diesem frühen Stadium verläuft der Umschwung positiv und angenehm. Trinker experimentieren mit der Dosis und lernen auf diese Weise, den Stimmungsumschwung selbst zu kontrollieren.

2. Den Stimmungsumschwung suchen, sich darauf freuen, ihn in Gedanken vorwegnehmen: das Verhalten ist darauf aus, das Hochgefühl zu erleben. In diesem Stadium ist es für Trinker typisch, daß sie anfangen, auf die Uhr zu schauen, auf die Cocktailstunde, die Party am Freitagabend, das Geschäftsessen oder ähnliche Anlässe zu warten. Manchmal hat der Stimmungsumschwung jetzt negative körperliche Auswirkungen. Kater, Verwirrtheit und Schamgefühle bei späteren Berichten über ihr Verhalten werden häufiger. Aber all das ist Trinkern den Spaß wert, den sie in ihrem Rausch hatten. Weil sie immer noch zum Normalzustand zurückpendeln können, zahlen sie für ihr Trinken bis jetzt keinen bedeutenden emotionalen Preis.

3. Schädliche Abhängigkeit: in diesem Stadium überqueren Trinker die unsichtbare Linie zwischen Mißbrauch und Abhängigkeit (oder zwischen Neigung und Sucht). Das Primäre beim Trinken ist nicht mehr das Vergnügen, der Spaß am Stimmungsumschwung. Meistens trinken sie nur, um sich von Streß zu befreien. Der emotionale Preis, den sie für ihr Trinken zahlen, wird ständig höher. Beim Zurückpendeln sind sie oft nicht mehr in der Lage, den Normalzustand zu erreichen - es geht ihnen schlecht. Sie haben die Kontrolle verloren - trotzdem ist ihnen nicht klar, daß sie in Schwierigkeiten sind.

Typische Indizien für eine schädliche Abhängigkeit sind Besessenheit (die Gedanken beschäftigen sich ständig mit der Suchtsubstanz), Zwanghaftigkeit (auch das Verhalten ist die meiste Zeit auf die Suchtsubstanz ausgerichtet), Toleranzentwicklung (für die gleiche Wirkung wird jetzt eine höhere Dosis benötigt), auf die oft eine Toleranzminderung folgt (manche Alkoholiker sind plötzlich nicht mehr imstande, soviel zu trinken, wie bisher gewohnt), besorgte Verteidigung des Nachschubs (in der Nähe der Bar stehen, irrationale Ängste, daß das Lieblingsgetränk zu Hause ausgehen könnte, und so weiter) und Entzugserscheinungen (körperliche Symptome wie Schwitzen, Zittern, Besorgnis oder Panik treten auf, wenn kein Nachschub da ist).

4. Trinken, um sich normal zu fühlen: in diesem vierten und letzten Stadium des Alkoholismus fangen Trinker mit dem Trinken nicht mehr im Normalzustand an, denn sie befinden sich in einem Zustand chronischer seelischer Schmerzen und Depression. Das Verhalten, das ursprünglich auf Euphorie aus war, führt nicht mehr zum Hoch. In diesem Stadium trinken Alkoholiker nur, um sich normal zu fühlen, doch statt dessen verschlechtert sich durch das Trinken ihr emotionaler Zustand. Ihr Leben ist ein Trümmerhaufen. Sie lügen, um ihre Blackouts und ihre Probleme vor Freunden und Kollegen zu verbergen. Durch ihre Gefühle von undefinierbarer Besorgtheit, Scham und Schuld wird alles nur noch schlimmer.

## 2 Sind Sie mit einem Menschen aufgewachsen, der Alkoholprobleme hatte?

| | Ja | Nein |
|---|---|---|
| 1. Sind Sie ständig auf der Suche nach Anerkennung und Zustimmung? | ..... | ..... |
| 2. Haben Sie keinen Blick für Ihre eigenen Leistungen? | ..... | ..... |
| 3. Haben Sie Angst vor Kritik? | ..... | ..... |
| 4. Neigen Sie dazu, sich zu übernehmen? | ..... | ..... |
| 5. Haben Sie Probleme mit eigenem Zwangsverhalten? | ..... | ..... |
| 6. Haben Sie das Bedürfnis nach Perfektion | ..... | ..... |
| 7. Fühlen Sie sich unwohl, wenn Ihr Leben leicht ist, und befürchten Sie ständig neue Probleme? | ..... | ..... |
| 8. Fühlen Sie sich mitten in einer Krise lebendiger als sonst? | ..... | ..... |
| 9. Fühlen Sie sich für andere ebenso verantwortlich wie für den Menschen in Ihrem Leben, der Alkoholprobleme hatte? | ..... | ..... |
| 10. Fällt es Ihnen leicht, sich um andere zu kümmern, finden es aber schwer, sich um sich selbst zu kümmern? | ..... | ..... |
| 11. Isolieren Sie sich von anderen Menschen? | ..... | ..... |

| | Ja | Nein |
|---|---|---|
| 12. Haben Sie Angst vor Autoritätspersonen und vor Menschen, die ärgerlich sind? | ..... | ..... |
| 13. Haben Sie das Gefühl, daß andere Menschen und die Gesellschaft insgesamt Sie ausnutzen? | ..... | ..... |
| 14. Haben Sie Schwierigkeiten mit intimen Beziehungen? | ..... | ..... |
| 15. Verwechseln Sie Liebe und Mitleid, wie auch bei dem Menschen in Ihrem Leben, der Alkoholprobleme hatte? | ..... | ..... |
| 16. Suchen Sie Kontakt zu Menschen mit einer Neigung zu Zwangsverhalten oder ziehen diese an? | ..... | ..... |
| 17. Klammern Sie sich an Beziehungen, weil Sie Angst vor dem Alleinsein haben? | ..... | ..... |
| 18. Mißtrauen Sie häufig Ihren eigenen Gefühlen und auch den Gefühlsäußerungen anderer? | ..... | ..... |
| 19. Fällt es Ihnen schwer, Ihre Gefühle auszudrücken? | ..... | ..... |
| 20. Glauben Sie, daß Ihnen das elterliche Trinken geschadet hat? | ..... | ..... |

Quelle: Aus *Did You Grow Up With a Problem Drinker?* Copyright 1984 by Al Anon Family Group Headquarters, Inc.

## 3 Sexuelle Sucht

| | Ja | Nein |
|---|---|---|
| 1. Hatten Sie jemals den Gedanken, wegen Ihres sexuellen Denkens oder Verhaltens Hilfe zu benötigen? | ..... | ..... |
| 2. Daß Sie besser dran wären, wenn Sie nicht ›immer nachgäben‹? | ..... | ..... |
| 3. Daß Sex oder sexuelle Reize Sie in der Hand haben? | ..... | ..... |
| 4. Haben Sie jemals versucht, das, was nach Ihrem Gefühl an Ihrem sexuellen Verhalten nicht stimmt, aufzuhören oder einzuschränken? | ..... | ..... |
| 5. Nehmen Sie zu Sex Zuflucht, um sich von Sorgen zu befreien, oder weil Sie mit etwas nicht fertig werden? | ..... | ..... |
| 6. Haben Sie nach dem Sex Schuldgefühle und Depressionen oder empfinden Sie Reue? | ..... | ..... |
| 7. Ist Ihre Suche nach Sex zwanghafter geworden? | ..... | ..... |
| 8. Stört Sie die Beziehung zu Ihrem Partner/ Ihrer Partnerin? | ..... | ..... |
| 9. Müssen Sie beim Sex zu Bildern oder Erinnerungen Zuflucht nehmen? | ..... | ..... |
| 10. Verspüren Sie einen unwiderstehlichen Reiz, wenn die andere Seite den Anfang macht oder Ihnen Sex angeboten wird? | ..... | ..... |

11. Wechseln Sie ständig von einer ›Beziehung‹ oder einem/einer Geliebten zum/r anderen? ..... .....

12. Haben Sie das Gefühl, daß die ›richtige‹ Beziehung Ihnen helfen würde, Ihre sexuelle Gier zu stoppen und mit dem Masturbieren oder der Promiskuität aufzuhören? ..... .....

13. Haben Sie ein destruktives Bedürfnis - ein verzweifeltes sexuelles oder emotionales Bedürfnis nach jemandem? ..... .....

14. Vernachlässigen Sie aufgrund Ihrer Suche nach Sex sich selbst, Ihre Familie oder andere Menschen? ..... .....

15. Hat Ihre Leistungsfähigkeit oder Konzentration abgenommen, während Ihr Sexleben zwanghafter geworden ist? ..... .....

16. Verlieren Sie deswegen Arbeitszeit? ..... .....

17. Begeben Sie sich bei Ihrer Suche nach Sex in eine schlechtere Umgebung? ..... .....

18. Möchten Sie von Ihrem Sexualpartner nach dem Akt so schnell wie möglich weg? ..... .....

19. Masturbieren Sie auch dann oder haben Sex mit anderen, wenn Ihr/e Partner/in sexuell für Sie da ist? .... .....

20. Sind Sie jemals wegen sexueller Vergehen verhaftet worden? ..... .....

Quelle: *Sexaholics Anonymous*. Copyright 1985, SA Literature.

# 4 Warnende Anzeichen für Suchtverhalten

1. Etwas Unehrliches tun oder sagen – selbst die geringste Lüge zählt.
2. Über den Partner in einer Art und Weise sprechen, wie Sie es in seiner Gegenwart nicht tun würden, meistens, um Verbündete zu gewinnen und um sich zu rechtfertigen.
3. Sich beim besessenen Denken an den anderen oder eine Situation mit ihm ertappen; ständig durchspielen, »was wäre, wenn...« oder »wenn doch nur...«
4. Die Neigung zu kontrollieren und zu manipulieren.
5. Den anderen interpretieren und behaupten, mehr über diesen Menschen zu wissen, als er über sich selbst weiß.
6. Selbstverleugnung.
7. Sich vergleichen. Vergleiche mit anderen machen als solche süchtig. Äußerungen wie, »Ich kann das nicht so gut«, oder »Wenn ich doch nur so wäre wie sie«, sind Warnsignale.
8. Eifersucht. Eifersucht ist Ausdruck für die »Nachschubsicherung« von Beziehungssüchtigen.
9. Schwarz-Weiß-Denken (alles oder nichts, gut oder schlecht, richtig oder falsch, entweder/oder).
10. Ergänzen Sie diese Liste selbst:

Aus: Anne Wilson Schaef: *Co-dependence: Misunderstood- Mistreated.* San Francisco: Harper & Row, 1986.

# 5 Ein Vergleich zwischen intimen Beziehungen und Suchtbeziehungen

| *Intimität* | *Sucht* |
|---|---|
| Gleichrangigkeit | Machtgefälle |
| Gegenseitigkeit | Unausgewogenheit |
| Entscheidungsfreiheit | Verlust der Entscheidungsfreiheit |
| Freiheit | Zwang |
| Der Wunsch,einander Bedürfnisse und Gefühle mitzuteilen. | Es gilt die Regel, nichts anzusprechen, besonders wenn etwas nicht gut läuft. |
| Die Beziehung verändert sich ständig. | Die Beziehung bleibt immer dieselbe. |
| Ich *will* hier sein. | Ich *muß* hier sein. |
| Ich fange bei mir (selbst) an. | Ich fange bei dir an. Verändere *du* dich. |
| Ich will... Ich fühle... | Durch dich fühle ich mich... |
| Initiator/in | Reagierende/r |
| Ich sorge für mich. Ich allein bin verantwortlich dafür, herauszufinden, was ich brauche und es dir mitzuteilen. | Du wirst schon wissen, was für mich gut ist und alles regeln. |
| Die Beziehung setzt sich mit der Realität auseinander. | Die Beziehung beruht auf (Selbst-) Täuschung. |
| Die Beziehung setzt sich mit den Dingen auseinander, wie sie sind, was immer geschieht. | Die Beziehung benutzt im Umgang mit den Dingen Verleugung und Vermeidung. |

| | |
|---|---|
| Meine Zuneigung für dich beruht auf meinem ehrlichen Interesse an deinem spirituellen Weg, auch wenn dieser dich von mir wegführt. | Dein spirituelles Wachstum zählt nicht. |
| Liebe ist immer ein Akt der Selbstliebe. | Liebe heißt zu wollen, daß mich jemand um jeden Preis liebt. |

Der Suchtverlauf in einer Beziehung beruht auf den gleichen Verhaltensmustern wie eine Suchtmittelabhängigkeit:

| | | |
|---|---|---|
| Toleranzentwicklung | – | immer mehr ist erforderlich, um die gleiche Wirkung zu erzielen |
| Besessenes Denken | – | ständige gedankliche Beschäftigung mit dem Suchtobjekt |
| Zwangsverhalten | – | unflexibles und rigides Verhalten |
| Den Nachschub sichern | – | Besitzdenken |
| Entzugserscheinungen | – | akutes Unbehagen bei jeder Trennung vom Suchtobjekt |

Der süchtige Mensch sucht außerhalb von sich nach etwas, durch das er sich in seiner Ganzheit spüren kann.
Es ist wichtig zu unterscheiden zwischen *bedürftig sein* (nach jemandem Ausschau halten, durch den Sie sich in Ihrer Ganzheit spüren können) und *ein Bedürfnis haben* (sich einen wichtigen Menschen für Ihr Leben wünschen, der für Ihr Überleben nicht notwendig ist.)

Quelle: Stephanie S. Covington, Ph.D.

# 6 Die Zwölf Schritte der Anonymen Alkoholiker

1. Wir gaben zu, daß wir dem Alkohol gegenüber machtlos sind – und unser Leben nicht mehr meistern konnten.
2. Wir kamen zu dem Glauben, daß eine Macht, größer als wir selbst, uns unsere geistige Gesundheit wiedergeben kann.
3. Wir faßten den Entschluß, unseren Willen und unser Leben der Sorge Gottes – wie wir Ihn verstanden – anzuvertrauen.
4. Wir machten eine gründliche und furchtlose Inventur in unserem Inneren.
5. Wir gaben Gott, uns selbst und einem anderen Menschen gegenüber unverhüllt unsere Fehler zu.
6. Wir waren völlig bereit, all diese Charakterfehler von Gott beseitigen zu lassen.
7. Demütig baten wir Ihn, unsere Mängel von uns zu nehmen.
8. Wir machten eine Liste aller Personen, denen wir Schaden zugefügt hatten und wurden willig, ihn bei allen wiedergutzumachen.
9. Wir machten bei diesen Menschen alles wieder gut – wo immer es möglich war –, es sei denn, wir hätten dadurch sie oder andere verletzt.
10. Wir setzten die Inventur bei uns fort, und wenn wir Unrecht hatten, gaben wir es sofort zu.
11. Wir suchten durch Gebet und Besinnung die bewußte Verbindung zu Gott – wie wir Ihn verstanden – zu vertiefen. Wir baten Ihn nur, uns Seinen Willen erkennbar werden zu lassen und uns die Kraft zu geben, ihn auszuführen.
12. Nachdem wir durch diese Schritte ein seelisches Erwachen erlebt hatten, versuchten wir, diese Botschaft an Alkoholiker weiterzugeben und unser tägliches Leben nach diesen Grundsätzen auszurichten.

*Die Zwölf Schritte.* Alcoholics Anonymous World Services, Inc.

Hinweis: Der erste Schritt wird oft von anderen Zwölf-Schritte-Gruppen für weitere Süchte wie die nach Nahrungsmitteln, Sex, Drogen, anderen Menschen usw. übernommen.

# Anmerkungen

## *Prolog*

1 Sämtliche Zitate im Prolog stammen aus: Robert A. Johnson: *Traumvorstellung Liebe. Der Irrtum des Abendlandes.* Olten und Freiburg im Breisgau: Walter-Verlag, 1985.

## *Kapitel 1*

1 Der emotionale Prozeß, der hier und im Diagramm in Abbildung 1 beschrieben wird, ist von einem Modell der emotionalen Einschätzung von Alkoholsucht übernommen, das Vernon E. Johnson entwickelt hat, in: *I'll Quit Tomorrow.* San Francisco: Harper & Row, 1980.

2 Das Konzept der Suchtspirale wurde übernommen aus Stephanie Browns Buch: *Treating the Alcoholic: A Developmental Model of Recovery.* New York: John Wiley & Sons, 1985. Das Diagramm in Abbildung 2 stammt ebenfalls aus diesem Buch.

## *Kapitel 2*

1 Ähnliche familiäre Stärken wurden von vielen Theoretikern und Forschern auf dem Gebiet der Familientheorie herausgearbeitet. Die hier aufgelisteten sechs Stärken wurden den Untersuchungen von N. Stinette und J. Defrain vom Research Center on Family Strengths der Universität von Nebraska entnommen, die auch die Autoren sind von: *Secrets of Strong Families.* Boston: Little, Brown and Company, 1985, S. 48.

2 Diese Erklärung familiärer Rollen stammt aus dem Buch: *Es gibt doch eine Chance! Hoffnung und Heilung für die Alkoholiker- Familie* von Sharon Wegscheider, einer Pionierin auf dem Gebiet der Arbeit mit

Alkoholiker-Familiensystemen. Wildberg: Mona Bögner-Kaufmann, 1987, S. 52 f.

3 Auf diesen Punkt weist die Autorin Claudia Black in ihrem Buch über die erwachsenen Kinder von Alkoholikern hin: *Mir kann das nicht passieren. Kinder von Alkoholikern als Kinder, Jugendliche und Erwachsene*. Wildberg: Mona Bögner-Kaufmann, 1988.

4 Sie können zu wertvollen Hinweisen auf Ihre eigenen ererbten Anlagen kommen, wenn Sie Ihren persönlichen Familienstammbaum zeichnen und Äste für Ihre augenblicklichen und früheren wichtigen Partner einfügen. Richten Sie Ihre Aufmerksamkeit nicht nur auf die Spuren und Verhaltensmuster für Störungen und Süchte, sondern auch auf die Leerstellen, die Bereiche, über die Sie nichts wissen. In diesen Bereichen liegen oft die Familiengeheimnisse verborgen.

5 Der Begriff *Vaterhunger* wurde ursprünglich von dem Psychoanalytiker J. Herzog geprägt, um zu beschreiben, welche Auswirkungen es hat, wenn der Vater körperlich abwesend ist. Auf der Grundlage neuester Forschungen haben andere (John Munder Ross, Samuel Osherson und Andrew Merton) die Definition dieses Begriffs auf den psychisch abwesenden Vater erweitert.

6 Aus: »Father Hunger«, ein Artikel von Andrew Merton, in: *New Age Journal*, September/Oktober 1986, S. 26.

*Kapitel 3*

1 Vor allem in W. Hugh Missildine: *In dir lebt das Kind, das du warst.* Stuttgart: Klett-Cotta, 1986, und in Eric Berne: *Spiele der Erwachsenen.* Reinbek: Rowohlt, 1968.

2 In: Ashley Montagu: *Körperkontakt. Die Bedeutung der Haut für die Entwicklung des Menschen.* Stuttgart: Klett, 1974, S. 66 f.

3 H.H. Harlow und R.R. Zimmerman; »The Development of Affectional Responses in Infant Monkeys«, *Proceedings, American Philosophical Society* 102 (1958): 87

4 Berne, *Spiele der Erwachsenen.* A.a.O.

5 Jean Baker Miller: *Die Stärke weiblicher Schwäche. Zu einem neuen Verständnis der Frau.* Frankfurt am Main: Fischer, 1987.

6 Aus: Carol Gilligan: *Die andere Stimme. Lebenskonflikte und Moral der Frau.* München, Zürich: Piper, 1985.

7 Aus: Judith V. Jordan: *Empathy and Self Boundaries*. In Arbeit (Wellesley, MA: Stone Center for Developmental Services and Studies, no. 16, 1984), S. 6.
8 Für theoretische Überlegungen zum Thema Selbsteinfühlung vergleiche Jordan, *Empathy and Self Boundaries*.
9 Vgl. hier und im folgenden: Erik H. Erikson: *Kindheit und Gesellschaft*. Stuttgart: Klett Verlag, 1968.
10 Der Begriff *in-Beziehung-sein* und die Interpretation von Eriksons ersten vier Entwicklungsphasen, die in diesem Kapitel zusammengefaßt sind, wurden entwickelt von Jean Baker Miller: *The Development of Women's Sense of Self*. In Arbeit (Wellesley, MA: Stone Center for Developmental Services and Studies, no. 12, 1984), S. 2-4.
11 Janet Surrey: *Self-in-Relation: A Theory of Women's Development*. In Arbeit (Wellesley, MA: Stone Center for Developmental Services and Studies, no. 13, 1985), S. 8
12 Aus: »Treatment for Women: What Can We Do with What We Know?« in: *Women and Addiction, A Collection of Papers*, von Stephanie Covington. La Jolla, Calif.: 1985.
13 Diese Rollenskript-Inventur entstand in Anlehnung an die von Dawn Miller und Ralph Miller entwickelte Rollenskript-Inventur und wurde mit freundlicher Genehmigung der Autoren übernommen.

## *Kapitel 4*

1 Dieses Modell und die Rollen wurden von Sharon Wegscheider ausgearbeitet, die als Beraterin von Alkoholiker-Familien umfassende Erfahrungen hat. In: *Es gibt doch eine Chance! Hoffnung und Heilung für die Alkoholiker-Familie*. A.a.O., S. 94 – 147.
2 Das situative Führungsmodell wurde entwickelt von Paul Hersey und Ken Blanchard, *Management of Organizational Behavior: Utilizing Human Resources*, Engelwood Cliffs, N.J.: Prentice-Hall, Inc., 1982.
3 Das Konzept von der »genügend guten« Mutter wurde vom britischen Objektbeziehungs-Theoretiker D.W. Winnicott entwickelt. *Reifungsprozesse und fördernde Umwelt*. München: Kindler, 1974, S. 62 ff.

*Kapitel 5*


1 Paul Watzlawik u.a.: *Lösungen. Zur Theorie und Praxis menschlichen Wandels*. Bern: Hans Huber Verlag, 1984.

2 Matthew McKay u.a.: *Messages: The Communication Book*. Oakland, Calif.: New Harbinger Publications, 1983, S. 58.

3 Leo F. Buscaglia: *Einander lieben. Die Kunst, wahre zwischenmenschliche Beziehungen zu entwickeln und zu vertiefen*. München: Goldmann, 1988.

4 William J. Lederer und Don Jackson: *Ehe als Lernprozeß. Wie Partnerschaft gelingt*. München: Pfeiffer, 1972.

5 Watzlawik, *Lösungen*. A.a.O.

6 Merle A. Fossum und Marilyn J. Mason: *Facing Shame: Families in Recovery*. New York: W.W. Norton, 1986, S. 71.

7 Kahlil Gibran, *Der Prophet*. München: Hyperion Verlag, 1925, S. 54.

8 Diesser Abschnitt wurde den Untersuchungen über Rückfall-Prävention von G. Alan Marlatt und seinen Kollegen mit Alkoholikern, Rauchern und Heroinsüchtigen entnommen. G. Alan Marlatt und Judith R. Gordon, »Determinants of Relapse: Implications for the Maintenance of Behavior Change«, in: *Behavorial Medicine: Changing Health Lifestyles*. P.O. Davidson und S.M. Davidson, M.S.N., ed. New York: Brunner/Mazel, 1980.


*Kapitel 6*


1 Dinah Maria Mulock Craik: »Friendship«, in: *Best Loved Poems of the American People*, Hazel Felleman. Garden City: Garden City Books, 1936, S. 43.

2 Aristoteles: *Die Nikomachische Ethik*. Werke des Aristoteles Bd. 3. Zweite, überarbeitete Auflage. Zürich und Stuttgart: Artemis Verlag, 1967, S. 236.

3 Barbara Ehrenreich, »Praise of ›Best Friends‹«, *Ms.*, January 1987, S. 35.

4 Annette Goodheart: *Laugh Your Way to Health: Laughter and Relationships*. Aus einer Kassettenserie von Annette Goodheart, 1985.

5 Merle Shain, *When Lovers are Friends.* New York: Bantam Books, 1978, S. 65.
6 In: *Der Prophet*. München: Hyperion, 1925, S. 53.
7 Bei mathematischen Gleichungen balanciert das Gleichzeichen die beiden ungleichen Aussagen, zwischen denen es steht, aus, und erklärt damit, daß sich beide Werte entsprechen, obwohl sie unterschiedlich sind. So ist es auch mit der Gleichheit in persönlichen Beziehungen. Gleichheit von zwei Menschen bedeutet niemals, daß beide dieselben sind, sondern heißt lediglich *Äquivalenz* – äquivalente Werte für verschiedene Beiträge.
In den letzten Jahren hat die Frauenbewegung dem Begriff *Gleichberechtigung*, der ein und denselben Wortstamm wie Gleichheit hat, neue Popularität verliehen. Das Wort *Gleichberechtigung* hat die Bedeutung von Fairneß und Gerechtigkeit. Deswegen ist es das angemessenste Wort für die Debatte gleicher Lohn für gleiche Arbeit (z.B. Lohn für Hausarbeit, Anm.d.Ü.), das heißt für Arbeit mit gleichem – oder äquivalentem – sozialem Wert. Hier werden wir weiter das neutralere Wort *Gleichheit* benutzen.

## *Kapitel 7*

1 Dieses Modell wurde von Stewart Emery entwickelt.
2 Robert Johnson: *Traumvorstellung Liebe. Der Irrtum des Abendlands.* A.a.O, S.74.
3 Die Psychoanalytikerin Alice Miller hat ein Buch mit dem Titel *Am Anfang war Erziehung* geschrieben, eine zwingende Anklage grausamer und mißbräuchlicher Erziehungsmethoden und ihrer schrecklichen Folgen für das Erwachsenenleben. Frankfurt am Main: Suhrkamp, 1983.
4 Dieses Modell wurde von Robert J. Sternberg von der Yale University entwickelt. Siehe »The Three Faces of Love«, von Robert J.Trotter, in: *Psychology Today*, September 1986, S. 46-54.
5 William H. Masters, Virginia R. Johnson und Robert C. Kolodny: *Liebe und Sexualität*. Berlin: Ullstein, 1987.
6 Laut Masters, Johnson und Kolodny, *Liebe und Sexualität*, fand eine *Cosmopolitan*-Untersuchung 1980 heraus, daß die Hälfte der verheirateten Frauen zwischen achtzehn und vierunddreißig und 69.2 Pro-

zent der verheirateten Frauen zwischen fünfunddreißig oder älter außerehelichen Sex gehabt hatten. Aber nach den Daten, die Blumstein und Schwarz in einer 1983 durchgeführten Untersuchung mit einer großen Anzahl von Befragten (3606) gesammelt haben, hatten nur 21 Prozent der Ehefrauen in irgendeiner Form außerehelichen Sex. Vgl. a.a.O. S. 364.

7 Trotter, »The Three Faces of Love«, S. 48.

8 *A Course in Miracles*. Tiburon, Calif.: Foundation for Inner Peace, 1976, S. 315.

## *Kapitel 8*

1 Sam Keen: *Die Lust an der Liebe. Leidenschaft als Lebensform*. Weinheim: Beltz, 1984, S. 157.

2 Eine ausführliche Behandlung des Themas sekundärer Veränderungen finden Sie in: Paul Watzlawik u.a.: *Lösungen. Zur Theorie und Praxis menschlichen Wandels*. A.a.O.

3 Aus: Jacquelyn Small, M.S.W.: *Transformers: The Therapists of the Future*. Marina del Rey, Calif.: De Vorss & Company, 1982, S. 209.

4 Aus: Alan Watts: *Der Lauf des Wassers*. Eine Einführung in den Taoismus unter Mitarbeit von Al Chung-liang Huang. Frankfurt am Main: Suhrkamp, 1983, S. 116.

5 Anonyme Alkoholiker (das blaue Buch), fünfte Auflage 1986, S. 96 f. Herausgeber und Copyright: Anonyme Alkoholiker deutscher Sprache.

# Dank

Für Erfolg ist mehr erforderlich als Teamarbeit – er verlangt ein großes Team. Wir hatten das Glück, bei der erfolgreichen Ausführung dieses Projekts von den ersten Ideen bis zum fertigen Buch im Regal von einem großen Team Anleitung, Beistand und Unterstützung zu erhalten.

Unser besonderer Dank geht an unseren redaktionellen Berater Roy M. Carlisle von Mills House, der uns mit Einsicht, Ermutigung und Fachkenntnis die ganze Zeit über unterstützt und angeleitet hat. Wir danken auch unserem Herausgeber Tom Grady von Harper & Row, durch dessen Verständnis und Entgegenkommen die Herausgabe anregend und glatt verlief, sowie Linda Chester, einer ausgezeichneten Literaturagentin. Wir möchten auch Freundinnen und Freunden, Kolleginnen und Kollegen danken, die uns in den verschiedenen Entwicklungsphasen des Buches wichtiges Feedback gaben und wertvolle Kommentare lieferten.

In diesem Buch geht es um Beziehungen – nicht nur um das, was wir auf beruflichem Gebiet, sondern was wir vor allem im Verlauf der Jahre in unseren eigenen Beziehungen gelernt haben. Die Menschen, die unser Leben bewohnt haben und bewohnen, bilden den Kern des Teams. Sie waren unsere Lehrerinnen und Lehrer, ohne sie hätte dieses Buch nicht entstehen können. Und auch unseren Klientinnen und Klienten, die uns nützliche Anregungen für die erzählten Beispiele sowie für das Wissen lieferten, das zwischen den Zeilen steht, möchten wir unseren Dank ausdrücken. Und wir danken unseren Familien, unseren Söhnen und Töchtern – Judy und Gerry B.; Kim und Richard C. – und freuen uns an ihnen, sowie Ex-Ehemännern, früheren und augenblicklichen Geliebten, Freundinnen, Freunden, Psychotherapeutinnen und Gurus. Denn ihr Leben kreuzte sich mit dem unseren auf tiefgreifende Weise, und jeder von ihnen lebt auf diesen Seiten und in unserem Herzen.

Und schließlich möchten wir einander danken und unserer Freundschaft Achtung erweisen. Sie hat die stürmischen Veränderungen und die unvermeidlichen Tests und Herausforderungen überlebt, die mit dem Prozeß, persönlichen Äußerungen eine gemeinsame Stimme zu verleihen, einhergehen. Wir haben viel voneinander gelernt; letztendlich waren es unsere gegenseitige Anteilnahme und unsere persönliche Bereitschaft, die die Wortketten mit Sinn und Inhalt gefüllt haben.